Augsburger Meilensteine
Eine Stadt unterwegs ins neue Jahrtausend

Herausgegeben von Peter Menacher

*Für Monika Scholten
mit den besten Wünschen
fürs neue Jahr/hundert/tausend!*

Peter Menacher
17.12.1999

Dank

Ich danke allen Autoren und Fotografen, die an diesem Buch mitgewirkt haben. Die unterschiedlichen Ansätze und Blickwinkel vermitteln eine reizvolle und abwechslungsreiche Perspektive auf Gegenwart und Zukunft unserer Stadt. Mein Dank gilt ebenfalls Ulrich Müllegger, Florian Pittroff und Ute Rotter, die für Text- und Bildredaktion sowie die Konzeption des Layouts verantwortlich waren. Dem Wißner-Verlag und der Augsburger Presse-Druck- und Verlags-GmbH danke ich für kompetente Beratung und tatkräftiges Engagement. Ohne ihre freigiebige Unterstützung wäre das Buch in der vorliegenden Form nicht zustande gekommen. Dies gilt auch für die Stadtsparkasse Augsburg, die das Projekt großzügig gefördert hat.

Peter Menacher

Die deutsche Bibliothek – CIP-Einheitsaufnahme

Augsburger Meilensteine : eine Stadt unterwegs ins neue Jahrtausend / hrsg. von Peter Menacher. – Augsburg : Wißner, 1999
   (Edition Presse Druck)
   ISBN 3-89639-193-3

© Wißner-Verlag, Augsburg 1999
Umschlaggestaltung: Silvio Wyszengrad und Alfred Neff
Repros: Alfred Neff
Text- und Bildredaktion, Layoutkonzeption:
   Ulrich Müllegger, Florian Pittroff und Ute Rotter
Satz und Layoutentwurf: Sabine Schalwig
Druck: Presse-Druck- und Verlags-GmbH

Das Werk und seine Teile sind urheberrechtlich geschützt. Jede Verwertung in anderen als den gesetzlichen Fällen bedarf deshalb der vorherigen schriftlichen Einwilligung des Verlags.

ISBN 3-89639-193-3

Inhaltsverzeichnis

Wozu Sie dieses Buch verführen will ... 9

Eine Stadt unterwegs
Gedanken über heute und morgen *Peter Menacher* ... 10

Platz fürs pralle Leben ... 16

Fuggerstadt in Feierlaune
Bürgerfest und die Augsburger Reichstage *Konrad Rebholz* ... 19

Jugendkultur x-trastark
Ein Festival übertrifft alle Erwartungen *H. Linus Förster* ... 23

Italienische Nächte
Wie ein Brunnen zum Szene-Treff wurde *Andrea Steichele* ... 27

Commedia de'La Piazza
Theaterfestival bietet immer neue Highlights *Hans-Joachim Ruile* ... 29

Stadtbild im Wandel ... 32

Markantes und anderes
Augsburgs Architektur in den 90er Jahren *Angela Bachmair* ... 35

Vision »Kaisermeile«
Die Renaissance einer Stadtachse *Stefan Schrammel* ... 39

Aus Alt mach Novum
Das Prinz-Karl-Viertel – ein Modellprojekt
Gunter Maurer und Karin Sandeck ... 43

American way of Wohnen
Augsburger finden ihr Zuhause im Housing *Edgar Mathe* ... 45

Die Neubau-Offensive
Situation am Wohnungsmarkt entschärft *Gerd Merkle* ... 47

Eine Stadt läßt liften
Sanierung schafft neue Wohnqualität *Gernot Illner* ... 49

Das Wertachbrucker Tor
Ein alter Turm erwacht zu neuem Leben *Werner Bischler* 51

Kulturpark Rotes Tor
Neuer Glanz für die Heimat der Puppenkiste *Peter Bergmair* 52

Augsburg mobil 54

Bau statt Stau
Ein Jahrzehnt der Verkehrsentlastung *Karl Demharter* 57

Das Comeback der Tram
Die unendliche Geschichte des Nahverkehrs *Markus Schwer* 62

Stadt-Umland auf die schnelle Tour *Helmut Hofmann* 66

David gegen Goliath
Kampf um den Schienenknoten Augsburg *Dieter Münker* 67

Ready for take off
Vom Sportflugplatz zum Regionalflughafen *Johannes Hintersberger* 71

Wirtschaft im Umbruch 74

Augsburger Neuland
Jahrhundertchance Konversionsflächen *Heinz Wimmer* 77

Medienstadt Augsburg
Angebot total: gedruckt, gesendet, virtuell *Rainer Bonhorst* 82

Partner für die Zukunft
Haindl investiert in den Standort Augsburg *Clemens Haindl* 85

Führend in der Welt
MAN – Hightech made in Augsburg *Rudolf Rupprecht* 87

Fit for future
Viele Firmen gehen gestärkt aus der Krise *Wolfgang Bublies* 89

Um Augsburg verdient
Die Träger der Verdienstmedaille »Für Augsburg« 92

Hammer und Homepage
Augsburgs Handwerk geht moderne Wege *Manfred Rudel* 93

Der große Umbau
Strukturwandel wandelt die Gewerkschaften
Helmut Jung und Silke Pöllinger — 95

Aufbruch ins Euroland
Augsburgs Bankenlandschaft im Wandel *Gottfried Selmair* — 97

Agenten der Innenstadt
Augsburgs CIA kämpft für eine attraktive City *Peter Grab* — 100

Ein Markt der anderen Art
Das NAK-Gelände wird zur Shopping-Meile *Gerd Merkle* — 103

Dritte Kraft in Bayern
Messeplatz Augsburg schafft den Sprung *Heiko Könicke* — 104

Innovative Impulse
High-Tech-Offensive fördert Schwaben *Ludwig Schmid* — 107

Das Großterminal
Güterverkehrszentrum im Städte-Dreieck *Kurt Forner* — 109

Kompetent in Sachen Umwelt — 110

Alles im grünen Bereich
Urbane Oasen: Grün im Lebensraum Stadt *Maria Dobner* — 113

Die Zukunftsbranche
Augsburg wird Umweltkompetenzzentrum *Hannelore Leimer* — 116

Modellstadt für Erdgasfahrzeuge *Reinhold Wenninger* — 118

Die Mega-Müll-Debatte
Abfallentsorgung – Zerreißprobe für eine Stadt *Dieter Mitulla* — 119

Die Lokale Agenda 21
Perspektiven fürs nächste Jahrhundert *Jürgen Bruggey* — 123

Kultur pur — 124

Theater der Zukunft
»Der Neue« skizziert seine Vorstellungen *Ulrich Peters* — 127

Juwel mit neuem Schliff
Das Kurhaus – auferstanden aus Ruinen *Georg Simnacher* — 131

Die Literaturprojekte
Ein Bestseller gegen den Zeitgeist *Ekkehard Gesler*   134

Film ab – und Klappe
Auf und Nieder der Augsburger Filmkultur *Dieter Riecken*   137

Der Senkrechtstarter
»abraxas« – ein Experiment etabliert sich *Ute Legner*   142

Götter unter Glas
Adriaen-de-Vries-Schau krönt das Jahr 2000 *Ulrich Müllegger*   144

Schätze der Kirchenkunst
Im Jahr 2000 öffnet das Diözesanmuseum
Josef Grünwald und Melanie Thierbach   148

Fahndung im Untergrund
Stadtarchäologie bringt Geschichte ans Licht *Lothar Bakker*   150

Lebensqualität für Generationen   154

Großes für die Kleinen
Die 90er beenden die Kindergarten-Misere *Elfriede Ohrnberger*   157

Ende einer Wanderschaft
Pankratius-Förderschule in neuem Gebäude *Josef Gayer*   160

Eine klangvolle Liaison
Die Musikhochschule Augsburg-Nürnberg *Ludwig Scholz*   162

Heute hip, morgen Flop
Turbulente Zeiten für die Jugendarbeit *Matthias Garte*   164

Campus komplett
Ausbau der Universität fast vollendet *Reinhard Blum*   167

Vom Stoff zur Bildung
Schüle'sche Kattunfabrik wird FH-Standort *Hans Benedikt*   170

Der Medizin-Gigant
Zentralklinikum bietet höchstes Niveau *Anselm Berger*   172

Raus aus der Drehtür
Neue Hessing-Geriatrie hilft alten Menschen *Johann Wünschel*   174

Pflege nach Maß
Augsburg geht neue Wege für alte Menschen
Margarete Rohrhirsch-Schmid   176

Lebendige Demokratie   180

Die »Bürgerstadt«
Der Kunde ist König – auch bei der Stadt   *Gerhard Stadler*   183

Fuggerstädter Meckerlust
Basisdemokratie hat in Augsburg Tradition   *Walter Kurt Schilffarth*   187

Der heiße Draht zur Stadt
Augsburg ernennt einen Bürgerbeauftragten   *Theo Gandenheimer*   190

… aber immer öfter
Teamgeist siegt im Stadt-Umland-Verhältnis   *Dieter Baur*   191

Augsburg international   194

Augsburg goes global
Die Fuggerstadt hat Partnerstädte weltweit
Rainer Irlsperger und Dieter Saborowski   197

Verständnis statt Vorurteil
Ausländerbeirat fördert Dialog der Kulturen   *Seyfeddin Kececi*   202

»Kids for Sport« mit Stars
In Sachen Sport geht Augsburg neue Wege   *Willi Reisser*   204

Friedensstadt Augsburg
Symbol für Versöhnung der Konfessionen   *Ernst Öffner*   207

Autorenverzeichnis   210

Bildnachweis   212

Wozu Sie dieses Buch verführen will

Es gibt viele gute Bücher über Augsburg. Und es gibt viele gute Gründe, auch einmal die Meilensteine eines Jahrzehnts als Wegmarken in die Zukunft zu skizzieren.

Der Beginn eines Millenniums weckt bei den einen Ängste vor Ungewissem, andere fragen nach Perspektiven, wieder andere stolpern einfach ins nächste Jahrhundert – möglichst unterhaltsam, aufwendig und laut. Senioren schwärmen vielleicht rückblickend von den »Golden Twenties«, während Denkmalschützer die »Fünfziger« in den Blick nehmen. Welches Attribut werden die »Neunziger« erhalten? Zeitenwechsel ist mehr als ein Datenverarbeitungsproblem, er ist die Chance, Zeitlinien zu ziehen, sich zu besinnen und Zeitgeschichte mit Zukunft zu verbinden.

Ebenso notwendig ist von Zeit zu Zeit die Zusammenschau des Ganzen. »Demokratie heißt, ein Gewissen fürs Ganze zu haben«, mahnte uns Max Weber. Weder im Sinne einer unmöglichen Vollständigkeit noch einer Utopie, aber im Sinne übergeordneter Leitgedanken. Die aktuellen Probleme und ihre Lösungen gleichen den bunten Glassteinen, die man im Kaleidoskop bewegt. Doch diesen Zufallsbildern, noch so schillernd und leuchtend, fehlt der Sinn. Deshalb ist es gut, mit jeweils ganz anderen Augen und unterschiedlichen Blickwinkeln die einzelnen Felder so zu betrachten, dass am Ende deutlich wird: Auch in und für Augsburg ist das Ganze mehr als die Summe der Teile.

Nicht zu vergessen die Augsburger, die – bei aller Kritik im Einzelnen – ihre Stadt mögen, ja stolz auf sie sind, und ganz besonders, wenn Gäste oder Fremde sie loben. Über das Gefühl hinaus braucht Identifikation aber auch Information, kompakt und doch umfassend. Dieses Ziel verfolgen die Beiträge dieses Buchs, aus denen man die gleiche Liebe der Autoren spürt.

Natürlich will diese Publikation nicht zuletzt eine aktuelle Visitenkarte über unsere Stadtgrenzen hinaus sein. Wir brauchen unser Licht nicht unter den Scheffel zu stellen. Am Ende sollen viele Leser sagen: »Du, Augsburg, bist keineswegs die geringste unter den deutschen Städten.« Im Gegenteil.

Ich hoffe, Sie haben jetzt Appetit aufs Lesen.

Peter Menacher

Eine Stadt unterwegs
Gedanken über heute und morgen

von Peter Menacher

Können Sie sich das vorstellen: Eine ganze Stadt auf Rädern, damit man sie bewegen kann? Eine Stadt steht doch fest, ist ein Punkt auf der Landkarte, eine Silhouette am Horizont, ein Netzwerk auf dem Plan. Gerade auch die Träume von einer Idealstadt, von Hand skizziert oder auf dem Reißbrett entworfen, waren geometrische Meisterleistungen (vgl. Virgilio Vercelloni: »Europäische Stadtutopien«). Einen Durchblick zum Glück sollten die geraden Linien erlauben. Von der Insel Utopia mit ihren 54 Städten (Thomas Morus: »Wer eine Stadt kennt, kennt sie alle.«) über die »Città del Sole« (Campanella) bis zur »Maschine Stadt« (Le Corbusier) und zur virtuellen Telepolis reicht ein weiter Bogen. Utopisten und Visionäre verknüpften gar den idealen Stadtplan mit einer idealen Gesellschaft der Zukunft.

Augsburg, dessen Geschichte älter ist als solche Entwürfe, liegt nicht in Utopia, sondern in Bayerisch-Schwaben, und weil es (noch) nicht ideal ist, ist meine Stadt – unterwegs.

Ziele und Zufälle

Erfahrene Bergsteiger und Wanderer wollen nichts dem Zufall überlassen. Sie wissen genau, wohin sie wollen, sie kennen die Karten und meist ihre Kräfte. Ihnen wollte ich es – wie viele Politiker – nachmachen und entwarf anno 1989 Leitlinien für Augsburg in den 90er Jahren, skizzierte beim Amtsantritt »die Stadt im Gleichgewicht« und war überhaupt voller Pläne für eine bessere Welt. Und in der Tat haben Verwaltung und Rat eine ganze Reihe umfassender Zielvorstellungen in Pläne gegossen, zum Teil heiß diskutiert und sogar verabschiedet: einen Flächennutzungsplan für das gesamte Stadtgebiet einschließlich Landschaftsplan; einen neuen Gesamtverkehrsplan für alle Verkehrsarten; einen Jugendhilfeplan und Gesamtkonzepte beziehungsweise Programme für Senioren, Spielplätze, Kindergärten, Schulen und nahezu alle Bereiche. Dabei hatte – ausgerechnet – Bert Brecht vor langer Zeit gewarnt: »Ja, macht nur einen Plan! Seid nur ein großes Licht! Dann macht noch einen zweiten Plan – geh'n tun sie beide nicht.«

Er irrte, denn vieles von den Plänen wurde bereits Wirklichkeit. Er hatte Recht, denn die unerläßlich klaren Ziele müssen sich den immer neuen Fragen stellen, die von einem Umbruch wie selten zuvor, von einer geradezu beschleunigten Geschichte gestellt werden. Wer etwa hätte bei einer Zielbestimmung vor 50 Jahren Folgendes über Augsburg im Jahre 2000 prognostiziert:

* In der großen Textilstadt (20 000 Mitarbeiter) ist diese Branche fast völlig weggebrochen.

* Im beliebten Truppenstandort der Amerikaner (zeitweise 30 000) werden alle Kasernen und Wohnungen frei.
* In der schwäbischen Hauptstadt wohnen 43 570 Ausländer, 2400 Asylbewerber und eine große Aussiedlergemeinde.
* Im Haushaltsplan sind viele Millionen Mark als Solidarbeitrag für die Beseitigung der Altlasten in der ehemaligen DDR veranschlagt.

Von den falschen Verkehrsprognosen renommierter Gutachter ganz zu schweigen. Die Reihe ließe sich fortsetzen. Ist also Zukunft – auch einer Stadt – gar nicht planbar? Ist alles nur Zufall?

Sicher nicht im Sinn von Lotterie oder willkürlichem Schicksal. Aber es gibt einen Posten »Unvorhergesehenes«, der jedem Akteur der Stadtentwicklung an Aufgaben zu-fällt. Die Diskussion um Stadtkonzeptionen ist deshalb differenzierter geworden. Zunächst unterschied man zwischen normativer Ebene (Stadtleitbild mit politischen Zielvorgaben), strategischer Ebene (abgeleitete Ziele für Handlungsfelder) und operativer Ebene (Umsetzung von Maßnahmenkatalogen). In den verdienstvollen »Neuen Schriften« des Deutschen Städtetages weisen Erfahrungsberichte über »Stadtkonzeption live« (Funke/Müller) darauf hin, dass neben einem ganzheitlichen Ansatz, Nachhaltigkeit und Einbeziehung der Bürger auch hohe Flexibilität gefordert ist. »Flexibel« interpretiere ich dabei nicht als opportunistisch oder ziellos, sondern als eine Form von Zielsetzung und Steuerung, die beim Unterwegs-sein Veränderungen erkennt, verarbeitet und einortet. In Augsburg ist es zum Beispiel die Umwandlung von Industrie-Brachen und Militär-Arealen, die Revitalisierung des Textilviertels und die Aufplanung entbehrlicher Bahnflächen, die eine Herausforderung und Chance zugleich sind. Aber auch Einzelprojekte, die plötzlich von Investoren beabsichtigt werden, müssen nicht gegen die Ziele einer Stadt laufen, wenn von der Architektur bis zur An- und Einbindung die Einfügung in Strukturen gelingt.

Stadtentwicklungspolitik, die weder einem Planungsfetisch noch einem Laisserfaire huldigt, muss deshalb sowohl Ziele setzen wie plötzliche Chancen nutzen und Probleme in Chancen verwandeln.

Der Anspruch auf Qualität

Unterwegs sein kann man auf unterschiedlichen Höhen. Vorwärts heißt noch keineswegs aufwärts. Bei der Entwicklung einer Stadt ist deshalb stets die Frage nach der Qualität zu stellen. »Die Stadt ist eine Kulturleistung, die gegründet ist auf dem ambivalenten Bedürfnis nach Geselligkeit und Individualität« (Jürgen Mick). Und wie viele Kulturleistungen von der Schrift bis zum Geld, vom Handel bis zur Philosophie, von den Künsten bis zur Demokratie sind in ihr entstanden! Es geht also um einen Anspruch über die üblichen Größenkategorien wie Zahl der Einwohner oder Flächenausdehnung hinaus. Wer »groß« im Sinne von »great« (nicht big oder large) versteht, für den ist Wachstum nicht nur »mehr«, sondern »stärker«, und Wandel steht nicht für »anders«, sondern für »besser«.

Sichtbar wird Stadt-Qualität zunächst im bebauten Raum und seinen Zwischenräumen. Bauherr und Architekt, Stadtplaner und Rat der Stadt stehen hier in gleicher Verantwortung. Augsburg ist – Ausnahmen bestätigen die Regel – maßstäblich geblieben und Charme ist eine besonders liebenswürdige Form von Qualität. Dies gilt für Neubauten ebenso wie für alte Bausubstanz. Allein die städtische Wohnungsbaugesellschaft hat in den 90er Jahren für Sanierung circa 210 Millionen Mark ausgegeben. Hinzu kommen Sanierungsgebiete und privates Engagement. Häuser, soweit sie zwei

Weltkriege überstanden, sind heute schöner als je zuvor.

Auch die Welt der Arbeit ist nicht nur mit Beschäftigtenzahlen zu messen. Für eine Romantisierung früherer Zeiten besteht kein Grund. Die Arbeitsverhältnisse haben sich gewandelt: Dienstleistungen haben die Produktion überholt und die Produkte selbst haben High-tech-Niveau erreicht. Die Qualität der Arbeit ist zweifellos gestiegen; sie ist aber weiterhin ein Kriterium für die Zukunftsfähigkeit von Arbeitsplätzen.

Die Freiräume an Zeit sind ebenso wenig nur mit der Uhr zu messen wie der öffentliche Raum zwischen den Bauten nur nach Quadratmetern. Gestaltung erst macht ihren Mehr-Wert aus. Sei es Grün im Lebensraum Stadt, sei es Kunst, seien es Begegnungsorte – Lebensqualität ist der Maßstab einer Stadt (wobei Augsburg lt. »Focus« Sept./1995 bei 543 Städten und Landkreisen unter die ersten 10 Prozent gesetzt wurde). Doch fehlt es nicht an Herausforderungen. Die Diskussion zum Beispiel um den Handel in den Innenstädten führt immer wieder auch zu dieser Frage.

Freilich, ein qualitatives Wachstum braucht etwas, was in der Gegenwart Mangelware ist und der Politik immer weniger eingeräumt wird: Zeit. Gerade wer auf Balance achten will, geht besonnen wie der Mann auf dem Seil, und wer ein gutes Profil herausarbeiten will, schnitzt es mit vielen kleinen Schnitten. Wenn eine Stadt unterwegs eine Art Gesamtkunstwerk bleiben oder werden möchte, braucht sie Zeit, die länger ist als der Sechsmeilenstiefel von Wahlperioden.

Das Kräftefeld verändert sich

Keine Stadt ist allein. Früher gab es dafür eine Formel: »Stadt und Land – Hand in Hand.« So einfach ist das – heute nicht mehr. Das Kräftefeld hat sich verändert und erweitert. Die Verschiebungen spielen sich gleichsam in sechs Kreisen ab: Stadt-Umland; Regierungsbezirk; Land; Bund; Europa; Globalisierung. Doch handelt es sich nicht um sechs konzentrische Ebenen, sondern um ein vielschichtiges Kräftefeld, in dem Magnete mit wechselnden Stärken die Strukturen verändern. Eine Stadt unterwegs gleicht dabei keineswegs einer Magnetschwebebahn. Konkret und beispielhaft bedeutet dies:

* Mit den *Nachbarn* gibt es leistungskräftige Verbünde vom Müll bis zum Nahverkehr, aber auch Wettbewerb und ungleiche Lastenverteilung.

* Der *Bezirk* engagiert sich in seiner Hauptstadt von Schulen über Gesundheit bis zum Kurhaustheater und einer Hochschule für Musik, aber auch die sozialen Sonderprobleme von Asylbewerbern bis zu Drogen konzentrieren sich hier.

* Der *Freistaat Bayern* setzt Akzente in Hochschulen, Institutionen, Offensiven, und doch sind die regionalen Gewichte zwischen Bayerns Stämmen nicht immer austariert.

* Beim *Bund* erweisen sich manche Gesetze, Reformen und »Sparpakete« zu einem erheblichen Teil als bloße Verschiebebahnhöfe und Verbindungen werden in Frage gestellt.

* Rund 80 Prozent der Entscheidungen der *EU* wirken sich auf die Kommunen aus: ob Energierichtlinien auf Stadtwerke oder »Förderkulissen« auf Wirtschaftsförderung.

* Und *weltweit* lassen Niedriglohnländer alte Standorte sterben, Kriege führen zu Migrationen und stellen neue Umweltfragen im »global village«.

Doch nicht genug damit. Kammern, Verbände und Interessengruppen bringen ihre Potenz ins Spiel, Initiativen organisieren Widerstand oder – manchmal – Rückenwind, und die Medien haben sich zu einer Art »vierten Gewalt« entwickelt. Längst kann man die Rolle der Kommunen nicht mehr starr in einen übertragenen und einen eigenen Wirkungskreis einteilen. Wie kann man in einem so komplexen Feld von Ein-Wirkungen und Neben-Wirkungen Kurs halten?

Auch Kommunalpolitik ist in hohem Maß eine intensive Pflege von Beziehungen über die Stadtgrenzen hinaus zu allen Partnern mit zeitaufwendiger Kommunikation, Information und Präsentation geworden. Allianzen und Städtenetze entstehen und die Interessenvertretung durch die Städtetage ist wichtiger denn je. Dabei steht im Zentrum nicht der bloße Kampf um Geld, sondern der Einsatz für die angemessene Finanzausstattung zur jeweiligen Aufgabenzuordnung. Denn das hehre Prinzip der Delegation nach unten bedeutet ohne das Prinzip der Konnexität (wer anschafft, muss bezahlen): alle Last auf den Letzten. Soweit aber Kompetenzen nach »oben« (z.B. Europa) wandern, vereinigt der Ruf nach Subsidiarität wieder Kommunen und Regionen (z.B. mich mit den Ministerpräsidenten im Ausschuss der Regionen in Brüssel).

Die lernende Stadt

Keine Angst, hier ist nicht von Unterricht die Rede. Die Formel von der »lernenden Organisation« verweist im Grunde auf die menschlichen Organe. Sie sind nur dann wirkungsvolle Werkzeuge, wenn sie sich in den Gesamtzusammenhang einordnen und vor allem sich anpassen. Über die beste »Organisation« einer Stadt gibt es derzeit eine Flut von Publikationen und Veranstaltungen und eine ganze Branche lebt nicht schlecht davon. Die Beherrschung eines modischen Vokabulars bedeutet noch lange nicht die Kenntnis des komplizierten Gefüges und seiner Prozesse. Vielleicht kommt bald die Wiederentdeckung der Erfahrung.

Dennoch kann man nicht ernsthaft leugnen, dass zum Beispiel vom »Neuen Steuerungsmodell« von der Diskussion um Budgetierung, Doppik usw. wichtige Impulse für bessere Dienstleistung, Bürgernähe und Mitverantwortung ausgingen. Feststeht: Die Organisationshoheit ist ein Kernstück der kommunalen Selbstverwaltung. »Ohnehin ist eine wirkungsvolle Organisation kein abstraktes Ziel, sondern eine Denkrichtung unter ständiger Korrektur von Bewertungen.« (Eberhard Laux) Es geht also um eine »Denke« mit dem Ziel einer Evolution der Gesamtorganisation. Eine »Denke« zu ändern braucht freilich Zeit. Die Gründung einer Augsburger Stadtakademie zu Beginn dieses Jahrzehnts hatte deshalb mehr als die Einführung in moderne Techniken der Datenverarbeitung und betriebswirtschaftliche Systeme zum Ziel, nämlich die kreative Weiterentwicklung der eigenen Verfahren und Strukturen durch sogenannte Werkstätten, Vorschlagswesen und andere moderne Methoden.

Eine Stadt muss auch lernen, nicht alles selbst und alleine zu machen, sei es, weil es immer so war, sei es, weil man etwas von ihr fordert. Privatisierung wurde für die einen zum Zauberwort, für die anderen zum Schreckgespenst. Zwischenzeitlich erkennt man undogmatisch, dass der Dienst besser ist als sein Ruf – vorausgesetzt, er ist reformbereit, kreativ und geht auch neue Wege. Dazu gehört eine vernünftige Wahl der jeweils zweckmäßigsten Betriebsform (z.B. Amt, Eigenbetrieb, GmbH, AG, Kommunalunternehmen). In Augsburg haben sich auch Formen von »PPP« (Public Private Partnership) durchaus als Arbeitsteilung oder Know-how-Transfer bewährt. Freilich müssen beide Partner lernen, miteinander umzugehen. Nicht zuletzt wird die Steuerung von Unternehmensbeteiligungen zu optimieren sein, denn die öffentliche und veröffentlichte Meinung wird im Krisenfall nicht nach dem Miss-Manager fragen, sondern die Politik verantwortlich machen.

Der Prozess einer »lernenden Stadt« ist freilich nicht möglich ohne die Bürger. Schon immer waren die Parteien, ihre Arbeitskreise und Beiräte ein Transmissionsriemen, schon immer ist das Ehrenamt eine Säule eines Gemeinwesens. Nun sind neue Formen des Dialogs zwischen Bürger und Stadt entstanden, wie z. B. die Lokale Agenda 21 mit eigenen Foren. Aber auch Symposien, Architekturtage und vorgezogene Bürgerbeteiligungen sind Beiträge zu einer »Werkstatt Stadt«. Ein besonderes Beispiel gab Dieter Kirchmair, ein engagierter Augsburger, der sich zum runden Geburtstag statt Geschenken eine Geldspende für einen Wettbewerb wünschte: Kinder und Jugendliche sollen für ihre besten Vorstellungen von Augsburg in 30 Jahren, der Stadt ihrer Erwachsenen-Zukunft, prämiert werden. Junge Urbanität ist offen für Innovationen, aber auch für andere Religionen und Kulturen.

So zeigt sich ein langer Weg von der »freien Bürgergemeinde« eines Freiherrn vom Stein über die kommunale Parteiendemokratie zu – hoffentlich – größerer Identifikation durch Beteiligung an Veränderungsprozessen in einer neuen »Sozial- und Bürgerkultur« (Alois Glück), in der Selbstständigkeit, Helfen, Gegenseitigkeit und Mitverantwortung zu den Grundprinzipien zählen. Legitimation durch Wahlen darf dadurch freilich nicht in Frage gestellt werden.

Damit keiner zurückbleibt

Nicht jeder kann in einer so dynamischen Zeit Schritt halten. Die soziale Stadt ist aber nicht mit einer unbegrenzten Dienstleistungsagentur zu verwechseln, vielmehr braucht eine Stadt als lebendiges Gemeinwesen – außer dem gesetzlichen Sozialsystem – vor allem lebendige Gemeinschaften. In rund 700 Vereinen erbringen Ehrenamtliche eine enorme Leistung. Dem Ehrenamt droht heute Gefahr: weniger vom Egoismus als von der zunehmenden rechtlichen und wirtschaftlichen Verantwortung und Haftbarmachung. Je größer die Organisation und erst recht bei freien Trägern kommt es darauf an, dass »Amateure« und »Profis« arbeitsteilig und respektvoll zusammenarbeiten. Die soziale Selbstorganisation findet in einer großen Zahl von Selbsthilfegruppen einen wichtigen Ausdruck. Ein neues Verständnis von Selbstverwirklichung reicht von der Eigenverantwortung über die Nachbarschaftshilfe bis zur schwierigen Führungsaufgabe in Diensten aller Art. Erst Bürgersinn schafft Wärme in einer Stadt. Dabei muss es sich keineswegs um die ganze Stadt handeln. Seit der Wiederentdeckung der Stadtteile organisiert sich dieses Zusammenleben z.B. in den Arbeitsgemeinschaften der Vereine, die für den Zusammenhalt der kleineren Einheiten höchst verdienstvoll sind. Ebenso sind die Sozialstationen bürgernahe Knoten im sozialen Netz.

Seit der Fuggerei, der ältesten Sozialsiedlung der Welt, lebt in Augsburg eine lange Stiftertradition. Auch in diesem Jahrzehnt der 90er Jahre wurden 16 neue Stiftungen errichtet, zum Beispiel die Ignaz-Walter-Stiftung, die Stiftung Aufwind der Stadtsparkasse oder die Max-Gutmann-Stiftung. Andere wie die »Kartei der Not« erbringen seit vielen Jahren außerordentliche Hilfeleistungen, wobei das hohe Verdienst über die Geldsummen hinaus im beständigen Werben für die Idee der Solidarität besteht. Auch Clubs wie Rotary, Lions, Kiwanis sind sozial aktiv. Die Stiftungsreferentin Margarete Rohrhirsch-Schmid hat für die Zukunft den Gedanken eines »Hauses der Stiftungen« ins Gespräch gebracht.

Letztlich geht es darum, die Brücke zwischen dem privaten Wohlstand und öffentlichem Wohl auszubauen.

Abzubauen dagegen gilt es Benachteiligungen. Die Gleichstellungsstelle für Frauen unter Leitung von Ingrid Bergmann-Ehm zeigte aber nicht nur Rückstände auf, sondern erarbeitete gemeinsam mit der Stadt ein Frauenförderungsprogramm bis hin zur Qualifizierung für Führungspositionen. Bei all diesen Aufhol-Schritten geht es gleichzeitig um Bewusstseinsbildung bei Männern und Frauen, das Prinzip der Partnerschaft konsequent zu verwirklichen.

Der soziale Konsens wird im Ausländerbereich auf eine besondere Probe gestellt. Die ethnische, kulturelle und religiöse Vielfalt der Bürgerschaft ist gerade für Städte auch eine Chance der Bereicherung, wie die Geschichte groß gewordener Städte zeigt. Zum Miteinanderleben gibt es keine Alternative. Dazu bedarf es eines ständigen Dialogs, der ohnehin im Dialog der Weltreligionen eine zunehmende Verstärkung finden wird. Allerdings sind Kirchen und Religionsgemeinschaften nicht nur soziale Hilfsdienste oder Traditionsgemeinschaften. Eine Stadt lebt auch in einer Wertordnung. Hitler wollte mit Salzgitter eine Stadt ohne Gott errichten. Des Diktators Reich war rasch vorbei und Salzgitter hat zwischenzeitlich Kirchen. Denn Religion verweist auf einen transzendenten Sinn und ist ein sinnstiftendes Band, das ein Gemeinwesen mit zusammenhält. Die Idee des Pilgerns deckt sich mit dem Bild des Unterwegssein. Die Kirchen leisten an ihren Mitgliedern, die zugleich Mitbürger sind, einen unverzichtbaren Dienst, damit keiner zurückbleibt.

Die Stadt hat Zukunft

Offen gesagt: Das Gerede von der »Unregierbarkeit« und »Unwirtlichkeit« der Städte mag noch auf die eine oder andere Megapolis zutreffen, in aller Regel ist es schlicht falsch. Wer nicht von mentaler Depression befallen ist, wird vom Gegenteil überzeugt sein: Die Stadt – als Lebensform und konkret – hat Zukunft. Allerdings kommt es darauf an, sie als Heimat weiterzuentwickeln. Heimat ohne Pathos hat etwas zu tun mit sich wohl fühlen, sicher sein, Wurzeln haben, ja sogar stolz sein. Umfragen in Augsburg belegen eine überaus hohe Identifikation; Statistiken zeigen eine für Großstädte hohe polizeiliche Aufklärungsquote und Sicherheit auf; Städtevergleiche brauchen wir nicht zu scheuen. Dennoch muss das Bewusstsein weiter geschärft werden, das in manchen Städten zu regelrechten Kampagnen geführt hat: »Es ist Ihre Stadt.« (Bayerisch besser: »Es ist deine und unsere Stadt.«)

Dieses Plädoyer für die Stadt ist kein Widerspruch zum hohen Reiz der großen Landschaften mit ihren Wiesen und Feldern, Wäldern und Bergen, Hügeln und Dörfern. Es ist eine eigene Faszination, die von der Dichte, dem breiten Angebot und dem prallen Leben einer Stadt ausgeht. Wenn dann Städter und Stadtbesucher ins Gespräch kommen, können reizvolle Begegnungen entstehen und am Ende verabschiedet sich z.B. der Gast – wie kürzlich eine italienische Reisegruppe – mit den Worten: »Una bella città!« Dann geht die Fahrt weiter – wie die Gegenwart und Geschichte unserer Stadt.

Übrigens: »Augsburg auf Rädern« kann man sogar besichtigen. Das zentrale Deckengemälde im berühmten Goldenen Saal des Rathauses zeigt einen Triumphwagen mit dem Stadtwappen, der von Weisen und Rechtsgelehrten gezogen und von der Tugend »Sapientia« (Weisheit) gelenkt wird. Dies war gleichsam Teil des Programmes von 1620. Dass sich viele für ihre Stadt ins Zeug legen, gilt als Wunsch auch für den weiteren Weg im neuen Jahrtausend.

Platz fürs pralle Leben

EINE STADT ist nicht ländliche Idylle, sie ist pulsierendes Leben. Für das »aufregende Grau« und die lange sehr verdeckte Fröhlichkeit unserer Stadt war die 2000-Jahr-Feier 1985 zweifellos ein Meilenstein. Wenn Geschichte lebendig wird, wird sie bunt, macht sie stolz, führt sie zusammen: Berufe aller Art vom Handwerker bis zum Kaufmann und Generationen von Jung bis Alt und macht sie zu stolzen Augs-Bürgern.
Aber da war noch etwas: Das Lebensgefühl der 90er wandelte sich, öffnete sich, wurde heiterer, jünger. Ist es nur die Zauberformel »fun«, also unbeschwert das Leben genießen? Zeitkritiker mahnen bereits, das Leben sei gar nicht »light«, und warnen vor aufpeitschendem Sound und greller Lichtorgel. Dennoch: Open Air ist auch Frischluft; Bewegung aus Lebensfreude braucht und bekam ihren Platz und ihre Orte.
Dazu gehört: Sehen und Gesehenwerden. Wenn der Meetingpoint eine Meile wird, werden jede Menge Leute zum Magneten für andere und im Gedränge ist man mit dabei. Mancher Treff wird zum Treffer.
Besonders wenn Kultur in neuer Form »wunderbare Welten« von überallher anzieht und gleichsam »en passant« die *comedy* des Lebens auf öffentlichem Raum sich abspielen darf. Und dies alles weitgehend in Heiterkeit und reizvollen Begegnungen, die keine engen Stadtgrenzen kennen. Begrenzungen fordern freilich Anwohner. Nur mit Rücksicht und Toleranz ist die Balance der Zumutbarkeit immer wieder auszutarieren. Denn die gewonnene Lebensqualität aus historischen Wurzeln und modernen Zweigen soll eine Vorgabe für die Zukunft sein: fröhliche Urbanität.
P. M.

Chronik*

1990–1999   Insgesamt fünfmal kommen Zehntausende von Gästen aus der gesamten Region zum *Brunnenfest* in die Augsburger Innenstadt.

1991/1994   Handwerkerschaft, historische Vereine, Musikanten und Gaukler bilden eine prächtige Kulisse für das Augsburger *Bürgerfest*, das die Besucher in die Zeit von Elias Holl zurückversetzt.

1997   Der Verein Augsburger Reichstage gibt dem Bürgerfest einen zusätzlichen Akzent: Höhepunkt der Historischen *Reichstage* ist der nachgestellte Einzug von Kaiser Maximilian I. 1518 ins Rathaus.

1995/1998   Jugendliche aus ganz Deutschland pilgern zum *X-Large*-Festival nach Augsburg, um unter freiem Himmel vor historischer Stadtkulisse bei Rock, Hip-Hop, Techno und anderem Sound zu feiern.

1990–1999   Jedes Jahr sorgt das Theaterfestival *La Piazza* rund um das Rathaus für außergewöhnliches kulturelles Flair.

* eine Auswahl

Fuggerstadt in Feierlaune
Bürgerfest und die Augsburger Reichstage
von Konrad Rebholz

Mit Schirm, Charme und historischen Kostümen: Augsburg feiert – auch bei Regenwetter.

Man schrieb das Jahr 1985. Augsburg war zu dieser Zeit eine Stadt, von der manche behaupteten, dass nach 18 Uhr die Gehsteige hochgeklappt wurden, und der Stadtneuling fragte sich, ob im Fernsehen gerade ein Bundesliga-Topspiel übertragen wurde, so leer waren die Straßen oft am Abend. Doch in diesem Jahr sollte alles anders werden. 2000 Jahre Augsburg – ein Stadtjubiläum war zu begehen. Und dieses Jubiläum wurde zum Urknall in Sachen Augsburger Feier-Freude.

Handwerkers Großeinsatz

Die 2000-Jahr-Feierlichkeiten standen unter dem Motto »Stolze Tradition des Handwerks – Aufbruch ins Industriezeitalter«, und so kam dem Augsburger Handwerk auch eine besondere Rolle zu. Nicht nur bei der teilweisen Rekonstruktion des Goldenen Saales und des Fürstenzimmers im Rathaus, bei der alle Teile der neuen Ausstattung möglichst im ursprünglichen Material und nach alter Technik angefertigt wurden. Das Handwerk beteiligte sich auch in großem Maßstab am historischen Bürgerfest, einer Veranstaltung, die alle Erwartungen übertreffen sollte.

Eine Stadt entdeckt die Geschichte

Als besondere Attraktion wurden auf dem Elias-Holl-Platz in lebenden Werkstätten alle möglichen Facetten alter Handwerkskunst gezeigt. Außerdem präsentierten sich Marktkaufleute, Gastronomen, Musikanten, Gaukler, sportliche, kulturelle und historische Vereine in diesen Tagen wie zu Zeiten Elias Holls, des großen Augsburger Baumeisters. Und auch die Fuggerstädter selbst begaben sich auf die Zeitreise, tauschten Anzug und Jeans gegen historische Kostüme, die oft mit enormem Aufwand selbst geschneidert wurden.

Tausende füllten an jedem Bürgerfesttag die Straßen, tranken Bier nach alter Braukunst, ließen sich Gerichte aus vergangenen Zeiten schmecken. Und plötzlich waren die Abende zu kurz – bis spät in die Nacht hinein wurde gefeiert.

Alle drei Jahre wieder

Die Konsequenz: Dornröschen wollte nicht mehr schlafen gehen. Aufgrund des großen Erfolgs beschloss der Stadtrat, in Zukunft alle drei Jahre ein Bürgerfest zu veranstalten.

Auch das Augsburger Handwerk erklärte sich wieder bereit, mit den lebenden Werkstätten seinen Beitrag zu leisten. Allerdings wurde der Rahmen erheblich ausgedehnt: vom Elias-Holl-Platz auf den Handwerkerweg, den Hof des Heilig-Geist-Spitals und das 1985 eröffnete Handwerkermuseum.

Mit Hilfe des Elias-Holl-Krans wurde auf gleichnamigem Platz ein Bauwerk im Stil des Meisters geschaffen. Die Bürgerfest-Besucher konnten zusehen, wie sich Zimmerleute und Steinmetze, Maurer und Stukkateure, Schlosser und Schreiner, Spengler, Glaser und Maler in ihren Trachten an die Arbeit machten.

Unter den Arkaden im Hof des Heilig-Geist-Spitals zeigten andere Zünfte ihr Können: Schneider, Kürschner, Bader, Sattler, Schuhmacher, Gold- und Silberschmiede, Töpfer, Zinngießer, Hutmacher, Wachszieher, Buchbinder, Filzmacher, Holzschnitzer und Korbmacher. Beim Handwerkermuseum gingen historische Modenschauen über den Laufsteg, Wagner präsentierten die Kunst der Holzrad-Herstellung. Ein weiterer Höhepunkt war das tägliche Beschlagen eines Pferds mit handgeschmiedeten Nägeln und Hufeisen.

Die Auftritte der Handwerker hatten auch jede Menge praktischen Output: Extra zum Bürgerfest 91 restaurierten sie mit großem Aufwand den Tuffsteinbrunnen im Hof des Handwerkermuseums. Oberbürgermeister Menacher nahm dies zum Anlaß, den Hof und die Höfe des Heilig-Geist-Spitals spontan in »Handwerkerhöfe« umzutaufen.

Bei den beiden Bürgerfesten 1991 und 1994 restaurierten die Spengler, Zimmerer und Schreiner die alte Kuppel der abgerissenen Hochablaß-Gaststätte. Sie wurde schließlich zu einem ganzen Pavillon ergänzt, der auf Wunsch des Stadtrats in der Nähe des früheren Standorts aufgestellt wurde.

Handwerkers Werk: Zum Bürgerfest 91 restaurierten fünf Innungen den Tuffsteinbrunnen.

Treffpunkt für Tausende

Weil schon das Zuschauen bei so viel Arbeit Hunger macht, sorgten die Bäcker und Metzger für eine zünftige Handwerkerbrotzeit. Oft war es ein Ding der Unmöglichkeit, für mehrere Leute einen Platz an den Biertischen zu finden, denn auch bei den folgenden Bürgerfesten hielt die Augsburger nichts mehr zu Hause. Wenn der Wettergott mitspielte, pilgerten sie in Scharen in die Innenstadt.

Ins Schwarze getroffen: Das Programm der historischen Vereine versetzte Augsburg in die Zeit Elias Holls.

Was auch an den historischen Vereinen lag, die mit den verschiedensten Aufführungen und Tanzspielen das Leben Anfang des 17. Jahrhunderts darstellten. Musikgruppen traten auf, Chöre, Zauberer, Turnierkämpfer, Bogenschützen, Schwarzpulverschützen und viele andere – alles Gruppen aus Augsburg und Umgebung. In den Tagen des Bürgerfests verwandelte sich die Innenstadt in eine große Bühne für Moriskentänzer, Zauberer, Hexen, Gaukler, Schlagenbeschwörer, Wahrsager und Stadtschreiber.

Jeder Besucher hatte auf dem Bürgerfest seine Vorlieben. Zu den Highlights für alle zählten aber mit Sicherheit die historischen Festumzüge mit mehreren Tausend Teilnehmern aus Stadt und Land, Aufführungen wie »Carmina Burana« von Carl Orff oder der »Geschlechtertanz« auf dem Rathausplatz.

Aus Bürgerfest mach Reichstage

Nach dem Bürgerfest 1994 entschieden sich die Verantwortlichen für eine Änderung: Persönlichkeiten der Geschäftswelt gründeten den Verein Augsburger Reichstage. Ziel war es, dem Bürgerfest einen neuen, unverwechselbaren Charakter zu geben, nachdem Vorwürfe laut geworden waren, das Fest hätte sein historisches Gesicht verloren.

Was für die Stadt Landshut die Fürstenhochzeit ist, sollten für Augsburg die Reichstage werden. Ausgewählt wurde das Jahr 1518, in dem Kaiser Maximilian I. seinen letzten großen Reichstag am Lech einberief. In dieser Zeit war Augsburg nach Venedig die reichste Stadt Europas – die ganze Welt sprach von der Augsburger Pracht.

Auch bei den Reichstagen, die zum ersten Mal 1997 stattfanden, waren das Handwerk und die historischen Vereine in bewährter Form in das Festgeschehen

Ein Höhepunkt der Augsburger Reichstage: der Einzug des Kaisers mit seinem Gefolge.

Platz fürs pralle Leben

eingebunden. Doch es gab viele Neuerungen: Zum ersten Mal wurde in den Wallanlagen am Roten Tor das Lagerleben der damaligen Zeit nachgestellt. Premiere feierten außerdem Veranstaltungen wie der Einzug des Kaisers Maximilian mit seinem Gefolge, der große Festzug zu Ehren des Kaisers, der feierliche Reichstagsabschied auf dem Rathausplatz sowie die Hochzeits-, Kaiser- und Zunftmahle im Rathaus.

Auf ein Neues?

Doch dieses Mal spielte der Wettergott nicht mit. Es regnete mehr oder weniger permanent und so brachte das mit enormem organisatorischen Aufwand geplante Fest nicht den erwarteten Erfolg. Nicht unerhebliche Finanzprobleme waren die Folge. Doch mit der Stadt als Veranstalter, dem Handwerk und den historischen Vereinen als tragende Säulen sowie dem Verein Augsburger Reichstage sollte es auch in Zukunft möglich sein, ein attraktives historisches Fest auf die Beine zu stellen. So schnell lassen sich die Augsburger die neu entdeckte Feierlaune schließlich nicht verderben. Und den Stolz auf ihre Stadtgeschichte nehmen sie mit ins nächste Jahrhundert.

In Augsburg kommen die Geister nicht aus der Flasche, sondern aus den historischen Brunnen. Wen will das wundern, sind die prächtigen Wasserspender doch seit alters her Treffpunkte in der Stadt. Dies gilt auch heute und ganz besonders zu Zeiten des Brunnenfests, das abwechselnd mit dem Bürgerfest und dem X-Large-Festival im Drei-Jahres-Turnus stattfindet. Ein Angebot, das die Augsburger und viele Auswärtige nutzen – nicht nur, wenn wie 1999 zum »Ball der Wassergeister« geladen wird.

Jugendkultur x-trastark
Ein Festival übertrifft alle Erwartungen

von H. Linus Förster

Rathausplatz als Showbühne: X-Large brachte die Massen auf die Beine.

»Manche bezeichnen X-Large schon als deutsches Woodstock« – diese Unterschlagzeile eines Zeitungsberichts erinnerte mich an ein Erlebnis auf dem Festival: Ein sichtlich vergnügter Besucher, Anfang vierzig, erklärte mir, dass er »damals« noch zu jung war, um zu dem legendären Festival in die USA zu reisen. Und jetzt, auf X-Large, hätte er zunächst Angst gehabt, er könne zu alt sein, denn schon Wochen vorher sprachen seine Kinder nur von »ihrem« Fest. Weil seine Tochter aber wiederum zu jung war, um allein so lange auszugehen, entschied sie sich für das kleinere Übel, nämlich »den Alten« – wie sie sagte – mitzunehmen.

»Und jetzt streiten wir darüber, wer sich hier besser amüsiert, sie oder ich«, sagte der »Alte«, und drückte seine Tochter lachend an sich, die kurz darauf in Richtung »Traumklang Open Air« mit Trend-DJs auf dem Rathausplatz verschwand.

Wenn die 81-jährige Besucherin, die am selben Abend in die Mitarbeiterzentrale der Veranstalter kam, um X-Large als »gelungenes Fest« zu loben, noch die Oma des Mädchens gewesen wäre, dann hätten wir die Vorzeigefamilie gehabt, mit der wir beweisen könnten, was der Stadtjugendring erreichen wollte: Ein modernes, lebendiges Jugendkulturfestival für alle, die – wie es der Oberbürgermeister im Vorwort des Programmheftes schrieb – »young in mind«, also »jung im Geiste« sind – egal ob Schüler, Student oder Rentner.

Prädikat: kunterbunt

X-Large bot als transkulturelles Jugendfestival für alle Interessens- und Altersstufen ein anspruchsvolles und abwechslungsreiches Programm: Unterschiedlichste Musik-»Geräusche« waren zu hören, von usbekischem Ethno-Pop (1995), über Samba, Schlager, Hip-Hop, Jazz, Trance und House, bis hin zu den Charts-Trendsettern »der Wolf« oder die

X-Large-Highlight: die Guano Apes.

»Guano Apes« (1998). Das alles übrigens bei herrlichstem Sommerwetter (denn im Gegensatz zu den Veranstaltern von Woodstock hatte der Stadtjugendring bei seiner Terminplanung den 1000-jährigen und den Mondkalender und natürlich auch die Glaskugel nach dem richtigen Zeitpunkt befragt).

Bereichert wurde das Programm durch die verschiedensten Darbietungen und Aktionen der Verbände des Stadtjugendrings (von der Sportjugend bis hin zu den konfessionellen Verbänden), durch Graffiti-Sprayer, Kunst, Tanz und Theater. Die ganze Vielfalt des Festivals zu beschreiben, ist eine Ding der Unmöglichkeit – man muss es einfach erlebt haben, gesehen, gehört und natürlich auch geschmeckt. Denn auf X-Large wurde auch kulinarisch für jeden etwas geboten, von arabischem Kuskus über vegetarische Gerichte bis hin zu wahrhaft exotischen Imbissen und Cocktails.

Feuer und Flamme für die Jugendkultur: Festivalzauber am Moritzplatz.

Prädikat: rekordverdächtig

X-Large hatte 1995 an fünf Tagen mehr als 150 000 begeisterte Besucher in die Innenstadt gelockt, 1998 war das Festival ein Magnet für mehr als eine Viertelmillion Menschen. Klar, dass der Stadtjugendring als Organisator des Ganzen mehr als nur zufrieden war: X-Large übertraf alle Erwartungen.

Diese Form des gemeinsamen Feierns entsprach allerdings nicht den Vorstellungen aller. Einige Anwohner der Festplätze im Stadtzentrum waren wenig beeindruckt von der Lebendigkeit und vor allem von der großen Zahl (jugend-)kulturbegeisterter Besucher. Auch die Tatsache, dass Jugendkultur manchmal

Woodstock à la Fuggerstadt: Der Jubel kannte keine Grenzen.

etwas lauter ist als gesetzte bayerische Biergemütlichkeit, führte dazu, dass einige wenige (diese aber umso vehementer) X-Large am liebsten ersatzlos streichen würden. Und so muss vor allem Oberbürgermeister Menacher mit geschickter Hand vermitteln, wenn Augsburg auch in Sachen gelebter Jugendkultur trendy und zeitgemäß ins neue Jahrtausend starten will.

Prädikat: wertvoll

Jugend- und zeitgemäß kann eine Stadt aber nur dann sein, wenn sie den Anforderungen gerecht wird, die seit Ende der 80er Jahre als Elemente der »Erlebnisgesellschaft« oder »Erlebniskultur« beschrieben werden. Das Leben in einer Stadt bekommt hier einen völlig neuen Stellenwert als Ort der Kultur, als Ort des Festes und der Entwicklung.

Der Jugend Raum und Möglichkeiten zur Entfaltung in der City zu geben, ebnet Augsburg den Weg zum Flair und zur Identität einer modernen offenen Großstadt – so wie sich dies gerade auch Wirtschaft, Handel und Tourismus an anderer Stelle für das Erscheinungsbild »ihrer« Stadt wünschen. Denn die kulturelle Öffnung fördert nicht nur die sogenannten weichen Standortfaktoren wie das Lebensgefühl einer Stadt, sondern hat auch eine wichtige politische Integrationsfunktion für alle Bürger.

Jugendkultur im Sinne eines Festivals wie X-Large hat in vielerlei Hinsicht eine politische Dimension: Neben der dringend notwendigen Begegnung der Generationen in unserer Kommune dienen Feste dieser Art auch der Integration und dem Austausch der Nationalitäten und Kulturen. Innerhalb des breiten Spektrums der heutigen Jugendkultur spielt die Ausländerthematik fast keine Rolle mehr. Beim Hip-Hop oder B-Boying fragte auf X-Large niemand nach dem Pass der Beteiligten (und erfuhr auf diese Weise leider auch nichts vom »Multi-

Sitzplatz in der ersten Reihe: Warten auf den nächsten Event.

Kulti« seiner Heimatstadt Augsburg, in der immerhin 25 verschiedene Nationalitäten beheimatet sind).

Wenn sich in der Vorbereitungsphase von X-Large die Vertreter der einzelnen Verbände des Stadtjugendrings (in Augsburg beispielsweise auch aus der Assyrischen Jugend oder der Trachtenjugend) mit Rockmusikern und Trendsettern aus den Jugendzentren an einen Tisch setzen, um ihr Festival zu planen, dann entwickeln sich neue kreative Prozesse in der Jugendkultur, dann entstehen neue Energien und Kontakte. Outfit, Musiktypen und Musikstil vermischen sich zu einer neuen großen multikulturellen (Jugend-)Szene.

Prädikat: beispielhaft

Und so, wie viele Besucher bei X-Large verwundert waren, wie vielseitig, kreativ und x-trastark Jugendkultur in unserer Stadt sein kann, so verwundert waren auch viele Augsburger über die Tatsache, wie viele Jugendliche und Junggebliebene unsere Innenstadt während der Festivaltage bevölkerten. Die von der Presse gern zitierte Frage eines Besuchers: »Wo sind die denn sonst das ganze Jahr?« sollte für uns Anregung und Kritik für das neue Jahrtausend sein: X-Large darf nicht das einzige jugendkulturelle Highlight unserer Stadt bleiben. Auch in den drei Jahren zwischen X-Large und X-Large wird Augsburg beweisen, dass wir Jugendkultur x-trastark zu bieten haben – in einer lebendigen und weltoffenen Festkultur ohne Berührungsängste.

Jungbrunnen für eine historische Stadt: Augsburg braucht X-Large.

Italienische Nächte
Wie ein Brunnen zum Szene-Treff wurde

von Andrea Steichele

Pilgerstätte für Nachtschwärmer: der Herkulesbrunnen.

Die Jugend der Stadt macht *bella figura*, promeniert und plaudert vor historischer Kulisse. Ein paar hundert sind es jetzt schon, an besonders lauen Sommerabenden treffen sich weit über tausend schicke Nachtschwärmer rund um den Prachtbrunnen. Die Cabrios kommen nur noch im Schritttempo voran. Ein Stück Italien mitten in Schwaben.

Magnet Maxstraße

Dolce vita nach römischem Vorbild am Augsburger Herkulesbrunnen, wie kam das eigentlich? Hobby-Stadthistoriker verweisen da gern auf die römischen Ursprünge der Fuggerstadt, die offenbar ihre Spuren hinterlassen haben. Moderne Erklärungsversuche für die spontanen Feier-Abende in der Maximilianstraße gehen eher davon aus, dass sich die Lokale rund um den Brunnen zu In-Treffs entwickelt haben. Und mittlerweile sind es so viele Menschen, dass die Freiluft-Sitzplätze der Cafés schon längst nicht mehr ausreichen. »Ja sag amol, wo komman dia viele junge Leit auf oimol her?«, fragt sich der zufällig vorbeikommende Ureinwohner bei diesem Anblick.

Die jungen Bewohner der Stadt entdecken ihr historisches Herz. Überhaupt haben die Augsburger ihre City als Treffpunkt unter freiem Himmel entdeckt, seit der 2000-Jahrfeier 1985. Es folgten Bürger- und Brunnenfeste, X-Large und nicht zuletzt die großen Fußball-Feten auf der Maxstraße: Nach Siegen bei EM- oder WM-Spielen kannten die schwäbischen Tifosi grundsätzlich nur ein Ziel. Nicht nur, wenn Bertis Buben gewannen – italienische, kroatische und türkische Augsburger sind schließlich auch sehr begeisterungsfähig. Nur die Versuche, sich in den Fluten des Brunnens abzukühlen, gingen der Polizei und den Denkmalschützern dann doch zu weit …

Coole Kontaktbörse

Aber auch ohne sportlichen Feieranlass geraten am plätschernden Brunnen viele Gespräche in Fluss. Unter dem guten alten Herkules knüpft man ganz locker Kontakte zu den Zufalls-Nachbarn auf der Verkehrsinsel. »Hier kann man auch mal alleine herkommen, um neue Leute kennen zu lernen«, sagen Brunnen-Stammgäste, zu denen mittlerweile auch eigens angereiste Münchner zählen sollen. Zarte Bande, die im Soundgewitter der Clubs meist nur schwierig zu verfestigen sind, haben am Brunnenrand eine reelle Wachstumschance. Falls Sie Ihn oder Er Sie wieder sehen möchte – nichts einfacher als das am nächsten lauen Sommerabend.

Die Kulisse ist an Romantik ja wohl kaum zu überbieten: historischer Rahmen, glänzendes Gold, blauer Nachthimmel und weiches Licht. Da kommen Urlaubsgefühle auf. Doch nicht nur an italienischen Abenden, auch in frostigen und nasskalten Silvesternächten wird die Brunnen-Sommerstimmung für kurze Zeit wieder aufgetaut.

Kein Wunder, dass inzwischen eine Art »Filiale« entstanden ist. Nur ein paar hundert Meter entfernt, am Merkurbrunnen, hat sich fast schon eine Gegen-Szene entwickelt. Dort sitzt eher die Jugend von der anderen Fraktion, vielleicht ein bisschen weniger schick, dafür häufiger mit eigener Gitarre ausgerüstet.

Vorübergehend verkehrsberuhigt

Doch das Zentrum der Nacht bleibt der Herkules: Hier ist die feiernde Menschenmenge auch an diesem Sommerabend so groß geworden, dass aus Sicherheitsgründen die Fahrbahn gesperrt werden muss – mittels schnell einsetzbarer Verkehrsschilder. Eine für hiesige Verhältnisse eher untypische Flexibilität.

Überhaupt nicht italienisch ist die Idee, das Brunnenbecken als Bierkühler zu missbrauchen. Die umliegenden Lokale dürfen nur an den Tischen ausschenken und nur so lange es ihre Konzession erlaubt. Da kommt denn so mancher Schwabe auf den Gedanken, seine Getränke selbst mitzubringen. Scherbenteppiche am frühen Morgen sorgten für heftigen Ärger und polizeiliches Einschreiten. Eigens aufgestellte Abfalltonnen haben teilweise Abhilfe geschaffen, aber auch Großeinsätze der Straßenreinigung. Und nicht zu vergessen ein älterer Herr, der als Hausmeister der Nachbarschaft bis in den Morgen hinein aufräumte – nicht nur, weil er von den Gastronomen »ein bissl was« bezahlt bekam. Sondern auch, weil er das »im Interesse Augsburgs« tat: Schließlich sei ja gegenüber das Standesamt, und am nächsten Tag wollten sich da doch die Brautpaare wieder fotografieren lassen. Am Herkulesbrunnen natürlich – wo sonst. Und wer weiß, vielleicht haben sich manche ja genau da kennen gelernt, in einer lauen Sommernacht …

Keine Chance für Autos: Die Party hat Vorfahrt.

Commedia de'La Piazza
Theaterfestival bietet immer neue Highlights

von Hans-Joachim Ruile

La Piazza ist kein Straßenfest. La Piazza ist kein historisches Bürgerfest und La Piazza ist auch kein Jugendfestival. La Piazza ist ein städtisches Sommerkulturereignis mit überregionaler Bedeutung. Jedes Jahr Ende Juli verwandelt das internationale Theaterfestival die Straßen und Plätze im Augsburger Zentrum in eine gigantische Bühne und versetzt die Besucher in eine Welt der Träume, der Phantasie und Abenteuer. Neun Tage und Nächte – voll von Straßentheater aus ganz Europa, groß angelegten zirzensisch-theatralischen Inszenierungen und plastischen Installationen.

Arena für Spiel und Kreativität

Ein seltsam gewandeter Stelzenläufer betrachtet gelassen die Szenerie von oben, ein Feuerschlucker schleudert rote und gelbe Flammen in den Nachthimmel, aus dem Spiegelzelt hört man schallendes Lachen und klatschende Hände, es duftet nach Soja und Rotwein, überall sind kleine Grüppchen ins Gespräch vertieft: Bei La Piazza wird die Innenstadt zum Treffpunkt, zur Arena des Spiels und der Kreativität, zum Zentrum zwangloser Kommunikation – ein Ort sinnenfroher Lebensqualität. Um die 60 Veranstaltungen, ein Markt für Kunst und Kunsthandwerk und ein breites gastronomisches Angebot geben Augsburg während La Piazza das Flair einer weltoffenen Kulturstadt.

Theater unter freiem Himmel: Bei La Piazza wird die Straße zur Bühne.

La Piazza entstand 1985 als kultureller Beitrag zur 2000-Jahrfeier der Stadt Augsburg und löste das frühere Altstadtfest ab, das viele Jahre für Zehntausende von Besuchern das attraktivste, nichtkommerzielle Kulturspektakel der Stadt gewesen war. Inzwischen ist auch La

Piazza schon ein Klassiker geworden. Und was 1985 auf dem kleinen Platz Hinter der Metzg mit einem winzigen Theaterzelt für nur 60 Leute begann, hat sich in fünfzehn Jahren zu einem kulturellen Highlight mit immer neuen Schwerpunkte entwickelt.

So war La Piazza 1990 ganz vom Ende des Kalten Krieges geprägt. Die bekanntesten freien Theater der Welt waren Gäste am Lech – insgesamt 130 Künstler aus zwölf Nationen, darunter beispielsweise das »TNT«-Theater aus London, das legendäre »Living Theatre« aus New York, das »Teatro Nucleo« aus Italien, das Theaterlabor »XEST« aus der weißrussischen Hauptstadt Minsk und das Experimentaltheater »Prospekt« aus Tscheljabinsk in Sibirien.

Raum für Verrücktheiten: Bei La Piazza haben auch komische Vögel ihren Platz.

De Opera und La Gayola

Erstmals kam 1990 dann auch das moderne, 450 Personen fassende Theaterzelt De Opera aus dem niederländischen Amsterdam dazu, das seit 1995 von dem Art-déco-Spiegelzelt La Gayola aus Belgien ergänzt wird. Mit zwei Theaterzelten in der Altstadt und dem Freiluft-Theaterspektakel KRAN auf dem Rathausplatz ist La Piazza 1995 ein opulentes Festival mit drei zentralen Spielorten. Die Zuschauerzahlen und das Programmangebot stiegen von Jahr zu Jahr. La Piazza, der zentrale Platz, steht in der italienisch-europäischen Stadtgeschichte für den Ort, an dem Öffentlichkeit hergestellt und umgesetzt wird. Hier präsentieren sich seit der griechischen Polis die verschiedensten Formen der Volks- und Stadtkultur: das Gaukler- und Vagantenspiel, das Straßentheater, die Moritaten- und Bänkelsänger, das Mysterienspiel, die Parade, die Prozession und die Commedia dell'Arte.

Treffpunkt der Kulturen: Bei La Piazza wird Augsburg international.

Faszination ohne Worte: Bei La Piazza zeigt sich Theater in seiner ganzen Vielfalt.

Von Kabarett bis Performance

La Piazza greift diese Traditionen auf und transformiert sie in zeitgenössische Ausdrucksmittel wie Erlebnistheater, Kabarett, Straßentheater, modernes Zirkustheater, Varieté, Entertainment, Performance, verstecktes Theater, *walk acts* und Animation. So zeigt sich Augsburg künstlerisch als internationale Stadt, in der die Kulturen der Welt zu Hause sind und sich in einer faszinierenden Weise gegenseitig bereichern. Neues und Unvertrautes treffen auf Konventionelles und Bekanntes, tauschen sich aus und ergänzen sich. Für die Dauer des Festivals lassen sich die Dynamik, die Reizfülle und die kreativen Anforderungen einer offenen Gesellschaft – der Gesellschaft der Zukunft – positiv erleben. Die latente Angst vor Unbekanntem und Fremdem kompensiert sich in der kulturellen Aneignung und dem interkulturellen Dialog bei La Piazza. Die neue, notwendige Entwicklung des Festivals auf internationales, europäisches Niveau wurde 1999 in Angriff genommen. Mit zwei Theaterzelten und einem eigenem Nachtprogramm, der größten europäischen Luftskulptur »Wunderbare Welten« auf dem Rathausplatz und dem Freiluftspektakel »KRAN Teatro-Circo« bei der Fuggerei wird das Theaterfestival unter dem Motto »La Piazza Urbana« zu einem großstädtischen Sommerkulturereignis, das seinen Rahmen wieder einmal sprengt. Fröhliche Urbanität als Markenzeichen Augsburgs – so soll es auch in Zukunft bleiben.

Manege für Mutige: Bei La Piazza wird Kultur zirzensisch.

Platz fürs pralle Leben   31

Stadtbild im Wandel

EINE STADT wird oft aufs Bild gebannt: Im Kupferstich von Merian und Kilian, auf Kalenderblättern und Luftbildaufnahmen, in der Kamera des Touristen und im prächtigen Bildband. Über Jahrhunderte hinweg und um den Erdball herum soll ein solches Stadtbild wieder erkennbar sein. Je unverwechselbarer, desto besser.

Und doch verändert sich eine Stadt wie zum Beispiel Augsburg. Genauer: Wir lassen sie verändern und versuchen den Wandel zu steuern nach einem Bild von Stadt, das im Kopf und im Herzen als Vision oder (bescheidener) als Vorstellung und Vor-bild uns vorschwebt.

Was von der Architektur der 90er Jahre wird in einem halben Jahrhundert noch als gültige Formensprache und gelungene Funktion betrachtet oder – wie zu allen Zeiten – zur Kategorie »Bausünden« gezählt? Das zeitnahe Urteil wird nur den Gelobten befriedigen und soll zur Diskussion erneut anregen. Unzweifelhaft aber entstand in großem Umfang und in doppeltem Sinn »Neues«. Zum einen neue Gebäude für Wohnen, Gewerbe und Bildungsstätten – darunter Markantes. Zum anderen neue Funktionen von alten Kasernen, Industriegebäuden, Toren und sanierten Wohngebäuden. Gerade Letzteres hat über die verdienstvoll erneuerte historische Altstadt hinaus bei der Umwandlung von US-Wohnungen gezeigt, dass es nicht nur um unterschiedliche DIN-Normen und Standards geht, sondern dass die Schaffung neuer Strukturen, sozialer Integration, verkehrsmäßiger Anbindung, Verknüpfung mit Stadtteilen, Grünzüge und anderes zu meistern ist.

Insofern ist Wandel zu einem großen Teil ein Wachstum nach innen, organisch und nachhaltig. Es geht auch künftig vorrangig um neue Qualität, um qualitativen Mehr-Wert. »Kaisermeile« und Kulturpark Rotes Tor als Projekte an der Jahrhundertwende sind gute Beispiele für diese Zielrichtung. *P. M.*

Chronik*

1990/1991	Neubau der *Hochzoller Lechbrücke* (Afrabrücke)
1992	Abschluss der Sanierung des *Alten Stadtbads* am Leonhardsberg
1994	Die erste *amerikanische Wohnsiedlung* (344 Wohnungen) wird geräumt und von der WBG gekauft.
1995	Städtebaulicher Ideenwettbewerb für das *Prinz-Karl-Viertel*
1996	Beginn der Planungen für den *Kulturpark Rotes Tor*
1996	Fertigstellung der Sanierung des *Rathauses*, Goldener Saal mit Fürstenzimmer
1996/1997	Umgestaltung des *Oberhauser Bahnhofsvorplatzes*
1997	Abschluss des internationalen Wettbewerbs »*Kaisermeile*«
1998	Der Neubau des Polizeipräsidiums wird eingeweiht, das Strafjustizzentrum ist im Bau.
1990–1999	Etwa 70 rechtsverbindliche *Bebauungspläne* werden erstellt.
1990–1999	Rund 12 000 *Baugenehmigungen* werden erteilt.

* eine Auswahl

Markantes und anderes
Augsburgs Architektur in den 90er Jahren
von Angela Bachmair

In die »Stadt der Renaissance« weisen Schilder an den Autobahnausfahrten nach Augsburg. Doch was da versprochen wird, stimmt natürlich nur zum Teil. Zwar stammen große Bau- und Kunstdenkmale Augsburgs – das Rathaus und andere Bauten von Elias Holl sowie die Prachtbrunnen von Hubert Gerhard und Adriaen de Vries – aus dieser Epoche der Antiken-Wiedergeburt, aber auch später wurde gebaut: barocke Bürgerpalais und Kirchen, schlossartige Fabriken während der Industrialisierung des 19. Jahrhunderts, Wohnhöfe, Gewerbe- und öffentliche Bauten in unserem Jahrhundert. Wer die Augsburger Architektur im letzten Jahrzehnt vor der Jahrhundertwende beurteilen will, der hat den großen Baumeister der Moderne in dieser Stadt, Thomas Wechs, als Maßstab und die gewachsene historische Umgebung als Bezugsrahmen zu nehmen.

Wohnungsbau: sehr unterschiedlich

Betrachtet man den in der ersten Hälfte der 90er Jahre in großer Menge entstandenen Wohnungsbau, wird man unschwer feststellen, dass das meiste dem Vergleich mit Thomas Wechs' großen Wohnblöcken, dem Schubert- und dem Lessinghof, nicht standhalten kann. Positive Ausnahmen bilden die Wohnanlagen an der Jakoberwallstraße (Hans Engel) und an der Kaltenhoferstraße (Gruppe 65), die sowohl eine prägnante Gebäudefigur wie auch durchdachte Grundrisse und, im Fall Kaltenhoferstraße, ein ökologisches Energiekonzept vorweisen können. Auch das Wohngebiet Klein Venedig (Schulze und Partner) und der Wohn-Riegel an der vierten Lechbrücke (Damek/Dietz) beanspru-

Restaurierter Jugendstil an der Schießgrabenstraße: Ein Gebäude wird zum Kunstwerk.

chen in Form und städtebaulicher Lösung Niveau. Und immerhin ein Einfamilienhaus mit Ausnahme-Qualität (Julia Mang-Bohn und Peter Bohn) ist an der Leitershoferstraße zu registrieren.

Gewerbebau: kreativ

Erfreulich anspruchsvoll gibt sich der Gewerbebau der Neunziger, angefangen vom Firmensitz der Baufirma Filser (Dobler) bis zur Firma Kirstein (Ott/Seeger). Dazwischen leuchten die 1994 errichteten Türme der Hochregallager von Hartmann & Flinsch (Robert Langensteiner), Dr. Grandel (Thomas Bräuer) und Zeuna Stärker (Eugen Nigg) wie Landmarken in der Gewerbelandschaft auf. Die Landeszentralbank (Gerd Eicher und Partner) knüpft an die »weiße Moderne« an, das Weltbild-Verlagshaus an der Steinernen Furt (Nigg und Kögl) beherrscht mit großer Geste das Lechhauser Gewerbegebiet, wo sich sonst zwischen viel schnell Benutzbarem manchmal auch Angenehmes findet, etwa Gebäude an der Derchinger Straße (Schulze und Partner) und der Steinernen Furt (Fritz Pimpl). Dagegen lässt die Bebauung des Bahnhofsbezirks, speziell der Halderstraße, manche Wünsche offen, trotz des markanten Bohus-Centers (Voit + Kaynar) und des Versuchs von Hans und Stefan Schrammel, mit dem Fuggerstadt-Center den nördlichen Bereich zu ordnen.

Schulbau: einfallsreich und einfühlsam

Produktiv, im sozialen wie im ästhetischen Sinne, waren die 90er Jahre beim Schulbau. Die freie Katholische Grundschule in Haunstetten und die Pankratiusschule (beides Gruppe 65), die Berufsschule V (Ivan und Johanna Stancel), die Werner-Egk-Schule in Oberhausen (Reischl/Ohnmeiß) und auch die Erweiterungen der Schulen in Hochzoll-Süd (Heiner Gruber), in der Hammerschmiede (Weber/Schneider) und in der Firnhaberau (Hochbauamt) mögen als Beispiele dafür gelten, wie einfallsreich und einfühlsam Architekten Räume für Kinder schaffen können. Auch Kindergärten wie St. Albertus am Wittelsbacher Park (Jötten/Eberle) gehören auf diese Positivliste. Für die Bildung wurde in diesem Jahrzehnt auch auf dem Universitätsgelände gebaut. Drei große Komplexe, die eine selbstbewusste Sprache sprechen und auch überregional beachtet wurden, schließen die Campus-Bebauung zunächst ab: die schnittigen Sportstätten

(Schuller/Tham), die beiden kühlen Riegel für die Physik (Schrammel und Klaus Schultze) und die heitere Lernlandschaft der Wirtschafts- und Sozialwissenschaftler und der Juristen (Krug

Architektur für Kinderaugen: die freie Katholische Grundschule.

und Partner). Auf dem Campus übrigens hat sich die »Kunst am Bau« in großer Vielfalt und Qualität etabliert, die sonst in der Stadt eher selten (etwa vor der Landeszentralbank oder dem neuen Polizeipräsidium) oder umstritten ist wie der »Kunst-Kamin« für das Landesamt für Umweltschutz. Ungeteilte Akzeptanz finden hingegen Gebäude, die selber zu kleinen Kunstwerken wurden: das restaurierte Jugendstilhaus Schießgrabenstraße 4 und die geistreich modernisierte Gründerzeitvilla Schaezlerstraße 6 (Eberhard Wunderle).

Noch einmal zurück zum großen Maßstab: Der gilt für das Polizeipräsidium in der Gögginger Straße (Schuller/Tham), wo das staatliche Gewaltmonopol mit Nachdruck, aber auch mit ziviler Verbindlichkeit und Transparenz architektonisch umgesetzt wurde. Geradezu elegant gibt sich die Erweiterung des Finanzamts von Jürgen Bode. Bemerkenswert auch die beiden kreisförmigen Gebäudefiguren der ruhig und großzügig gestalteten Hessing-Geriatrie (Felix/Jonas) und der neuen Klinik Vincentinum mit ihrer ausdrucksstarken, farbigen Backsteinfassade (Büro Schrammel).

Das staatliche Gewaltmonopol transparent umgesetzt: das neue Polizeipräsidium.

Bauen für die Bildung: die neue Jura-Fakultät auf dem Uni-Campus.

Symbiose: Alt und Neu

Wer in Augsburg baut, tut dies stets in historischer Umgebung. Als gelungene Beispiele der Verbindung von Altem und Neuem können der Musculus-Hof (Schrammel) und das Gemeindehaus von St. Lukas in der Firnhaberau (Rüdiger Möller) gelten, das den Heimatstil der Kirche mit einer postmodernen Gestalt konfrontiert. Zur abwechslungsreichen Folge von Räumen und Gärten wurde das von Gerum und Rubner umgebaute Altenheim St. Margareth, bei dem nur die Verbindungsbrücke zum Heilig-Geist-Spital das Bild trübt.

Für die Jahre nach der Jahrhundertwende bleiben einige anspruchsvolle Bauaufgaben: zum Beispiel die beiden neuen Seitenflügel für die Schüle'sche Kattunfabrik zur Erweiterung der Fachhoch-

Stadtbild im Wandel

Moderne Medizin in moderner Verpackung: das Vincentinum.

schule, mit denen das spätbarocke Industriedenkmal endlich aus seiner desolaten Situation befreit werden könnte. Überhaupt wird die neue Nutzung aufgelassener Fabrikbauten, von denen Augsburg über bedeutende Beispiele verfügt, zu bewältigen sein. Zu hoffen ist, dass für den Glaspalast und das gesamte Textilviertel doch noch eine tragfähige Lösung gefunden wird, die der einzigartigen Qualität des Viertels gerecht wird.

Abzuwarten bleibt, wie sich die Bebauung auf dem Gelände der Prinz-Karl-Kaserne und auch der Spinnerei und Weberei Pfersee entwickelt, zwei Flächen, für die die städtebaulichen Wettbewerbe eine ziemlich dichte Bebauung vorschlugen. Dass zwei andere innerstädtische Gewerbeflächen (Edgar-Meyer-Gelände und Hasenbräu) ohne Architekten-Wettbewerb bebaut werden, schmerzt diejenigen, die die jeweils beste Lösung anstreben. An dieser Stelle kann man es als Glücksfall für Augsburg werten, dass die örtliche Bucheggerstiftung gemeinsam mit der Technischen Universität München hier ein schwäbisches Architekturmuseum eingerichtet hat, das sich den Diskurs über Baukultur in der Stadt auf seine Fahnen geschrieben hat.

Vision »Kaisermeile«
Die Renaissance einer Stadtachse

von Stefan Schrammel

Die Maxstraße wird zur Flaniermeile: durch breite Fußwege ohne Randstein.

Über Jahrhunderte war der Straßenzug zwischen dem Hohen Dom und der Basilika St. Ulrich und Afra die pulsierende Ader Augsburgs. Heute sind nur noch die Gebäude stumme Zeugen glanzvoller historischer Ereignisse, die mit diesem Ort verbunden sind.

Schon topographisch betrachtet bildet die »Kaisermeile«, wie die Prachtstraße künftig genannt werden soll, das Rückgrat Augsburgs – entstanden aus einer spannenden Abfolge einzelner Plätze und Straßen mit individuellen Funktionen. Märkte wurden hier abgehalten – in und vor Gebäuden wie dem Wein- oder Salzstadel etwa, die sich im Zentrum der Maximilianstraße befanden.

Vergangenheit als Zukunftsprojekt

Die »Kaisermeile« weist heute eine Vielzahl gestalterischer und funktionaler Mängel auf, die schon auf den Abbruch verschiedener Gebäude im frühen 19. Jahrhundert zurückreichen. Die einzelnen Teilräume haben damit ihre Lebendigkeit verloren. Der neue Begriff soll nun an die Vergangenheit anknüpfen – die Zeit der Hochblüte Augsburgs

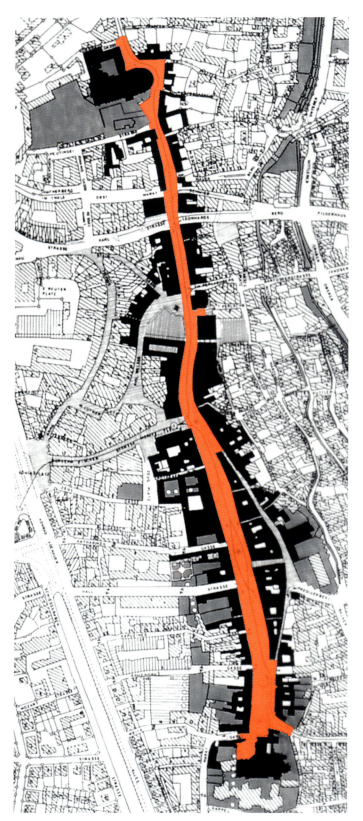

Gesamtplan »Kaisermeile«: vom Dom bis St. Ulrich.

im 16. Jahrhundert – und stellt im Kontext mit der Gesamtstadt den Brückenschlag in die Zukunft her. Die Vision sieht eine lebendige Stadtachse vor, die die Geschichte erlebbar macht und den heutigen wie zukünftigen Bedürfnissen gerecht wird. Die »Kaisermeile« soll wieder zentrale Bedeutung für das urbane Leben Augsburgs erhalten.

Um alle Möglichkeiten auszuloten, die der Umgang mit einem so vielschichtigen Thema bietet, wurde vom Stadtrat 1997 ein zweistufiger europaweiter Ideen- und Realisierungswettbewerb ausgeschrieben, aus dem unser Büro als erster Preisträger hervorging. Unser Beitrag ist in der Beurteilung des Preisgerichtes knapp charakterisiert: »Hervorzuheben ist die Grundhaltung der Verfasser, ein ruhiges überzeugendes Gesamtkonzept mit wenigen sparsamen Eingriffen zu präsentieren.« Der angemessene Umgang mit dem öffentlichen Raum war unser Hauptanliegen und unser Ziel zugleich.

Klasse statt Masse

»… das Erlebnis der Stadt ist ein Simultanerlebnis (…) In dieser Erlebnisweise ist es begründet, dass der Organismus einer Stadt stärker an der Verwirklichung ihres Charakters beteiligt ist, als die Summe ihrer einzelnen Gebäude«, schrieb Friedrich Krauss 1947. In diesem Sinn versucht der Entwurf die »Kaisermeile« nicht isoliert, sondern als wesentlichen Bestandteil des Altstadtensembles zu begreifen, Vernetzungen mit der Ober- und Unterstadt herzustellen und Querungen in Ost-West-Richtung zu beleben.

Die enorme Anzahl an historisch bedeutenden Einzeldenkmälern vom 15. bis ins 20. Jahrhundert spiegelt die Bedeutung Augsburgs wider. Sakralbauten, Verwaltungsgebäude und Bürgerhäuser, genannt seien hier nur das Rathaus von Elias Holl, die Fuggerhäuser oder das

Schaezlerpalais, verweisen auf die einstige Macht und das Potential, das sich besonders im Bereich der Bildenden Künste bis heute überliefert hat.

Der Rathausplatz neu möbliert: Auch das gehört zur »Kaisermeile«.

Dies und die herausragende städtebauliche Situation erfordern Zurückhaltung bei der Neugestaltung. Nicht durch Hinzufügen von neuen Gestaltungselementen, sondern durch das Entfernen von Störungen wie eine übertrieben verkehrsgerechte Zonierung durch Poller, Verkehrsschilder und Ähnliches soll die Wahrnehmung wieder auf die Qualität des Raumes gelenkt werden und so ein hoher Erlebniswert für die Besucher sowie die Bürger der Stadt geschaffen werden.

Italiens Flair und Riedinger Leuchten

Die angewandten Gestaltungsmittel tragen dieser Absicht Rechnung. Der Straßenbelag soll ruhig und homogen werden. Das jetzt schon vorhandene Kopfsteinpflaster wird zwar beibehalten, um eine gute Begehbarkeit zu erreichen, werden in den Randbereichen jedoch Pflasterplatten mit glatter Oberfläche verlegt. Diese Platten sind aus demselben Granit wie das Kopfsteinpflaster, damit eine optisch durchgängige Fläche von Hausfront zu Hausfront entsteht.

Bei der Straßenbeleuchtung soll der traditionelle gusseiserne Riedinger Kandelaber mit seinem floralen Flachrelief und geometrischen Ornamenten verstärkt zum Einsatz kommen. Die Plätze an der »Kaisermeile« werden dagegen mit indirekter Beleuchtung gegenüber den Straßenräumen aufgehellt und so ihrer Bedeutung entsprechend betont.

Mit der öffentlichen Möblierung soll auf zeitgenössische Art das Flair Italiens, das Augsburg über Jahrhunderte hinweg geprägt hat, wieder auf die Plätze und in die Straßen transportiert werden. Mobile Elemente wie die Bestuhlung, Schirme, Terrakottavasen mit Lorbeer, Oleander oder Felsenbirnen tragen zu einem hohen Niveau der äußeren Erscheinung bei, ohne durch allzu eng gesteckte Vorgaben ein Gefühl der Monotonie zu erzeugen. Auf permanente Begrünung wurde jedoch verzichtet, um den Charakter der »Kaisermeile« als großstädtischen Raum mit intensivem Leben zu unterstreichen – schließlich soll der Straßenzug verstärkt temporär, zum Beispiel für Feste, genutzt werden.

Ruhezone und Großstadttreiben

Als Kontrast dazu ist für die »Kaisermeile« eine ruhige rückwärtige Achse geplant. Die idyllischen, bisher in der Regel unzugänglichen Höfe städtischer Anwesen sollen geöffnet, belebt und wenn möglich auch verbunden werden,

Ein neuer Brunnen soll die Meile vollenden: Standort bei St. Ulrich.

Stadtbild im Wandel

damit hier eine Zone mit völlig anderem Charakter entstehen kann – ein Bereich, der abseits vom Großstadttreiben zum Verweilen einlädt.

Ein wesentlicher Aspekt der Planung ist natürlich der Verkehr, dessen einzelne Arten sehr differenziert betrachtet werden müssen. Durch die Definition des gesamten Straßenzuges als verkehrsberuhigter Geschäftsbereich soll allen Verkehrsteilnehmern Rechnung getragen werden. Auf eine Fußgängerzone wurde dabei bewusst verzichtet, genauso wie eine allgemeine Durchfahrbarkeit ausgeschlossen werden muss. Der Straßenraum bleibt dadurch den ganzen Tag über lebendig, ist aber vom reinen Durchgangsverkehr befreit. Im Fünf-Minuten-Takt wird die City-Linie der Straßenbahn auf der »Kaisermeile« verkehren und das Angebot so ergänzen.

Und noch ein Brunnen

Als Ausdruck des Gestaltungswillens unserer Zeit soll die in der Spätrenaissance entwickelte Abfolge der Monumentalbrunnen – Arbeiten der bedeutendsten Künstler ihrer Zeit, darunter Adriaen de Vries – ihre Vollendung in einem weiteren Brunnen auf dem Ulrichsplatz finden. Tradition und Moderne sollen sich hier auf ein Neues verbinden.

Die Neugestaltung der »Kaisermeile« besitzt Impulskraft – auch wenn einige Elemente nicht unumstritten sind –, und zwar nicht nur für das Augsburger Zentrum, sondern für die gesamte Stadt. »Das Bild ist fertig, nur der Rahmen fehlt noch«: Im Sinne dieses Zitats von Camillo Sitte sollten die weiteren Schritte zur Verwirklichung einer großzügigen Lösung im Dialog mit den Bürgern bald getan werden.

Für Kirchenfeste oder Prozessionen: Vor St. Ulrich entsteht ein großzügiger neuer Platz.

Aus Alt mach Novum
Das Prinz-Karl-Viertel – ein Modellprojekt

von Gunter Maurer und Karin Sandeck

Es kommt immer wieder vor, dass ein Autofahrer im mittleren Bereich der Schertlinstraße plötzlich auf die Bremse tritt. Grund ist die neu renovierte Prinz-Karl-Kaserne, jetzt Prinz-Karl-Palais genannt – ein architektonisches Meisterstück. Und dabei ist das Gebäude nur der erste Schritt eines gigantischen Bauprojekts. Auf dem gut zehn Hektar großen Militärgelände entsteht derzeit ein völlig neues Stadtviertel – ein Modellprojekt, gefördert vom Bund und vom Freistaat Bayern, das auch auf der Weltausstellung Expo 2000 in Hannover vorgestellt werden soll.

Zukunftsweisendes Siedlungsmodell

Der Freistaat fördert das Viertel im Rahmen des Programms »Siedlungsmodelle – Neue Wege zu preiswertem, ökologischem und sozialem Wohnen in Bayern«, das zukunftsweisende Projekte initiiert und unterstützt. 200 Millionen Mark bilden die finanzielle Grundlage. Zwölf bayerische Städte mit je einer wichtigen Stadtentwicklungsmaßnahme wurden ausgewählt, darunter auch eine Teilfläche des Prinz-Karl-Geländes.

Das Programm verfolgt zwei Ziele: Zum einen soll ein wirkungsvoller Beitrag zur Weiterentwicklung des Wohnens und zur Verbesserung der Wohnungsversorgung vor allem im unteren Preissegment geleistet werden. Zum anderen sollen die geförderten Projekte zur nachhaltigen Stadtentwicklung beitragen, indem vorhandene Ressourcen so eingesetzt werden, dass eine dauerhafte, umweltgerechte und trotzdem wirtschaftlich sinnvolle Entwicklung möglich ist.

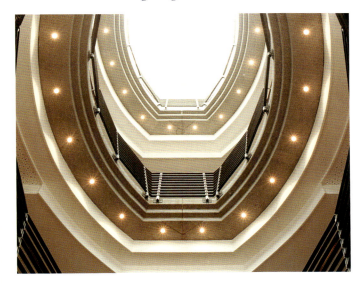

Auch im Inneren ein Glanzlicht: das neue Prinz-Karl-Palais.

Die im Rahmen eines städtebaulichen Ideenwettbewerbs entwickelten Pläne des Berliner Architekten Claus Neumann reorganisieren das Prinz-Karl-Areal in gelungener Symbiose von Alt und Neu. In Nachbarschaft zu den beeindruckenden Kasernen-Altbauten, die mit neuen Nutzungen erfüllt werden, sollen hier insgesamt 500 Wohnungen entstehen, 200 davon im Rahmen des Programms »Siedlungsmodelle«.

Die derzeitige Nachfragebaisse auf dem Wohnungsmarkt führt zu unterschiedlichen Marktchancen der angebotenen Immobilien: Käufer oder Mieter nutzen die breite Angebotspalette und prüfen noch genauer als früher, welche Wohnung oder welches Eigenheim ihren Bedürfnissen und ihrem Geldbeutel am besten entspricht.

Abseits der Banalität des Normalen

Deshalb gilt gerade in Zeiten nachlassender Wohnungsnachfrage, dass man sich bei Neubauten nicht auf die Banalität des Normalen beschränkt, sondern neue Konzepte für soziales und familiengerechtes Wohnen verwirklicht.

Im Prinz-Karl-Viertel soll denn auch keine herkömmliche Wohnsiedlung entstehen. Zur sozialen Vielfalt wird eine ausgewogene Mischung von Miet- und Eigentumswohnungen mit unterschiedlichem Zuschnitt angestrebt, von Wohnungen für die verschiedensten Zielgruppen – für Familien, Lebensgemeinschaften, Senioren und Studenten. Ein feinmaschiges Netz aus Straßen, Fuß- und Radwegen teilt das Gelände in einzelne planerische Flächen, die Raum für unterschiedliche Gestaltungswünsche der einzelnen Bauherren schaffen. Die dominierende Struktur besteht aus mehreren gleichartigen, mit den Gartenseiten einander zugewandten Wohngebäuden. Sie sind dreigeschossig mit einem Penthouse in der vierten Etage.

Durch eine platzsparende Verkehrserschließung bleibt der überwiegende Teil der Freiflächen den Kindern, Fußgängern und Freizeitaktivitäten der Anwohner vorbehalten. Der großzügige Grünraum bildet eine wichtige Ergänzung zum städtischen Charakter der Baustruktur. Wohnungsnahe Arbeitsplätze, Versorgungseinrichtungen, Kindergärten und ein Gemeindezentrum sind weitere Angebote des Quartiers.

Günstig schöner Wohnen

Soziales Wohnen heißt beim Siedlungsmodellprojekt Prinz-Karl-Viertel auch, in finanzieller Hinsicht Sicherheit zu schaffen. Bei normalerweise zur Zeit üblichen Einfamilienhaus-Preisen zwischen 500 000 und 800 000 Mark und 400 000 bis 600 000 Mark für eine Eigentumswohnung können große Gruppen, vor allem Familien mit Kindern, nicht mehr mithalten. Im Prinz-Karl-Viertel soll durch kostengünstiges Bauen und öffentliche Förderung auch Schwellenhaushalten die Möglichkeit zur Eigentumsbildung gegeben werden. Angestrebt werden Preise, die deutlich unter

dem ortsüblichen Niveau liegen. Genauso soll durch eine öffentliche Förderung vieler Mietwohnungen die Miethöhe begrenzt werden. Die Bewohner erhalten dafür nicht nur ein familienfreundliches Zuhause in einem der schönsten Wohnquartiere Augsburgs, sie sparen auch Jahr für Jahr Heizkosten durch die energiesparende Bauweise der Häuser.

Die Stadt Augsburg wagt auf dem Prinz-Karl-Areal den beispielhaften Versuch, hohe Qualität im Städte- und Wohnungsbau, ökologische Erneuerung und familienfreundliches, soziales und kostengünstiges Wohnen zusammenzuführen. Die Jahrhundertaufgabe Konversion wird so zur Jahrhundertchance.

Ein Militärgelände wird Modellprojekt: Das neue Viertel wird auch auf der Expo 2000 präsentiert.

American way of Wohnen
Augsburger finden ihr Zuhause im Housing

von Edgar Mathe

US-»Apartments« in neuem Outfit: groß und dennoch erschwinglich.

Es war einer jener nebligen Samstage im November 1994, an denen sogar die Straßenlampen graue Vorhänge tragen. Nicht aufstehen, lieber im Bett bleiben. Und trotzdem trafen sich schon frühmorgens gegen 8.30 Uhr Hunderte von jungen Familien in Kriegshaber. Mit Kinderwägen und Fahrrädern standen sie in Terra incognita – Centerville-Nord. Die erste amerikanische Wohnsiedlung war geräumt und die Stadt Augsburg erwarb die 344 Wohnungen über ihre Wohnungsbaugesellschaft (WBG). Und diese hatte nun zur Besichtigung geladen.

Groß, größer, amerikanisch

Die Interessenten suchten die Schilder »Musterwohnung«, um endlich auch das Innere zu sehen, denn von außen verbargen die strengen Wohnblöcke ihren Charme. Was hatte man sich von diesen »Apartments« – wie die »Amis« sagten – nicht alles erzählt! Riesen Wohnzimmer, Parkett, Moskitonetze, drei Kinderzimmer – groß, größer, amerikanisch eben.

Die wenigsten Augsburger hatten zuvor eine US-Housing, sprich Wohnung, betreten. Unbekanntes war zu entdecken: Auch wer nicht unmittelbar eine Wohnung suchte, wollte sehen, wie großzügig für die ehemaligen Besatzer gebaut worden war, während man in der Wohlstands-BRD noch Wohnwaben im Schließfachausmaß als architektonisches Nonplusultra pries.

Weg wie warme Semmeln

Gut 2000 Besucher zählte die WBG an diesem Vormittag – in den Musterwohnungen war ein Gedränge wie sonst nur beim Plärrerfeuerwerk. Auf den für »Ami-Schlitten« bemessenen Parkplätzen standen Imbisswagen, Transportunternehmen offerierten Umzugshilfe und die Wohnungsexposées wurden den WBG-Mitarbeitern förmlich aus der Hand gerissen.

Die Wohnungen waren schnell vermietet, kein Wunder, boten sie neben familiengerechten Größen zwischen 93 und 127 Quadratmetern praktische Grundrisse – mehr als 30 Quadratmeter hat beispielsweise das Wohnzimmer. Zwar mussten die »Apartments« den deutschen Baustandards entsprechend umgerüstet werden, doch sie behielten den Charme des »american way of live«. Die großzügigen Grünanlagen zwischen den Häusern mit circa 20 000 Quadratmetern Freifläche sind nur ein Beispiel dafür.

Lediglich die Infrastruktur fehlte noch, doch auch sie ist inzwischen vorhanden. Einen brandneuen Kindergarten mit über 100 Plätzen setzte das Jugendreferat im Stadtrat durch und vom Sozialreferat kamen die Räume für die katholische Pfarrei St. Thaddäus. Den »Halbwüchsigen« spendierte die WBG einen Streetballplatz am Rande der Anlage.

Da lacht der Geldbeutel

Hauptmietgrund waren jedoch die günstigen Mieten – eine große Wohnung zum Preis einer kleinen – zwischen 6,70 Mark und 8,70 Mark pro Quadratmeter kalkulierte die WBG für die modernisierten Wohnungen der 50er Jahre. Lediglich die Neubauten der späten 80er kosteten neun Mark pro Quadratmeter.

Mittlerweile ist ein neuer Stadtteil entstanden – Kriegshaber-Süd, wie Oberbürgermeister Menacher es bezeichnet. Doch das ist noch nicht das Ende. Auch jenseits der Bürgermeister-Ackermann-Straße gibt es ehemalige US-Wohnquartiere. Cramerton, Centerville-Süd und Sullivan-Heights mit knapp 1400 Wohnungen grenzen an Pfersee und die Nachbargemeinde Stadtbergen. 1996 erwarb ein Konsortium sozialverpflichteter Augsburger Wohnungsunternehmen 300 der »Apartments«, und nach Umbauten entstanden wieder günstige Familienwohnungen. Vor allem kleinere Genossenschaften wagten den Erwerb – »finanzielle Investition, soziale Rendite«, zitierte die Presse Bürgermeisterin Rohrhirsch-Schmid anläßlich des Bezugs von 18 Genossenschaftswohnungen. Es war die erste Neugründung solch einer Gemeinschaft seit den 50er Jahren. Einzelpersonen und junge Familien schufen sich durch Selbsthilfe bei der Modernisierung ein Dach über dem Kopf.

PX auf die Augsburger Art

Gutes Wohnen ist nur ein Teil der Stadtentwicklung, Schule, Kindergärten und andere Einrichtungen gehören dazu. Während in Centerville-Nord diese Aufwendungen von Stadt und WBG noch allein geschultert werden konnten, ist dies im großen Südteil der ehemaligen US-Areale nicht mehr möglich. Deshalb wird die Stadt über eine sogenannte Sanierungssatzung für die entsprechende Infrastruktur sorgen. Eine Hauptschule mit Kindergarten soll von den Erwerbern der Wohnungen mitfinanziert werden. Gemeinsam geht's besser.

Spätestens nach dem Jahrtausendwechsel kehrt dann das pralle deutsche Leben in die Wohngebiete zurück, wenn die derzeit geschlossene US-Shopping-Meile zum Einkaufszentrum wird. Die Erinnerung an 50 Jahre Amerika in Augsburg bleibt, denn Wohnen und Zuhause überwindet alle Kulturunterschiede.

Neuland für die Augsburger: Die US-Armee hinterließ fast 1900 Wohnungen.

Die Neubau-Offensive
Situation am Wohnungsmarkt entschärft

von Gerd Merkle

Gangway ins neue Zuhause: das Offenbach-Karree in Haunstetten.

Die Situation Anfang der 90er Jahre war dramatisch: Baulandmangel, vor allem ein Defizit an preiswerten Grundstücken, galt wie in anderen Großstädten auch in Augsburg als eines der größten Probleme. Nach Schätzungen fehlten in der Fuggerstadt zu dieser Zeit um die 5000 Wohnungen. Freitagabend standen die Leute bei der »Augsburger Allgemeinen« Schlange, um eine druckfrische Samstagsausgabe mit den aktuellen Vermietungen zu bekommen. Am besten, man hielt bereits eine Telefonzelle in der Nähe besetzt, um auf die wenigen Angebote sofort reagieren zu können.

Das Bild hat sich gewandelt, die Lage entspannt: Durch große Anstrengungen der Stadt konnten in den letzten Jahren umfangreiche Wohnbauflächen ausgewiesen werden, vor allem, indem sämtliche planungsrechtlich zur Verfügung stehenden Mittel ausgeschöpft wurden. So entstanden neben dem Universitätsviertel am alten Flugplatz weitere große Wohnquartiere an der Lechhauser Straße (Klein Venedig), im Haunstetter Offenbach Karree, an der Jakoberwallstraße im Textilviertel (Techno Park), in Inningen an der Heumahdstraße, in Pfersee auf dem Areal der ehemaligen Spinnerei und Weberei sowie an diversen weiteren Standorten im Stadtgebiet. Und es wird weiter kräftig gebaut: Innenstadtnahe Wohnanlagen werden in den kommenden Jahren wohl

Alter Flugplatz neu bebaut: das Univiertel.

Wohnung mit Gemeinschaftsgarten: die Neubauanlage Klein Venedig.

Zentrumsnah und doch im Grünen: Stadthäuser am Proviantbach.

Wohneinheiten geschaffen. Und weil durch den Abzug der US-Army ganze Stadtviertel nach und nach frei wurden, ist die Situation am Wohnungsmarkt inzwischen weitgehend entschärft. Manche machen sich sogar schon Sorgen über ein Zuviel. Doch Wohnung ist schließlich nicht gleich Wohnung.

Für die Zukunft ist nach wie vor viel zu tun: Vorrangige Bedeutung haben der sparsame Umgang mit den vorhandenen Baulandreserven und eine vorausschauende Bodenvorratspolitik. Besondere Chancen für die künftige Stadtentwicklung in Augsburg bieten dabei die Sanierung und Ergänzung der Wohnbauten im Bereich der ehemaligen Militärareale. Ein zweiter Schwerpunkt wird die verstärkte Ausweisung von kostengünstigen Baugrundstücken für Einfamilien- und Reihenhäuser innerhalb der Stadtgrenzen darstellen, um der Gefahr einer Umlandabwanderung entgegenzuwirken.

im Silbermannpark an der Haunstetter Straße, im Prinz-Karl-Viertel und auf dem Areal der Hasen-Brauerei zwischen der Konrad-Adenauer-Allee und der Maximilianstraße entstehen.

Innerhalb des letzten Jahrzehnts wurden auf diese Weise mehr als 7200 neue

Eine Stadt läßt liften
Sanierung schafft neue Wohnqualität

von Gernot Illner

Wenn früher von Augsburgs Scherbenviertel die Rede war, dann wusste jeder, was gemeint war: Oberhausen. Inzwischen ist das kaum mehr nachvollziehbar. Oberhausen ist wieder attraktiver geworden, und zu verdanken ist das zum einen der Privatinitiative vieler Bürgerinnen und Bürger, zum anderen der Stadterneuerung und Sanierung.

Erfolgreiche Sanierung eines Stadtteils: Oberhausen.

In Augsburg wird nun seit fast zwei Jahrzehnten aktiv Stadterneuerung betrieben. Sowohl in der Altstadt als auch in den Stadtteilen Oberhausen und Kriegshaber wurden in 24 Sanierungsgebieten die verschiedensten öffentlichen und privaten Maßnahmen mit erheblichen Fördermitteln von Bund und Land durchgeführt. Und die Ergebnisse können sich durchaus sehen lassen.

Das neue Oberhausen ist grün

In Oberhausen waren die Probleme vor allem struktureller Art. In früherer Zeit war hier extrem dicht gebaut worden, sprich, es fehlte an größeren Grünflächen. Zum anderen hatte das ganze Gebiet ein eher schlichtes Erscheinungsbild, die Bausubstanz war, gelinde gesagt, nicht die beste. Noch dazu plagte sich Oberhausen mit zwei großen Ausfallstraßen und der damit einhergehenden Verkehrsproblematik.

Modellprojekt ökologisches Wohnen: die Anlage Kaltenhofer Straße.

Und heute? Wenn an der Ulmerstraße die japanischen Kirschen blühen, glaubt man sich im Botanischen Garten, und wer den in den 90er Jahren vervollständigten Grünen Rundweg Oberhausen entlangspaziert, wird diesen Stadtteil lieben. Weitere Meilensteine dieses Jahrzehnts sind die Erneuerung der ehemaligen Kuka-Halle, wo langfristig eine Stadtteilbibliothek und ein Literaturhaus eingerichtet werden sollen, das ökologische Wohnprojekt Kaltenhofer Straße und der Oberhauser Bahnhof, dessen neu gestalteter Vorplatz mit seiner Quartiersgarage den Bewohnern des Viertels heute als beliebter Treffpunkt dient.

Ein Hauch von Venedig: die sanierte Altstadt.

Schmuckstück Altstadt

Auch in der Altstadt hat sich viel getan. Durch gemeinsame Anstrengungen von Stadt und Bürgern ist es gelungen, aus dem vernachlässigten Lech- und Ulrichsviertel wieder ein schönes und außergewöhnliches Wohngebiet zu entwickeln. Die Aufdeckung der Lechkanäle, die einen Hauch von Venedig in die Altstadt brachte, wurde in den 90er Jahren abgeschlossen. Wahre Schmuckstücke sind viele der denkmalgeschützten Häuser, die mit finanzieller Unterstützung der öffentlichen Hand restauriert wurden. Die Allgemeinheit profitierte besonders von der Wiedereröffnung des Alten Stadtbads und dem »Haus für Kinder und Familie« am Hunoldsgraben.

Engagement für eine »soziale Stadt«

Eine der Zukunftsaufgaben besteht darin, die Idee einer »sozialen Stadt« abzusichern. Es gilt zu verhindern, dass sich Bezirke mit hoher Arbeitslosigkeit, insbesondere Jugendarbeitslosigkeit bilden, mit ghettoartigen Erscheinungen, vernachlässigten öffentlichen Räumen und leer stehenden Gebäuden, mit Drogenproblemen, Gewaltbereitschaft und Vandalismus. Hier wird an einem neuen Programm gearbeitet, dessen Ziel es sein muss, alle Kräfte zu bündeln, um einen möglichst großen Effekt zu erzielen. Insbesondere sollen investive Maßnahmen wie Sanierungen von Gebäuden mit nicht investiven verbunden werden, worunter hier vor allem Sozialarbeit zu verstehen ist. Abgeschlossen wird dieses Kapitel aber sicher nie sein. Denn Stadterneuerung und Sanierung gehören zu den Daueraufgaben für Bürger, Verwaltung und Politik.

Jugendstil in neuem Glanz: das neue Alte Stadtbad.

Das Wertachbrucker Tor
Ein alter Turm erwacht zu neuem Leben

von Werner Bischler

Von Elias Holl vollendet: das Wertachbrucker Tor.

Längst ist Augsburg über die einst schützenden Stadtmauern hinausgewachsen und die noch vorhandenen Tore haben ihre früheren Funktionen eingebüßt: Sie sind zu Denkmälern geworden, die man im lärmenden Verkehr fast nicht mehr wahrnimmt. Doch gerade das Wertachbrucker Tor hat dieses Schicksal nicht verdient. Was passierte nicht alles in der Nordwest-Ecke Augsburgs? Hier führten die Wege von Ulm und Nürnberg in die Stadt, hier befand sich eine von drei großen Zollstellen. Ströme von Waren und Menschen passierten dieses Tor, unter ihnen so berühmte Persönlichkeiten wie Marie Antoinette, Martin Luther, Napoleon I., Bianca Maria Sforza und »unser« Kaiser Maximilian I. In seiner Bestandsaufnahme stellte Elias Holl 1605 fest, dass das Wertachbrucker Tor »nider und unförmblich sei« und er habe es deshalb um zwei Stockwerke erhöht. Durch diese Maßnahme erhielt das Tor sein markantes Aussehen.

Vor zehn Jahren nun entschloss man sich, zunächst das Äußere des Wertachbrucker Tors zu sanieren, das – deutlich sichtbar – zu verfallen drohte. Dabei stand bereits damals fest, dass der Turm nur zu retten war, wenn man es schaffte, die Feuchtigkeit im Mauerwerk zu beseitigen. Das hieß: Das Gebäude musste beheizt, sprich wieder genutzt werden. Und als die Schreinerinnung ein neues Zuhause suchte, hat sich die Stadt Augsburg entschlossen, dieses Tor und einen Teil der angrenzenden mittelalterlichen Mauer »am Backofenwall« den Handwerkern zu überlassen. Einfach war es nicht, den alten Turm wieder zu beleben. Brand- und Denkmalschutz mussten unter einen Hut gebracht werden, der historische Charakter sollte auch in einer funktionierenden Begegnungsstätte für das Augsburger Handwerk erhalten bleiben. Doch das anspruchsvolle Ziel ist erreicht: Durch die Zusammenarbeit zwischen dem Handwerk und der Stadt ist es gelungen, auch diesen alten Turm zu neuem Leben zu erwecken.

Frischer Wind für ein altes Gemäuer: Plan des Architekten Peter Wittmann für das neue Zuhause der Schreinerinnung.

Stadtbild im Wandel 51

Kulturpark Rotes Tor
Neuer Glanz für die Heimat der Puppenkiste

von Peter Bergmair

Jim Knopf hat gut lachen: Die Heimat der Puppenkiste soll ein Kulturpark werden.

Jim Knopf tanzt vor Freude auf seiner Marionettenbühne. Denn rings um die Bretter, die für ihn die Heimat bedeuten, nimmt der Kulturpark Rotes Tor Gestalt an. Der historisch und kulturell bedeutsame Bereich zwischen Margaretenstraße, Spitalgasse und den Wallanlagen soll neu belebt werden. Die Stadt träumt davon, die historischen Bauwerke mit dem umliegenden Grün zu verbinden, vielfältige Nutzungsmöglichkeiten für Jung und Alt zu schaffen, für Nachbarn und Besucher. Soziales und Kultur sollen hier eine glückliche Ehe eingehen.

Ein erstes Konzept war 1994 angedacht worden. Die Initiative kam von Bürgermeisterin und Stiftungsreferentin Rohrhirsch-Schmid, dem Stadtrat und dem Verein Rotes Tor. Wichtigster Schritt der Neugestaltung ist die Sanierung des Heilig-Geist-Spitals, in dessen beeindruckendem Westflügel die Puppenkiste untergebracht ist. Der Baukörper besticht durch seine gestalterische Konsequenz, die Elias Holl und sein Nachfolger Jörg Höbel ihm gegeben haben.

Ein Museum für die Stars an Fäden

Das Ensemble von Westflügel und Spitalhof also soll in neuem Glanz erstrahlen. Vor allem im Inneren des Gebäudes wird die einzigartige Verbindung von Kultur und Sozialem verwirklicht werden. Die berühmten Stars der Augsburger Puppenkiste können sich übrigens

Neue Heimat für die Stars im Ruhestand: das geplante Puppenmuseum.

auf einen neu gestalteten Theaterraum freuen, und nach ihrem Eintritt in den Ruhestand werden sie künftig im neuen Puppenmuseum zu bewundern sein.

Auch im historischen Dachstuhl des Gebäudes soll die Kunst Einzug halten. Dort werden bis zum Abschluss der Bauarbeiten im Jahr 2001 Ateliers für Künstler und Anwohner entstanden sein. Renoviert wird außerdem die Kapelle am südlichen Ende des Spitalgebäudes, Räume für die Altkatholische Gemeinde werden neu eingerichtet.

Im Zentrum des Kulturparks: das Heilig-Geist-Spital.

Wohnen nach Maß für Senioren

Aber auch moderne Apartments für Senioren sind geplant: »Wohnen nach Maß bis zur Pflege«, angeboten von der Paritätischen Hospitalstiftung, die das Projekt »Heilig-Geist-Spital« im Wesentlichen verwirklicht. Die Ursprünge dieser von der Stadt Augsburg verwalteten Einrichtung gehen bis ins 13. Jahrhundert zurück. Seit alters her prägt die Stiftung das soziale Leben im historischen Stadtviertel zwischen St. Ulrich und Rotem Tor, heute betreibt sie unter anderem ein Seniorenzentrum im Paritätischen Hospitalstift. Die Gebäudeteile Sankt Margareth und Beim Rabenbad sind bereits mit erheblichem finanziellen Aufwand saniert und modernen Ansprüchen angepasst worden.

Seit 1996 wird der Kulturpark Rotes Tor nun Schritt für Schritt verwirklicht. Das Großprojekt hat über Augsburg hinaus Bedeutung. Es handelt sich um eine gemeinsame Aufgabe, die nur bewältigt werden kann, wenn engagierte Bürgerinnen und Bürger Stadt und Stiftung unter die Arme greifen. Alle sind aufgerufen, ihr Scherflein beizutragen für die vielen Bausteine. Damit Jim Knopf und alle Augsburger und Besucher den Kulturpark Rotes Tor genießen können.

Modernen Ansprüchen angepasst: St. Margareth.

Stadtbild im Wandel 53

Augsburg mobil

EINE STADT braucht Verkehr und darf doch nicht an ihm ersticken. »Via vita est« (Die Straße ist Leben), sagten die römischen Stadtgründer und bauten die Augusta am Schnittpunkt von Verkehrswegen. »Der Verkehr ist die Geißel der Städte«, klagen Zeitgenossen. Wie also die Weichen stellen?

Für alle Verkehrsarten in der Stadt wurde ein neuer Gesamtverkehrsplan verabschiedet, der statt einseitiger Ideologie letztlich dem mündigen Bürger die Wahl des jeweils vernünftigen Verkehrsmittels erlaubt und aufbürdet. »Netz und Ring« wollen durch Bündelung des Verkehrs die Wohnquartiere entlasten: Westtangente, Schleifenstraße, 4. Lechbrücke sind ebenso Teile davon wie Tram-Linien und -Planungen und 46 Kilometer neue Radwege (von nunmehr fast 200 Kilometern). In der Region wurde ein Verkehrsverbund für 600 000 Einwohner mit Gemeinschaftstarif geschaffen und ein Nahverkehrsplan zielt auf optimale Verknüpfungen ab. Überregional wuchsen die B 17 Richtung Landsberg und die B 2 Richtung Donauwörth (Nürnberg). Mühsam ist der Kampf um Bahnausbau, A 8 und Modernisierung unseres Flughafens. Ein Güterverkehrszentrum soll City-Logistik erleichtern.

Eigentlich sind Baustellen ein gutes Zeichen: Es bewegt sich etwas. Aber alles ist nur möglich gegen Widerstände. »Jeder macht Verkehr und keiner will ihn haben« – diese Erfahrung darf nicht zu Resignation verleiten. Gegen solche Versuchung gibt es vor allem drei Mittel: umfassende Information der Bürger über Notwendigkeit und Wirksamkeit; Ringen um möglichst stadtverträgliche Lösungen; konsequente Realisierung. Denn Erreichbarkeit und Mobilität sind so wichtige Faktoren für die Zukunft einer Stadt, dass – wo nicht völliger Konsens erreichbar ist – die politische Verantwortung letztlich fürs Gemeinwohl entscheiden und handeln muss.

P. M.

Chronik*

1990	Grünes Licht für den *Fünf-Minuten-Takt* der Straßenbahnen
1994	Fertigstellung der Verlängerung der *Straßenbahnlinie 1* von Lechhausen zum Neuen Ostfriedhof
1995	Der Verkehrsverbund (AVV) für 600 000 Einwohner wird komplett. Einführung des *Gemeinschaftstarifs* von VGA und AVV
1994–1997	Neubau der 4. *Lechbrücke* (Anton-Fugger-Brücke)
1995	Das *Parkleitsystem* wird installiert.
1995	Verkehrsfreigabe *Westtangente*
1995	Baubeginn für den *Straßenbahn-Betriebshof*
1996	Jungfernfahrt der neuen *Straßenbahnlinie 3* nach Haunstetten
1997	Der neue *Flughafen-Tower* geht in Betrieb.
1997	Zur Modernisierung des Flughafens wird der *Strukturplan 2000* verabschiedet.
1998	Die Kreuzung *Eichleitnerstraße/B 17* in Göggingen ist umgebaut.
1999	Erster Spatenstich *Rote-Tor-Umfahrung*

* eine Auswahl

Bau statt Stau
Ein Jahrzehnt der Verkehrsentlastung

von Karl Demharter

Feierabend. Endlich. Extra früh Schluss gemacht, um das Biergartenwetter noch nutzen zu können. Doch dann. Nein, das darf nicht wahr sein: ein Stau, der sich gewaschen hat. Vorbei die Feierabendlaune.
Es gibt kaum ein Thema, das uns mehr an die Nerven geht als der Verkehr, beziehungsweise der Verkehr, der nicht läuft. Natürlich ist damit nicht nur der Autoverkehr gemeint. Auch Busfahren nervt, wenn nichts vorangeht, Radeln wird zur Qual, wenn man sich an Fahrzeugschlangen vorbeikämpfen muss.
Keine Frage also: Die Verkehrsplanung ist eines der vordringlichsten Probleme einer Stadt, und daran dürfte sich so schnell auch nichts ändern. Das Mobilitätsbedürfnis von Bevölkerung und Wirtschaft wird in den nächsten Jahren weiter zunehmen, und kein Verkehrsträger allein ist dazu in der Lage, diese Anforderungen zu meistern. Deshalb kommt es darauf an, für jedes Fortbewegungsmittel die entsprechende Infrastruktur bereitzustellen.
In diesem Sinne konnte auf der Grundlage des Gesamtverkehrsplans in den vergangenen Jahren eine Vielzahl von Maßnahmen realisiert werden, andere sind so weit geplant, dass ihre Verwirklichung unmittelbar bevorsteht.

Erster Schritt Richtung Schleifenstraße: die vierte Lechbrücke.

Im Westen viel Neues

Die sicher wichtigste Maßnahme der letzten Zeit war die Westtangente, die seit Dezember 95 eine Umgehung Augsburgs für den Nord-Süd-Verkehr ermöglicht. Diese bedeutende Achse dient nicht nur dazu, den Durchgangsverkehr aus der Innenstadt herauszuhalten, sondern erlaubt es auch, dass ein großer Teil des Verkehrs zwischen den einzelnen Stadtteilen über diese Straße läuft. Die Akzeptanz der Westtangente ist inzwi-

Entlastung für neuralgische Punkte: die Schleifenstraße.

schen so hoch, dass die insgesamt drei Ampelkreuzungen auf der Strecke Zug um Zug umgestaltet werden müssen, damit es an diesen Stellen zu keinen Staus mehr kommt. 1998 wurde in einem ersten Schritt bereits die Kreuzung an der Eichleitnerstraße umgebaut. Die Knotenpunkte an der Gabelsberger- und der Leitershofener Straße folgen in den kommenden Jahren.

Die große Schleife

Mit der vierten Lechbrücke wurde die Grundlage für eine seit Jahrzehnten geplante Straße geschaffen: Die sogenannte Schleifenstraße soll vor allem den Verkehr zwischen dem Osten beziehungsweise Nordosten Augsburgs und dem Süden aufnehmen und so die kritischen Punkte am Roten Tor und der Karlstraße/Pilgerhausstraße entlasten. Zweites Ziel ist die Anbindung des sich entwickelnden Textilviertels.

Schon heute zeigt sich, dass allein die vierte Lechbrücke, die 1996 dem Verkehr übergeben wurde, sehr gut angenommen wird – circa 20 000 Fahrzeuge benutzen die Brücke täglich. Vor allem die Stadtteile Hochzoll und Lechhausen werden dadurch spürbar entlastet. Und dieser Trend wird sich in der Innenstadt fortsetzen, wenn der Verlauf der Schleifenstraße durch das Textilviertel zur Friedberger Straße und weiter zur Haunstetter Straße vollendet ist.

Der erste Schritt dazu ist die Rote-Tor-Umfahrung, deren Bau im Mai 99 begann. 40 000 Kubikmeter Erdreich müs-

Baggers Vorhut: der erste Spatenstich für die Rote-Tor-Umfahrung.

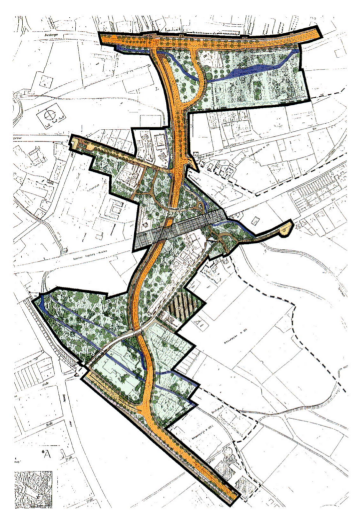

Bebauungsplan für die Rote-Tor-Umfahrung: »Grünkonzept« soll Eingriffe in die Natur wieder ausgleichen.

sen für die neue Straße bewegt werden, das entspricht in etwa dem Volumen für 40 Einfamilienhäuser. Die unvermeidlichen Eingriffe in die Natur sollen aber durch ein umfangreiches Grünkonzept wieder ausgeglichen werden. Unter anderem sind im Siebentischpark neue Rad- und Fußwege geplant, Bachläufe werden renaturiert, neue Bäume gepflanzt. Außerdem sollen die Wohnstraßen der Gegend im Zuge der Bauarbeiten verkehrsberuhigt werden.

Wie viele Straßenbaumaßnahmen ist aber auch dieses Projekt nicht unumstritten. Ein Bürgerentscheid 1997 zeigte jedoch, dass die Schleifenstraße von der Bevölkerung mit großer Mehrheit befürwortet wird. Die Stadt ihrerseits bemüht sich bei der Planung um eine möglichst verträgliche Ausgestaltung. Insbesondere geht es darum, die historischen Strukturen des Textilviertels zu erhalten, das Fuß- und Radwegenetz weiter auszubauen und die Eingriffe in Grün- und Freiflächen zu minimieren.

Umbau Ost

Die Kleine Ostumgehung führte bereits heute dazu, dass der Durchgangsverkehr durch Hochzoll erheblich abnahm und die Kreuzungen in diesem Bereich weit weniger frequentiert sind. Mit der Großen Ostumgehung soll sich die Situation weiter verbessern, indem die Wohngebiete der St.-Anton-Siedlung vom Durchgangs- und Güterverkehr befreit werden. Außerdem sollen die Standortbedingungen bereits vorhandener und künftiger Gewerbegebiete durch einen neuen Anschluss an die Bundesautobahn A 8 verbessert werden – ein Projekt, bei dem Augsburg eng mit der Stadt Friedberg und dem Landkreis Aichach-Friedberg zusammenarbeitet.

Von besonderer Bedeutung für den LKW-Verkehr zu den großen Industriearealen im Norden der Stadt ist die MAN-Spange, deren Bau im Herbst 99 im Bereich der Franz-Josef-Strauß-Straße begann. Ein weiterer neuralgischer Punkt für den Straßenverkehr – die Kreuzung Georg-Haindl-, Stadtbach- und Thommstraße – soll damit beseitigt werden. In diesem Zusammenhang steht auch die zwingend erforderliche Erneuerung der Dieselbrücke, um die Zufahrt zu den traditionellen Augsburger Industriegebieten zu verbessern.

Es gibt auch Alternativen

Stadtverträgliche Straßenbauten entlasten Innenstadt und Stadtteile. Genauso wichtig ist es aber, dass auch der Öffentliche Personennahverkehr und der Fahr-

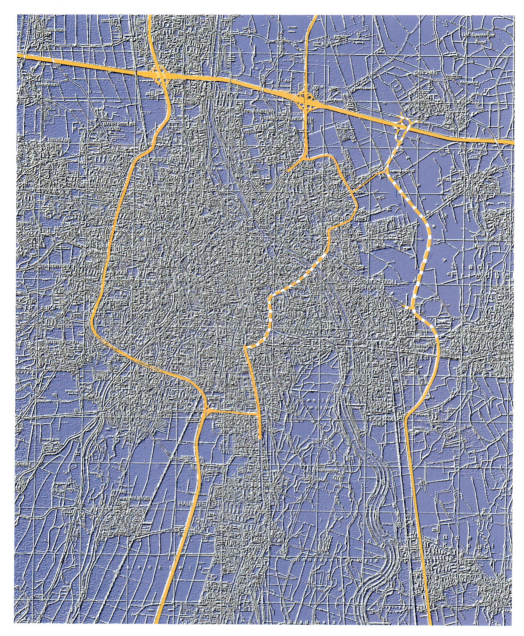

Augsburgs große Verkehrsprojekte: die Westtangente, die Schleifenstraße mit der Kleinen Ostumgehung und die Große Ostumgehung.

radverkehr von diesen Projekten profitieren. Zum einen, indem Raum für den Neubau und die Verlängerung bestehender Straßenbahnlinien geschaffen wird. Zum anderen, indem im Rahmen der Baumaßnahmen auch neue Wege für das umweltfreundlichste aller Fahrzeuge angelegt werden, das Fahrrad.

Um dieses familienfreundliche Fortbewegungsmittel weiter zu fördern, wird es notwendig sein, auch das vorhandene Radwegenetz zu prüfen und zu verbessern. Beispielsweise, wenn in puntco Sicherheitsabstand, Fahrbahnbreite, Straßenübergänge oder erschütterungsfreie Oberflächen Defizite festgestellt werden. Parallel dazu sollen die Radwanderwege der Stadt ausgebaut werden, um den Bürgern Möglichkeiten für ein umweltgerechtes Freizeitverhalten zu bieten.

Radwegebau 1990–1999	Länge in km
Innenstadt (erweitert)	4,7
Bergheim	0,8
Göggingen	12,4
Hammerschmiede / Firnhaberau	3,2
Haunstetten	5,7
Hochfeld / Univiertel	1,3
Hochzoll / Herrenbach	1,2
Inningen	0,9
Kriegshaber	3,4
Lechhausen	7,1
Oberhausen	5,4
Pfersee	0,4
Gesamt	**46,5**

Und nun?

Im Gesamtverkehrsplan 1998 ist beschrieben, wo weiterer Handlungsbedarf besteht. Vor allem geht es darum, die Lücken bei den Entlastungsstraßen zu schließen und regionale Gemeinschaftsprojekte wie die Große Ostumgehung zu verwirklichen. Sicher ist der Verkehrszuwachs der Zukunft aber nur dann zu verkraften, wenn auch die Chancen innovativer, logistischer Verkehrssysteme genutzt werden. Dazu zählt das in Partnerschaft der Städte Augsburg, Gersthofen und Neusäß geplante Güterverkehrszentrum, das zu einer Reduzierung der Verkehrsbelastung führen soll. Dasselbe Ziel verfolgt das Konzept der Citylogistik, nach dem die Versorgung der Stadt mit Waren intelligenter abgewickelt werden soll. Ziel ist es – vereinfacht ausgedrückt –, dass nicht Tag für Tag 100 Lastwagen ein Paket in die Innenstadt transportieren, sondern zehn LKW je 10 Pakete.

Entscheidend bleibt es aber, dass die Verkehrsplanung zu stadtverträglichen Lösungen führt. Im Klartext: Gerade in einer historisch gewachsenen Stadt mit hoher Bevölkerungsdichte müssen sich alle Maßnahmen an der Stadtstruktur und den Bedürfnissen der Bewohner orientieren. Lebensqualität und Feierabendlaune wären damit gerettet.

Vorfahrt fürs Fahrrad: familien- und umweltfreundlich unterwegs.

Das Comeback der Tram
Die unendliche Geschichte des Nahverkehrs

von Markus Schwer

Gut angenommen: die neue Linie 3.

Was wäre die Fuggerstadt ohne die VGA, sprich den Vergnügungs-Garanten Augsburg? Kaum jemand sonst löst mit vergleichbarer Zuverlässigkeit mal schadenfrohes Schmunzeln, mal mitleidiges Kopfschütteln aus. Ob die Straßenbahn besser nach »Ev. Kirche« oder nach »Haunst. Nord« rollt, beschäftigt Chefetagen. Wenn ein neuer Tram-Typ gekauft wird, weiß man nie, ob nicht erst kilometerweise Randsteine abzufräsen sind. Wenn nichts mehr vorwärts geht, verlängert der eine Werkleiter höchstpersönlich das Gleis an der Endstation symbolisch um einen Meter. Und der Nachfolger ignoriert kurzerhand das verschlafene Jubiläum »100 Jahre Straßenbahn«. Nahverkehr in Augsburg – manchmal macht er seine Kunden rasend …

Flexible Buslinien – ein Fehlschlag

Rückblende. »Wir wollen das Auto nicht verteufeln, aber …« – unter diesem Motto herrscht in Augsburg ab Mitte der 80er Jahre Aufbruchstimmung. Das Konzept, die stillgelegten Straßenbahn-Strecken auf Dauer mit angeblich so flexiblen Buslinien zu ersetzen, hatte sich als Fehlschlag erwiesen: Die Busse stehen im Stau, der Verkehrskollaps droht. In der Stadt der Renaissance macht die Idee von der »Renaissance der Straßenbahn«

die Runde. Schnell, pünktlich, zuverlässig, bequem und umweltschonend – mit diesen Attributen gilt sie gerade in mittelgroßen Ballungsräumen als das Verkehrsmittel der Zukunft.

Doch die Euphorie ist rasch verflogen – schon stecken die Experten im »Planungsstau«: Welcher Variante den Vorzug geben, Postwegtrasse oder Firnhabertrasse? Wie an die nötigen Grundstücke kommen? Alles ebenerdig oder eine Lösung mit Tunnel? Fragen über Fragen türmen sich auf bei der Uni-Linie 3, die als erstes Projekt des sternförmig aus den Stadtteilen auf die City zulaufenden Netzes in Angriff genommen wird – der Beginn einer beinahe unendlichen Geschichte, später sogar eigens per Broschüre dokumentiert von der Arbeitsgemeinschaft Nahverkehr, ANA. Da war sie wieder, die sprichwörtliche »Augsburger Krankheit« des Planens und zigfachen Umplanens, wie man sie schon von den großen Tangentenstraßen her kannte.

Bequemer, schneller, ökologischer

Die ANA ist es, die die städtischen Verkehrsbetriebe als kritisch-konstruktiver Begleiter in ihrem Bemühen unterstützt, der Straßenbahn trotzdem schnell, ohne große Umbauten also, den Weg freizumachen. Per 100-Punkte-Programm werden Gleise mit weißen Strichen von Autospuren abgegrenzt und Ampelschaltungen verbessert: Vorrang für Bus und Tram. Das millionenschwere Beschleunigungsprogramm zahlt sich aus – für die Fahrgäste, weil sie schneller ans Ziel kommen, und für den Verkehrsbetrieb, weil das gleiche Fahrplanangebot mit weniger Wagen, sprich weniger Kosten, realisiert werden kann. Fachbesucher kommen aus nah und fern, Augsburg gilt als Vorbild für andere Städte.

Auch andere Verbesserungen kommen Zug um Zug: Als 1990 (noch im Wahlkampf) der neue Oberbürgermeister Peter Menacher den Fünf-Minuten-Takt auf allen Straßenbahnlinien ankündigt, rechnen ihm die Gegner noch die höheren Kosten vor. Als 1992 das übertragbare Umwelt-Abo zum attraktiven Preis und 1995 der erste Gemeinschaftstarif mit dem Regionalverkehr des Augsburger Verkehrsverbunds (AVV) kommen, befürchten interne Kritiker noch Einbrüche bei den Einnahmen. Doch längst ist auch auf dem Markt des Nahverkehrs klar: Ein attraktives Angebot steigert die Nachfrage. Gut 76 Millionen Mal fahren die Menschen in Stadt und Land heute pro Jahr »öffentlich« – runde 20 Millionen Mal mehr als 1990.

Damit sie das nicht nur tun, weil sie mangels Alternativen gar nicht anders können, sondern sich bewusst auch aus

Zuverlässig, pünktlich und bequem: Die Tram besteht den Test auf dem Prüfstand.

Augsburg mobil 63

Zeit- und Umweltgründen für Busse und Bahnen entscheiden, wird weiter investiert: Niederflur-Technik erleichtert heute Behinderten und Eltern mit Kinderwagen das Ein- und Aussteigen. »So schadstoffarm wie möglich« lautet das Credo bei den Bussen: Augsburg zählt zu den Vorreitern bei Rußfiltern, steigt auf schwefelarmen Diesel um und ist heute bundesweite Modellstadt für Erdgasfahrzeuge. Auf sechs Regionalbahn-, vier Straßenbahn-, 31 Stadtbus- und 97 Regionalbuslinien mit insgesamt 1400 Haltestellen ist das Nahverkehrsangebot in Bayerns drittgrößtem Ballungsraum inzwischen angewachsen.

Endlich: die neue Linie 3

Dreh- und Angelpunkt eines leistungsfähigen Systems aber ist und bleibt das Stadtbahn-Kernnetz. So stand es schon im Gesamtverkehrsplan 1978. Und so steht es auch in der Fortschreibung von 1998 – im Verkehrsentwicklungsplan, wie er heute heißt. Mitte der 90er Jahre tragen die Bemühungen der Planer endlich Früchte: 1994 wird in Lechhausen die Linie 1 um zwei Kilometer bis zum Neuen Ostfriedhof verlängert. Und wenige Tage vor seiner Pensionierung nimmt Stadtwerke-Chef Werner Pusinelli im April 96 die Linie 3 als die erste Neubaustrecke der Nachkriegszeit in Betrieb. Das 76-Millionen-Projekt bindet weiterführende Schulen, das Messezentrum, die Universität und den Südwesten Haunstettens an.

War damit das Eis für den Tramnetz-Ausbau an Lech und Wertach gebrochen? Kommt jetzt endlich die Linie zum Zentralklinikum, dessen Eröffnung ohne einen Straßenbahn-Anschluß als Schildbürgerstreich apostrophiert worden war? Würde nun das rasch wachsende Königsbrunn seine Schienenverbindung bekommen? Kommt die Verlängerung der »Vierer« bis zur Stadtgrenze bei Gersthofen, um Pendlern und Besuchern per »Park-and-Ride« das Umsteigen vom Auto schmackhaft zu machen? Trotz Befürchtungen, die Zuschusslage könne sich im Zuge der Deutschen Einheit verschlechtern, stehen die Chancen weiter ausgesprochen gut: Die bayerische Staatsregie-

Nahverkehr zum Angewöhnen: Fünf-Minuten-Takt und Umwelt-Abo verführen zum Umsteigen.

rung sagt Augsburg maximale Finanzunterstützung für ein 400-Millionen-Investitionsprogramm zu – via »Aufholbonus«. Aufhol-Bonus – besser als in diesem einen Wort aber hätte das Dilemma der Augsburger Nahverkehrspolitik kaum beschrieben werden können. Denn trotz aller Bemühungen bringt auch die zweite Hälfte der 90er Jahre nicht den erhofften Durchbruch, wie selbst Pusinellis Nachfolger Reinhold Wenninger als Stadtwerke-Chef zur politischen Rathaus-Halbzeit 1999 feststellt: »Dass es bisher nicht gelungen ist, das Schienennetz zu erweitern, bedrückt mich am allermeisten«, sagte er wörtlich.

Mit Planungen verfahren

Was war geschehen? Mit der Liberalisierung der europäischen Märkte haben sich auch die Stadtwerke dem Wettbewerb zu stellen. Auf dem Versorgungssektor drohen jene Gewinne wegzubrechen, die in der Vergangenheit die Verluste des Verkehrsbetriebs – zeitweise angewachsen auf 80 Millionen Mark – ausgeglichen haben. Seitdem steht die Nahverkehrspolitik unter anderen Vorzeichen: Wenningers rigoroser Sparkurs wird im Rathaus nur so lange goutiert, wie Nachbargemeinden an den Kosten beteiligt werden sollen. Als Taktverlängerungen, Einsparung und Brechung von Buslinien beschlossen werden, fühlen sich viele Fahrgäste überfahren: Längst war das mühevoll von Gutachtern ausgearbeitete »Optimierungskonzept« für das Buslininennetz dauerhaft »schubladisiert« worden …

Als der Werkleiter sich schließlich mit seiner eingleisigen »Klinikums-Schleife« beim Zuschussgeber in die Sackgasse manövriert und bei der Linie-4-Verlängerung auf der alten B 17 in Haunstetten die Kraftprobe zwischen »Sturkopf« Wenninger und aufgebrachten Geschäftsleuten zu eskalieren droht, scheint die Lage auch bei den Neubauprojekten erneut verfahren. Das positive Klima in der Stadt, politischer Druck und Elan – sie waren verloren gegangen.

»Jedes Jahr ein Spatenstich«

Einmal mehr sorgt ein Spitzentreffen von Regierungspräsident und Oberbürgermeister wieder für die Konzentration der Kräfte: Mit Blick auf Chance und Herausforderung, die der Abzug der US-amerikanischen Streitkräfte für den Augsburger Westen bedeutet, wird ein neues Erschließungskonzept als Verknüpfung der beiden Tramlinien 2 (über Kriegshaber) und 5 (über die Bürgermeister-Ackermann-Straße) zum Zentralklinikum ins Auge gefasst. Und damit gleichzeitig der Durchbruch für ein Projekt erzielt, das

Der Service der 90er: Digitale Information über die nächsten Verbindungen.

seit 1989 ein Wahlkampf-Dauerbrenner ist: der Umbau der Pferseer Unterführung – im Volksmund »Angströhre« oder »Kohlenrutsche« – zu einer attraktiven Bahnhofspassage mit kurzen Umsteigewegen vom Nah- zum Regional- und Fernverkehr. So zeigt sich im letzten Jahr des ausgehenden Jahrtausends OB Menacher wieder optimistisch: »Jedes Jahr einen Spatenstich«, gibt er die Marschrichtung vor – 1999 für die Linie 4 in Oberhausen, 2000 für die »Zweier« zum Klinikum und 2001 für die Linie 5 mit Bahnhofstunnel.

Wenn auch lange Verfahren, vielfältige Widerstände und Einzelinteressen das Stimmungsbarometer noch gedrückt halten – die Weichen sind gestellt für Augsburgs Nahverkehrszukunft. Dazu zählt auch ein Projekt, das mit einem Gesamtvolumen von 115 Millionen Mark zu den teuersten gehört, selten beachtet wird, aber dennoch eine unverzichtbare Voraussetzung ist: der Umbau des alten Tramdepots zu einem modernen Stadtbahn-Betriebshof. Und damit verbunden die Erneuerung des Fuhrparks. Noch immer fahren in der Fuggerstadt geradezu historisch anmutende Trambahnen aus den 50er Jahren. Mit den 42 Meter langen »Combino«-Zügen aber werden 320 Menschen pro Wagen schnell, bequem und gleichzeitig in die Stadt kommen. Und das ist und bleibt Ziel des Unternehmens Nahverkehr: »USE PUBLIC TRANSPORT – SAVE THE CITY« heißt es auf einem Plakat des Wiener Künstlers Friedensreich Hundertwasser, das seit mehr als einem Jahrzehnt die Stadtwerke-Referenten im Chefbüro mahnt.

Stadt-Umland auf die schnelle Tour
Den Nahverkehr attraktiver zu machen – das war das Ziel des Augsburger Verkehrsverbunds AVV, der im März 1985 von der Stadt Augsburg und den Landkreisen Augsburg, Aichach-Friedberg und Dillingen gegründet wurde. 600 000 Menschen leben in diesem Gebiet, dem drittgrößten Ballungsraum Bayerns. Sektor für Sektor wurde das große Ziel angegangen und im September 1992 war ein erster bedeutender Schritt gemacht: Sechs Regionalbahnlinien und 97 Regionalbuslinien mit einer Länge von rund 2500 Kilometern und 15 Millionen Fahrgästen pro Jahr waren unter einem Dach. Statt isolierter Preise gab es nun einen einzigen Tarif für insgesamt 21 Verkehrsunternehmen.

Nach zähem, aber erfolgreichem Ringen wurden die Stadtwerke Augsburg und Gersthofen im September 95 in den Gemeinschaftstarif miteinbezogen. Alle Verkehrsmittel in Stadt und Region konnten nun mit einem Ticket genutzt werden. Gleichzeitig war der Tarif stark vereinfacht worden: Es gab nur noch neun Zonenringe mit der einfachen Regel, eine Zone = eine Preisstufe.

1998 schließlich wurde der regionale Nahverkehrsplan beschlossen. Die Hauptziele sind ein noch dichterer Takt, bessere Verknüpfungen beim Umsteigen, neue Haltepunkte und moderne Fahrzeuge. Außerdem sollen die Züge künftig nicht mehr im Augsburger Hauptbahnhof enden, sondern als Durchmesserverbindungen weiterfahren. Als Ergebnis dieser Maßnahmen wird ein Fahrgastzuwachs von rund 80 Prozent bei den Bussen und auf der Schiene erwartet. Die Weichen für die Zukunft sind damit gestellt.
Helmut Hofmann

David gegen Goliath
Kampf um den Schienenknoten Augsburg

von Dieter Münker

Augsburg weiß wie nur wenige Städte Europas aus seiner Geschichte um die Bedeutung von Verkehrswegen. Anderthalb Jahrtausende profitierte die Stadt vor allem von der strategischen Lage an den Fernrouten nach Italien. Ihr Stern sank mit der Entdeckung Amerikas und des Seewegs nach Indien und stieg wieder mit der Eisenbahn im Zeitalter der Frühindustrialisierung. Heute ist Augsburg einer der wenigen Knoten im deutschen Schienennetz, wo sich die Ost/West- und Nord/Süd-Magistralen mit drei ICE/IC-Linien pro Stunde treffen. Es darf daher nicht verwundern, dass die Schwaben alarmiert waren ob der ersten Pläne zur Abkopplung Augsburgs vom direkten Schienenfernverkehr in Nord-

Wie viele ICEs fahren über Augsburg wohin? Diese Frage ist heiß umkämpft.

Süd-Richtung. Dies umso mehr, als Jahre vorher bereits Ulm statt Augsburg den Zuschlag für den Autobahnknoten A7/A8 erhalten hatte und der neue Münchner Flughafen nicht westlich, sondern nordöstlich der Landeshauptstadt gebaut wurde.

Dreieinhalb Milliarden für fünf Minuten

Anfang 1985 tauchte in den Anmeldungen der Deutschen Bundesbahn für den Bundesverkehrswegeplan plötzlich eine Neubautrasse zwischen Nürnberg und Ingolstadt auf, die die Fahrzeit zwischen München und Nürnberg um 31 Minuten verkürzen sollte. Auf dem Weg nach Hamburg wären dadurch aber nur fünf Minuten gespart worden, weil die heutige Streckenführung über Augsburg, Ansbach und Würzburg bereits um 26 Minuten schneller ist. 3,5 Milliarden Mark sollten diese fünf Minuten kosten.

Hintergrund dieses Projekts unter einem mittelfränkischen Bundesverkehrsminister war die Sorge der Nürnberger, ins ICE-Abseits zu geraten. Aber nicht nur die Schwaben fragten sich, ob es verkehrs- und finanzpolitisch nicht sehr viel sinnvoller wäre, statt einer Neubaustrecke durch das dünn besiedelte und ökologisch sensible Altmühltal für einen Bruchteil des Geldes die bestehende Strecke zwischen Donauwörth und Nürnberg in Abschnitten zu begradigen und den Engpass zwischen Augsburg und München viergleisig auszubauen. Davon hätten alle etwas, auch der Güterverkehr und die Verbindungen auf der Magistrale Paris–Wien. Schneller realisierbar wäre es obendrein.

Rückendeckung für die Schwaben

Die Schwaben forderten einen fairen Vergleich der Alternativen und erhielten dabei Rückendeckung vom bayerischen Ministerpräsidenten Franz Josef Strauß, dem Bauernverband, dem Bund Naturschutz, dem Raum Ulm und den Grünen. Auch der damalige Bundesfinanzminister Gerhard Stoltenberg hatte Bedenken, weil die Rendite für die angemeldete Ingolstädter Trasse zunächst viel zu niedrig ausfiel.

Ausgleich für Augsburg? Die Strecke nach München soll viergleisig werden.

Im Mai 87 legte die Bahn schließlich eine vergleichende Trassenuntersuchung vor, in der sich der volkswirtschaftliche Nutzen für die Neubaustrecke über Ingolstadt auf wundersame Weise fast verdoppelte. Die innerbayerische Diskussion isolierte die Schwaben, weil keine der anderen Regionen Anlass sah, die Zahlen der Bahn anzuzweifeln, aber auch keinen Einblick in die Gutachten bekam. Verständlicherweise interessierten sich die Schwaben aber sehr wohl für das Zustandekommen der Zahlen und erhielten schließlich auf Intervention von Franz Josef Strauß Einblick in die Unterlagen. Von einem sachgerechten, fairen

Vergleich konnte – wie sich zeigte – keine Rede sein: Zwei Drittel der Rendite der Ingolstädter Trasse entfiel auf Güterzüge, für die es aber nur bei der Augsburger Trasse Kapazitäten gab. Der Fahrzeitnachteil der Augsburger Trasse reduzierte sich auf maximal 15 Minuten bei einem Investitionskostenvorteil von zwei Milliarden Mark.

Trassenstreit wird nationales Thema

Es folgte ein fast zehnjähriger Kampf mit Herz und Verstand, der die Schwaben einte und ihnen, nach anfänglichem Spott, Respekt und einen Teilerfolg einbrachte. Zwischen 1990 und 95 beschäftigte der Trassenstreit in Bayern immer mehr auch die nationalen Medien. Was zunächst wie eine Provinzposse aussah, entwickelte sich zusehends zum Kampf David gegen Goliath, der die Bahn in Rechtfertigungsprobleme stürzte und die Frage nach der Rationalität politischer Entscheidungen aufwarf.

Im Juli 1988 sprach sich nach dem Tod von Franz Josef Strauß und dem Rücktritt Anton Jaumanns als bayerischer Wirtschaftsminister die Regierung des Freistaats für die Ingolstädter Trasse aus, weil sie, wie es hieß, an den von der DB vorgelegten Daten und dem innerbayerischen Mehrheitsvotum nicht vorbeigehen könne und wolle. Nachteile für den Augsburger Raum müssten freilich ausgeglichen werden, insbesondere durch Stärkung der Leistungsfähigkeit der Strecke Augsburg–München.

1990 forderte Schwaben dann eine grundsätzliche Neubewertung der Trassenalternativen im Hinblick auf die Wiedervereinigung. Ohne nähere Begründung stellte der DB-Vorstand aber im Mai 91 fest, dass sich die Argumente für die Ingolstädter Trasse durch die Wiedervereinigung sogar erhärtet hätten und das Raumordnungsverfahren daher nur auf die Variante Ingolstadt konzentriert werde. Gleichzeitig sollte jedoch ein separates Raumordnungsverfahren für den durchgehend viergleisigen Ausbau zwischen Augsburg und München eingeleitet werden.

Zuvor hatten allerdings bereits der DB-Vorstand und der Bundesverkehrsminister die Notwendigkeit des viergleisigen Ausbaus angesichts des vorhergesagten Verkehrswachstums als ohnehin dringlich anerkannt – eine Tatsache, die vorher noch verneint worden war und die Augsburger Trasse um eine Milliarde Mark verteuert hatte. Und obwohl der Bundesrechnungshof 1990 erklärte, dass die Augsburger Trasse die wirtschaftlichere sei, entschied der Bundestag im Juli 92, die Ingolstädter Trasse und den viergleisigen Ausbau Augsburg–München in den Bundesverkehrswegeplan aufzunehmen.

»Ökologischer Wahnsinn«

Nach dieser Entscheidung entbrannte die Auseinandersetzung erst richtig. Die Bahn selbst entschied sich für den Einsatz von Neigetechnik-ICE und legte ein völlig neues Streckenkonzept zur Trennung des schnellen und langsamen Verkehrs (»Netz 21«) vor, da die Verkehrsprojekte Deutsche Einheit den Finanzierungsrahmen überforderten. »Wir können nicht verantworten, für einen Zeitgewinn von wenigen Minuten Milliarden zu vergraben«, sagte DB-Chef Dürr der Zeitschrift »Focus« im Januar 95. Das Münchner Planungsbüro Vieregg/Rößler, das Österreichische Institut für Raumforschung und der Schweizer NEAT-Planer Prof. Zierl legten Alternativpläne für die Augsburger Trasse vor, die den Fahrzeitnachteil gegenüber der Ingolstädter Trasse auf fünf bis zehn Minuten reduzierten und bei deutlich geringeren Investitionskosten einen erheblich höheren Verkehrsnutzen brachten. Auch der Bund Naturschutz stellte sich

Bahnpolitik auf dem falschen Gleis? Auch der Rechnungshof hält die Variante Augsburg für wirtschaftlicher.

vehement gegen den ökologischen und verkehrspolitischen »Wahnsinn«.

Bundesrechnungshof interveniert

1995 schrieb der Bundesrechnungshof an die Bundesregierung und den Vorsitzenden des Haushaltsausschusses des Bundestags: »Damit bestätigt sich die (…) Auffassung, dass es wirtschaftlicher ist, die Variante Augsburg der Variante Ingolstadt vorzuziehen«. Der Bundesrechnungshof beanstandete offiziell, dass sich die Bahn und der Verkehrsminister ohne Nachweis der Wirtschaftlichkeit für die Variante Ingolstadt entschieden haben. Der Bundestagsabgeordnete Albert Schmidt aus Ingolstadt sprach daraufhin von einer gezielten Täuschung der politischen Entscheidungsgremien und stellte im Bundestag den Antrag, die Neubaustrecke Ingolstadt zu streichen und stattdessen die bestehenden Strecken über Augsburg und Ingolstadt qualifiziert auszubauen.

All dies hatte keine Wirkung. Noch 1995 gab das Bundeskabinett grünes Licht für eine Leasing-Finanzierung der Ingolstädter Trasse, die Investitionskosten von sieben Milliarden Mark bei Fertigstellung vorsieht. Ab dem Jahre 2003 werden damit für 25 Jahre 622 Millionen Mark Leasingkosten pro Jahr anfallen, bei einem behaupteten Nutzen von 92 Millionen im Jahr. Der Steuerzahler wird am Ende 15,6 Milliarden Mark an Zins und Tilgung zu bezahlen haben. Wie viele andere Verkehrsprojekte hätten dafür realisiert werden können?

Trostpflaster viergleisiger Ausbau

Die Augsburger können sich damit trösten, dass der Engpass Augsburg–München nun viergleisig ausgebaut wird und die Anwohner an der Stammstrecke Lärmschutz erhalten. Die Stadt selbst hatte den Weg dazu geebnet, indem sie den Ausbau der Stammstrecke statt der »Meringer Spange« (die Nachteile für Fahrzeit, Investitionskosten und Umwelt hätte) akzeptierte.

Auf die Frage, wie die Augsburger nach dem Bau der Ingolstädter Trasse nach Berlin und die Berliner nach Oberstdorf kommen sollen, sagte DB-Vorstandsmitglied Heinz Neuhaus 1995: »Wir werden doch nicht an unseren Kunden vorbeifahren.« Hoffentlich kann Augsburg darauf bauen. Derzeit haben die Planungsarbeiten für den viergleisigen Ausbau allerdings erheblichen Verzug. Außerdem wachsen die Defizite bei der Finanzierung des Bundesverkehrswegeplans von Jahr zu Jahr. Deshalb sind die Schwaben gut beraten, wachsam zu bleiben und um eines ihrer wichtigsten Standort-Pfunde weiter zu kämpfen.

Ready for take off
Vom Sportflugplatz zum Regionalflughafen
von Johannes Hintersberger

Modernste Technik: der neue Tower des Regionalflughafens Augsburg.

Si – Se – Sta – So – Stru: Nein, hinter dieser Zeile verbirgt sich kein Abzählreim. Die Kürzel stehen für Sicherheit, Service, Standort, Sozialverträglichkeit und Struktur, und das wiederum ist das Leitbild für die Entwicklung des Regionalflughafens Augsburg in den vergangenen zehn Jahren und die Richtschnur für das neue Jahrhundert.

Es war 1968, als ein etwa 150 Hektar großes Areal zwischen Autobahnsee und Mühlhausen als Ersatz für den Haunstetter Flugplatz seiner Bestimmung übergeben wurde. Fast 20 Jahre lang wurde das neue Gelände dann ausschließlich als Sportflughafen genutzt.

Erste Schritte Richtung Ausbau
Erst mit Gründung der Linienfluggesellschaft Interot (heute Augsburg Airways) Ende der 80er Jahre wurde ein neues Kapitel aufgeschlagen: die Entwicklung zum Regionalflughafen. 1990 stand die alles prägende Entscheidung an, ob die

Perfekter Service: das Rezept der erfolgreichen Fluglinie Augsburg Airways.

aufstrebende Haindl-Tochter Interot einen festen Standort am Flughafen bekommen soll – eine funktionstüchtige Werfthalle. In langen Verhandlungen mit dem damals neu gewählten Bürgermeister Tränkl der zuständigen Flurgemeinde Affing konnte ein Agreement erzielt werden, das als »Affinger Vereinbarung« Grundlage für die Entwicklung geblieben ist. Die Interot-Werfthalle konnte 1991 errichtet werden, die erste 37-sitzige Dash-8 ging von Augsburg aus in den Linienverkehr.

Eines der Hauptkriterien für die kommenden Jahre war das Thema Sicherheit: Der Flugbereich wurde umzäunt, der Flugplatzsee aufgefüllt, ein Gleitwegsender eingerichtet, die Anflugbefeuerung ausgebaut, Sicherheitsstreifen errichtet. Ein neuer Tower ging 1998 in Betrieb. Gleichzeitig konnte die Augsburger Fluglinie in Sachen Umsatz und Passagierzahlen stetig zulegen – perfekter Service heißt das Erfolgsrezept. Der Flughafen zog nach und baute den Parkplatzbereich konsequent aus – ein echter Marketingaspekt.

Flughafen als Standortfaktor

Die Wirtschaft der Region hat das Angebot aufgegriffen und orientiert sich an der wachsenden Bedeutung der neuen Infrastruktur. Der Standortfaktor »Regionalflughafen« entwickelte sich immer mehr zu einem wichtigen, ja ausschlaggebenden Argument unternehmerischer Entscheidungen für Augsburg, für die Region, für ganz Schwaben.

Waren es 1990 noch circa 25 000 Passagiere, so wuchs diese Zahl kontinuierlich bis auf 220 000 im Jahr 1998 an. Und trotz dieser erfreulich dynamischen Entwicklung konnte die Zahl der Luftbewegungen, also die Starts und Landungen, von rund 71 000 (1990) auf circa 62 000 (1998) zurückgefahren werden.

Mit einem Bündel verschiedener Anti-Lärm-Maßnahmen wurde der Sozialverträglichkeit des Flughafens Rechnung getragen. Mehr als 90 Prozent aller Flugzeuge in Augsburg sind heute lärmgeschützte Maschinentypen. Triebwerksprobeläufe werden in einer eigenen Lärmschutzanlage durchgeführt, um den Geräuschpegel deutlich zu senken.

Durch die Arbeit der Luftlärmkommission und eine offene Informationspolitik haben die Bürger den Regionalflughafen heute in breiter Mehrheit angenommen und akzeptiert.

»Strukturplan 2000«

Verkehrsanlagen wie der Regionalflughafen Augsburg sind wichtige Voraussetzungen für eine dynamische Standortentwicklung und damit auch für neue Arbeitsplätze. Der Augsburger Stadtrat hat deshalb entschieden, mit dem Konzept »Strukturplan 2000« die notwendige Weiterentwicklung und Modernisierung des Flughafens in Angriff zu nehmen. Die wichtigsten Elemente: Neubau des Abfertigungsgebäudes, Verbesserung der Start- und Landebahn, Erweiterung der Vorfeldfläche, Bau einer Anflugbefeuerung im Westen der Landebahn, Ausweisung eines Gewerbegebiets für Unternehmen, die mit dem Flugbetrieb in Verbindung stehen.

Der Ausbau-Plan ist auch auf Widerstand gestoßen. Einige Anregungen konnten in die Planungen miteinbezogen werden, andere Punkte bleiben kontrovers. Insgesamt aber besteht kein Zweifel, dass sich der Regionalflughafen als bedeutender Standort- und Wirtschaftsfaktor für den Raum Augsburg-Schwaben mit breiter Akzeptanz in der Öffentlichkeit weiterentwickeln wird.

Kooperation in luftiger Höhe: Augsburg Airways im Team Lufthansa.

Wirtschaft im Umbruch

EINE STADT ist immer Brennpunkt wirtschaftlichen Handelns. Ob Produktion oder Dienstleistung, Handel oder Wertschöpfung, Kapitalfluss oder Innovationen: Städte haben ein Profil, das in Augsburg gerade auch in den vergangenen Jahren in vielen hohen Firmenjubiläen an frühere Gründerzeiten erinnerte. Namen wie Fugger und Diesel, Branchen wie Textilindustrie und Maschinenbau seien nur beispielhaft genannt. Wirtschaftsgeschichte ist immer ein konjunkturelles Auf und Ab, selten aber ein Umbruch von so tief greifenden Verschiebungen wie zum Ende des 20. Jahrhunderts.
Auf großen Industrie-Brachen entsteht modernste neue Produktion von Papier, aber auch neue Einkaufsformen werden zu einer Herausforderung für den Handel, der gemeinsam mit der Stadt eine Initiative für die City ergreift. Aus ehemaligen Kasernen werden friedliche Arbeitsplätze und auf dem wachsenden Messe-Areal bewährt sich eine zeitgemäße Partnerschaft mit Ausstellungs-Profis. Vor allem aber wird ein neues Feld bestellt namens KUMAS: Kompetenzzentrum Umwelt Augsburg-Schwaben. Wie nie zuvor werden hierzu Kräfte aus Politik, Wirtschaft, Wissenschaft und anderen Bereichen gebündelt und dies sogar schwabenweit vom Allgäu bis nach Dillingen, weil darin Chancen für Arbeit und Lebensqualität zugleich gesehen und engagiert ergriffen werden.
Bestellte Felder werden gleichsam ausgeweitet: Von der Druckerstadt zur Medienstadt, vom Maschinenbau zur Mechatronik, von Textilien zur Materialforschung. Der Dienstleistungssektor (zwei Drittel!) hat den – unverzichtbaren – Produktionssektor schon überholt. Die Sparkassenlandschaft hat sich bereits in ersten Schritten dem Wirtschaftsraum angepasst und das Bankwesen nutzt neueste Technologien und bietet Startkapital. Augsburg klinkt sich kreativ und wachsam in die bayerische High-Tech-Offensive ein.
Dennoch bedarf der Umbruch und Aufbruch der sozialen Begleitung. »Arbeit statt Sozialhilfe« ist nur eines von vielen Instrumenten, der »Aktivkreis Arbeit« nur eine von mehreren Formen des gemeinsamen Bemühens, dass nicht nur die Stadt als Ganzes, sondern auch der Einzelne durch Qualifizierung und Flexibilität den Wandel meistert. *P. M.*

Chronik*

1990 ff.	Kontinuierliche Ausweisung neuer *Gewerbeflächen*
1992	Die AFAG aus Nürnberg steigt in das Augsburger *Messewesen* ein.
1993	Die Städte München, Augsburg und Ingolstadt legen den Grundstein für die regionale Kooperation »*Wirtschaftsraum Südbayern – MAI*«.
1994	Grundsatzbeschluss für die Errichtung eines *Güterverkehrszentrums*
ab 1994	Stetiger Ausbau des Messezentrums, ab 1996 auf der Grundlage des »*Messemasterplan 2000 plus*«
ab 1994	Umwandlung der ehemaligen *Kasernenflächen*
1997	Gemeinsam mit den Landkreisen Augsburg und Aichach-Friedberg wird die *Regio Augsburg Tourismus GmbH* ins Leben gerufen.
1997	Stadt und *MAN-Konzern* schnüren ein Paket, wonach 600 zusätzliche Arbeitsplätze nach Augsburg verlagert werden.
1998	Standortentscheidung für Augsburg: Die Firma *Haindl* investiert 800 Millionen Mark in eine neue Papierstraße.
1998	Gründung der *City Initiative Augsburg*
1998	Das *Fuggerstadt-Center* am Hauptbahnhof, die ehemalige »Postruine«, wird offiziell eröffnet.
1999	Baubeginn der Einkaufsmeile *ECE-Center* am Vogeltor

* eine Auswahl

Augsburger Neuland
Jahrhundertchance Konversionsflächen

von Heinz Wimmer

Welch ein Abschied! 12 000 Besucher kamen am 19. Juni 1998 ins Rosenaustadion, um die US-amerikanische Armee aus Augsburg zu verabschieden. Kurz nach 23 Uhr wurde das Flutlicht im Stadion abgeschaltet und im Spot von nur einem Scheinwerfer zum letzten Mal das Sternenbanner eingeholt.

Bewegende Momente prägten diesen Abend. Erinnerungen an das Stück Amerika in der Fuggerstadt. »Sie können Augsburg weiter als eine Art Heimat betrachten«, sagte Oberbürgermeister Menacher bei der Abschiedszeremonie, zu der viele extra aus den USA angereist waren.

180 Hektar für neue Zwecke

Die weltpolitischen Veränderungen in den neunziger Jahren hatten zunächst zur Reduzierung der amerikanischen Einheiten in Augsburg geführt und schließlich zur kompletten Aufgabe des US-Standorts. Was bleibt? Erinnerungen natürlich. Aber auch ein Erbe von rund 180 Hektar Kasernengrund (inklusive der nicht-amerikanischen Prinz-Karl-Kaserne) und fast 1900 Wohnungen in den ehemaligen US-Siedlungen.

Für die Stadtentwicklung sind die Konversionsflächen, wie die ehemaligen Militärareale genannt werden, eine Jahr-

Bedauern und Chance: der Abzug der US-Armee aus der Fuggerstadt.

hundertchance, aber auch eine Riesenaufgabe. Ein Beispiel soll die Größenordnung verdeutlichen: Die Fläche der bisher militärisch genutzten Gebiete entspricht in etwa der gesamten Innenstadt von Augsburg.

Die Planungen, was aus den einzelnen Kasernen werden soll, laufen inzwischen seit mehreren Jahren. Zum Teil wurden sie bereits von Entwicklungsträgern im Auftrag der Stadt zurückgekauft. Zum Teil ist an andere Modelle mit privater Beteiligung gedacht.

Pilotprojekt und Siedlungsmodell: Auf dem Gelände der früheren Prinz-Karl-Kaserne entsteht ein neues Wohnviertel.

Prinz-Karl-Kaserne

Das älteste Kasernenareal in Augsburg aus den Jahren 1883 und 84: Insgesamt umfasst das Gelände rund zehneinhalb Hektar, die beiden großen Gebäude im Norden und Süden stehen unter Denkmalschutz. Den größten Teil des Gebiets hat die Landeswohnungs- und Städtebau GmbH als Entwicklungsträger Ende 1994 erworben. Der Rest wird derzeit noch vom Kreiswehrersatzamt und der Justizvollzugsanstalt genutzt. Beide Einrichtungen sollen jedoch an andere Standorte verlagert werden. Deshalb gilt der Bebauungsplan auch für das gesamte Gebiet der ehemaligen Kaserne (Näheres dazu im Kapitel »Stadtbild im Wandel« unter der Überschrift »Aus Alt mach Novum«).

Flak-Kaserne

Das Gelände in der Nähe des Zentralklinikums umfasst rund 29 Hektar, die von der AGS – einem Tochterunternehmen der Städtischen Wohnungsbaugesellschaft WBG – Ende 1996 erworben wurden. Nur das bisherige US-Hospital soll von einem privaten Investor übernommen werden. Außerdem ist ein Teil des Areals befristet an den Freistaat Bayern für eine Asylunterkunft verpachtet. Der Bebauungsplan für die Flak-Kaserne sieht ein Gewerbegebiet mit viel Grün und einen kleinen Bereich für den Bau von Reihenhäusern vor. Vor allem wegen der guten Verkehrsanbindung konnte der Großteil der Flächen bereits verkauft werden. Inzwischen wird fleißig gebaut, und eine Reihe von Firmen hat bereits den Betrieb aufgenommen.

Reese-Kaserne

Mit 43 Hektar ist die Reese-Kaserne die zweitgrößte der Konversionsflächen in Augsburg. Über einen städtebaulichen Wettbewerb soll die Rahmenplanung für das weitläufige Areal im Stadtteil Kriegshaber erstellt werden. Der Stadtrat hat bereits ein Zielkonzept verabschiedet, wonach für das Gelände vor allem Wohnungsbau, Dienstleistung und Einzelhandel als Nahversorgung vorgesehen sind. Derzeit wird die Reese-Kaserne durch die Bundesvermögensverwaltung befristet an Zwischennutzer vermietet.

Sheridan-Kaserne

Mit 70 Hektar der dickste Brocken unter den Konversionsflächen, erst Ende 1998 als letzte Kaserne von der US-Armee freigegeben. Nach Beschluss des Stadtrates soll eine städtebauliche Entwicklungsmaßnahme eingeleitet werden, um aus dem riesigen Militärgelände einen neuen attraktiven Stadtteil zu machen. Im Rahmen einer »Bürgerwerkstatt« sind interessierte Personen und Gruppen in die Planungen miteinbezogen.

Nach ersten Überlegungen sollen im Westen des Areals Gewerbeflächen ausgewiesen werden – vor allem wegen der günstigen Lage zur neuen B 17. Im Osten ist an den Bau von Einzel-, Doppel- und Reihenhäusern gedacht, für die in Augsburg Bedarf besteht. Ein großzügiger Grünstreifen soll Gewerbe- und Wohngebiet voneinander trennen.

Quartermaster-Supply-Center

Mit rund 13 Hektar schließt dieses Areal im Osten an das bestehende große Wohngebiet der Amerikaner an. Hier sollen nach einem Beschluss des Stadtrats vor allem Nahversorgungseinrichtungen für die neuen Bewohner der US-Siedlungen geschaffen werden. Außerdem könnten auf dem Gelände überörtliche Dienstleistungsbereiche angesiedelt werden.

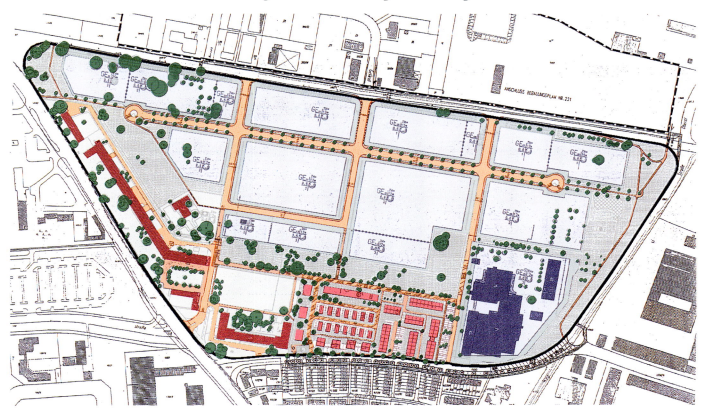

Der Vehicle-Park, der teils auf Augsburger, teils auf Stadtberger Flur liegt, soll dagegen nicht bebaut, sondern landwirtschaftlich genutzt werden.

Fast 2000 freie Wohnungen

Insgesamt 1900 Wohnungen, von denen etwa 1750 im Stadtgebiet von Augsburg liegen, haben die US-Streitkräfte zurückgelassen. Knapp 800 der sogenannten Apartments wurden von der Bundesvermögensverwaltung bereits verkauft, und zwar an verschiedene Bauträger. Die restlichen Wohnungen mit rund 86 000 Quadratmetern Gesamtfläche sind von der Bundesvermögensverwaltung zum

Das Flak-Areal: Das neue Gewerbe- und Wohngebiet kommt gut an.

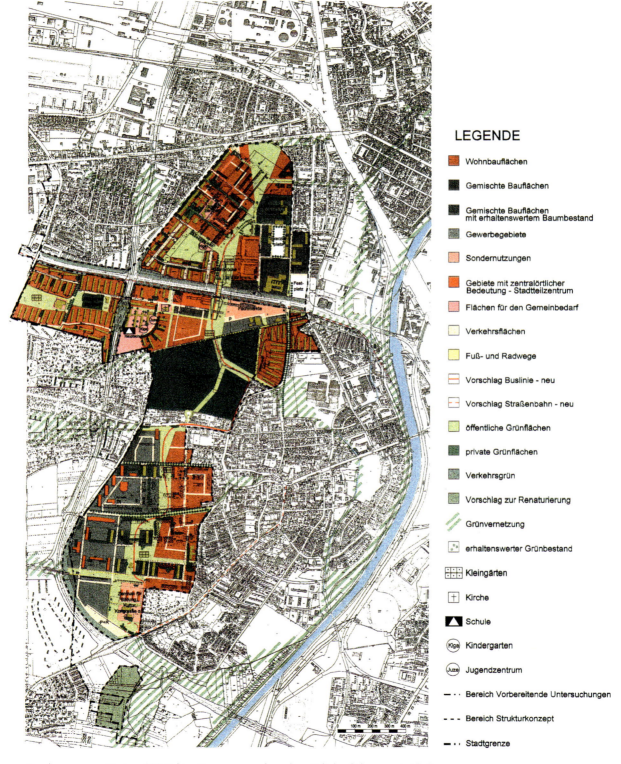

Augsburgs neuer Westen: 220 Hektar Kasernengrund werden städtebaulich neu entwickelt.

Verkauf ausgeschrieben (mehr dazu in dem Beitrag »American way of Wohnen« im Kapitel »Stadtbild im Wandel«).

Ein Areal nach dem anderen

Die Lage auf dem Augsburger Wohnungs- und Immobilienmarkt ist derzeit von einem Überangebot an Geschosswohnungen, Büro- und sonstigen Dienstleistungsflächen gekennzeichnet. Deshalb stellt sich die Frage, ob der Markt diese große Zahl der frei gewordenen Wohnungen und Kasernenflächen überhaupt aufnehmen kann.

Nach einem Beschluss des Stadtrats hat die Verwertung der Konversions- und auch der ehemaligen Industrieflächen Vorrang vor der Erschließung neuer Wohn- und Gewerbegebiete auf bisher unbebautem Gelände. Trotzdem wäre es eine Illusion, dass diese immensen Flächen schon in wenigen Jahren bebaut sein könnten. Die Verwaltung ist jedoch beauftragt, die brachliegenden Areale planerisch so weit vorzubereiten, dass Investitionsvorhaben in kürzester Zeit verwirklicht werden können.

Bei der Verwertung der Flak-Kaserne hat sich gezeigt, dass für Gewerbeflächen mit guter Verkehrsanbindung Bedarf vorhanden ist. Das Gleiche gilt für Einzel-, Doppel- und Reihenhäuser. Die Erfahrung zeigt, dass der Markt aber auch im Geschosswohnungsbau aufnahmefähig ist, wenn es sich um gute Lagen handelt und der Preis stimmt. Grundsätzlich gilt: Ein neues Areal soll erst dann vermarktet werden, wenn die vorherigen Projekte im Wesentlichen verwertet sind.

Ein Stück USA bleibt

Die Umwandlung der bisherigen Kasernenflächen wird das Stadtbild von Augsburg insbesondere in den Stadtteilen Pfersee und Kriegshaber wesentlich verändern. Wo einst Militärfahrzeuge standen, werden sich neue Betriebe ansiedeln, anstelle von Soldatenquartieren werden Wohnhäuser das Bild prägen. Die eine oder andere Einrichtung aus der Militärzeit dieser Areale kann aber auch für zivile Zwecke verwendet werden. Und so wird ein Stück Amerika in Augsburg auf jeden Fall bleiben.

Medienstadt Augsburg
Angebot total: gedruckt, gesendet, virtuell

von Rainer Bonhorst

Geballte Medienkraft: das Verlagshaus Presse-Druck und das Medienzentrum.

Die Medien – sie sind das Zauberwort unserer Tage. Sogar als Lieblings-Bösewicht spielen sie eine Hauptrolle. Ob Sex, ob Crime, ob Schuleschwänzen – im Zweifel sind die Medien schuld. Aber sie haben unbestritten Star-Qualitäten, mit denen man sich gerne schmückt. Wir leben im Medienzeitalter. Leben wir in einer Medienstadt? Historisch gesehen ohnehin: Es gab – dank Fugger und dank Cotta – Zeiten, in denen Augsburg eine Medien-Weltstadt war. Seither haben New York und – geben wir es zu – München stark aufgeholt. Doch auch zum Ende dieses Jahrtausends kann sich Augsburg als Medienstadt sehen lassen.

Zukunft, Glamour und Bedeutung

Warum legt Ausgburg Wert darauf, Medienstadt zu sein? Na, warum schon: Es ist attraktiv und Image fördernd, eine Medienstadt zu sein. Es ist modern, es weist in die Zukunft, es verleiht Glamour und Bedeutung. Die Medien haben eben doch nicht nur einen zweifelhaften Ruf, sie haben auch eine unzweifelhafte gesellschaftliche, kulturelle und politische Bedeutung.

Was macht Augsburg zur Medienstadt? Dem Chefredakteur der Augsburger Allgemeinen sei es gestattet zu sagen: Ein großes deutsches Zeitungshaus mit einer Verbreitung vom Ries bis ins Allgäu trägt einiges dazu bei, dass sich die Stadt mit dem Zauberwort schmücken kann.

Aber eine Zeitung macht noch keine Medienstadt. Was haben wir noch? Unübersehbar ein weiteres Verlagshaus, den Weltbild-Verlag. Seine Erfolgsstory hat nationalen Rang.

Verlage, Sender und Internet

Es tut gut, einen Blick auf diese beiden Häuser zu werfen, das von Presse-Druck (Augsburger Allgemeine) und das von Weltbild: Sie stehen stattlich und modern in Lechhausen und strahlen medialen Erfolg aus. In beiden Häusern geht es vorwiegend um Gedrucktes, was heute ein wenig wie von gestern klingt. Doch dieser Eindruck täuscht: Auch das, was mancher als das eigentliche Medium von heute betrachtet, Ton und Bild, Funk, Fernsehen und Video, ist in diesen und in anderen Augsburger Häusern lebendig.

Drei private lokale Hörfunksender (Radio Fantasy, RT.1, Radio Kö), privates lokales Fernsehen, mediale Dienstleister, von den RT.1-Studios bis hin zum Syndication-Anbieter FM Network (jetzt auch Klassik Radio), und schließlich etliche Werbe- und PR-Agenturen: Medienvielfalt ist etwas ganz Praktisches, etwas Unternehmerisches und nicht nur etwas, was Medien-Aufsichtsbehörden zuweilen mit schwerer Hand zu sichern versuchen.

Die unternehmerische, mittelständische Medienvielfalt ist in diesem Jahrzehnt aufgeblüht. Sie macht Augsburg auch für die Zukunft zur Medienstadt. Und dazu gehört jene Medienzukunft, die bereits begonnen hat, die des Internets, in dem die Menschen auf eine individuelle, spontane, organisationsferne Weise miteinander kommunizieren.

Diese Kommunikation scheint den Medien-Stil des nächsten Jahrtausends vorwegzunehmen. Ganz sicher wird das Internet auch in Augsburg, mit seiner Newsfactory, seinem Bürgernetz, seinem

SiSA (Stadtinformationsservice) der Mig-Gruppe und mit vielen jungen und vielen noch gar nicht entstandenen Online-Unternehmungen die nächsten Jahre und Jahrzehnte prägen. Stolzes Beispiel: der vom Weltbild-Verlag geführte Internet-Buch-Anbieter Booxtra. Herausragender Börsenerfolg: das Softwarehaus Infomatec.

Erfolgsstory von nationalem Rang: der Weltbild-Verlag.

Papier, Druckmaschinen und PCs

Doch unsere Zukunft, Augsburgs Zukunft, wird keineswegs nur virtuell sein. Das Handfeste bleibt. Die Zeitung, das Buch, das Papier. Warum spricht niemand vom Papier, wenn über Medien gesprochen wird? Papier ist Medium. Der Papier-Gigant Haindl, der heuer 150

Lokales on air: Drei Augsburger Radiosender berichten über die Fuggerstadt.

Jahre alt ist und im Jubiläumsjahr kräftig und zukunftsorientiert baut, ist auch einer, der Augsburg zur Medienstadt macht. Und warum spricht keiner von den gewaltigen Druckmaschinen, die Meisterwerke moderner Hochtechnologie sind? Ohne deren ständige Weiterentwicklung fielen die großen und die kleineren Zeitungen und Journale, ob Stadtzeitung, Augsburg-Journal oder Kirchenzeitungen, hinter die Zeit zurück. Ja, auch der Druckmaschinenbauer MAN macht Augsburg zur Medienstadt.

Und dann das Medium der Moderne schlechthin, der Computer. Wo PCs gebaut werden, wie bei Siemens in Augsburg, da verdichtet sich der Verdacht bald zur Gewissheit, dass man sich in einer Medienstadt befindet.

Macher, Konsumenten und Politik

Wo bleibt der Mensch? Hier kommt er: All die Beschäftigten in all den medialen Unternehmen machen die Medienstadt eigentlich aus. Die Verleger und Unternehmer, die Journalisten, die Software-Leute, die Agentur-Leute, die Kaufleute in Sachen Medien, die Techniker, die Drucker und schließlich die Konsumenten, die Bürger, die all das verschlingen, was ihnen medial angeboten wird. Da kommen viele zusammen, das prägt, das schafft die Kommunikation, die eine Medienstadt ausmacht.

Und das ist es? Noch nicht ganz: Zur Medienstadt gehört auch eine Politik und eine Wirtschaft, die sich den Medien öffnet, die weiß, dass Öffentlichkeit ein zuweilen zwar lästiger, öfter nützlicher, immer unentbehrlicher Teil unseres modernen Lebens ist. Es ist nun mal so: Wir leben im Medienzeitalter. Augsburg, die Medienstadt, hat dies begriffen.

Hoher Besuch bei der Fernsehredaktion im Augsburger Medienzentrum: Bayerns Ministerpräsident Dr. Edmund Stoiber.

84 Wirtschaft im Umbruch

Partner für die Zukunft
Haindl investiert in den Standort Augsburg

von Clemens Haindl

Die Zukunft gestalten. Dieser Gedanke verbindet die Stadt Augsburg und das Unternehmen Haindl seit 150 Jahren. Auf Tradition und Geschichte können die Stadt und das Unternehmen stolz sein. Jeder auf seine Art. Doch die Erfolge der Vergangenheit sind für beide Verpflichtung, in die Zukunft zu schauen, die Chancen von morgen zu erkennen und die wirtschaftlichen und gesellschaftlichen Herausforderungen anzunehmen. Mit Augenmaß, im Bewusstsein der eigenen Stärken.

150 Jahre Haindl in Augsburg

Es war kein Zufall, dass Georg Haindl 1849 die Stadt Augsburg als Standort für seine ehrgeizigen, unternehmerischen Pläne auserkoren hatte. Denn Mitte des 19. Jahrhunderts präsentierte sich Augsburg bereits als renommierte deutsche Stadt der Drucker und Verleger. Hier sah Georg Haindl den unmittelbaren Bedarf für sein Produkt. Und zugleich bot die Stadt am Zusammenfluss von Wertach und Lech die entscheidende Voraussetzung für die Produktion von Papier: genügend Wasser. Diesen »Rohstoff« galt es einerseits für die Energiegewinnung zum Antrieb der Papiermaschine und anderseits für die Aufbereitung des Faserstoffs für die Papierherstellung effizient zu nutzen. Der Firmengründer, der die Sieber'sche Papiermühle am Malva-

sierbach erwarb, war Verwalter und Werkführer, Handwerker und Manager, Verkäufer und Erfinder in einer Person. Mit Fleiß und Tüchtigkeit legte er den Grundstein für den heutigen Konzern.

800 Millionen für die neue PM 3

Neues zu wagen, stets Vorreiter in der Branche zu sein, diese Ziele haben die Entwicklung des Unternehmens in den letzten 150 Jahren bis in unsere Tage begleitet. Jede Generation der Unternehmerfamilie hat zu ihrer Zeit diese Leitlinien beherzigt. Und an der Schwelle zum dritten Jahrtausend steht Augsburg wieder im Mittelpunkt des Konzerns. Mit einer Investition von 800 Millionen Mark entsteht neben dem Stammwerk die mo-

Mit Augsburg eng verbunden: Zum Firmen-Jubiläum stiftete Haindl der Universität eine Professur für Umweltmanagement (im Bild: Dr. Clemens Haindl und Uni-Präsident Prof. Dr. Reinhard Blum – v.l.n.r.).

Neubau für die modernste Papiermaschine der Welt: Haindl setzt auf Augsburg.

dernste Papiermaschine der Welt, die PM 3. Dieses Projekt wird die internationale Wettbewerbsfähigkeit des Konzerns festigen, denn die Maschine wird jenes Produkt herstellen, das der Markt von morgen nachfragt

Die PM 3 ist ein Meilenstein in der Unternehmensgeschichte. Sie eröffnet eine neue Dimension bei der Herstellung von zweiseitig gestrichenen, leichtgewichtigen Rollendruckpapieren (LWC) für den Offset-Druck. Erstmals wird ein solches Produkt vom Stoffauflauf über Siebpartie, Trocknung, Streichanlage bis zur Kalandrierung online gefertigt.

Die Herstellung basiert auf einem neuartigen Produktionsverfahren, das in den letzten Jahren von Haindl am Stammwerk entwickelt worden ist. Modernste Maschinenbautechnik, innovativer Anlagenbau und neue Werkstoffe haben die Voraussetzungen für dieses Produktionsverfahren geschaffen. Hinzu kommt ein neuer Rohstoff-Mix für LWC-Papiere, der den ökologischen Gesichtspunkten moderner Papierherstellung Rechnung trägt: je ein Viertel Holzschliff aus Durchforstungsholz, Altpapier aus Haushaltssammlungen, Zellstoff und Pigmente. Unabhängig davon erfüllt natürlich auch der Herstellungprozess die jüngsten Anforderungen an den Umweltschutz – von den Schall-Emissionen bis zur Abwasserklärung.

Die neue PM 3 wird ein Papier herstellen, das uneingeschränkte gesellschaftliche Akzeptanz bei Druckereien, Verlagshäusern und ihren Lesern finden wird. Es ist die Antwort von Haindl auf die unternehmerischen Herausforderungen der Zukunft. Das Augsburger Stammwerk ist wieder einmal die Wiege moderner Papierherstellung.

Engagement als Anerkennung

Das Haus Haindl sieht sich mit der Stadt Augsburg seit 150 Jahren auf das Engste verbunden. Hier haben wir Menschen und Mitarbeiter gefunden, die durch ihre Tüchtigkeit und ihren Fleiß den Erfolg des Unternehmens mitbegründet haben. Deshalb hat die Firma mit dieser Stadt immer gerne mitgelebt – in schweren Zeiten auch mitgelitten – und sie durfte das soziale, gesellschaftliche und kulturelle Leben von Fall zu Fall mitgestalten. Es entwickelte sich ein fruchtbares Nebeneinander von unternehmerischem Handeln und der gesellschaftlichen sowie wirtschaftlichen Entwicklung der Stadt. Die sozialen Stiftungen, das kulturelle Engagement, die Förderung der noch jungen Universität hat Haindl nie als Verpflichtung, sondern als Dank an die Stadt und ihre Bürger betrachtet.

Führend in der Welt
MAN – Hightech made in Augsburg

von Rudolf Rupprecht

Augsburgs größter Arbeitgeber: der MAN-Konzern.

MAN in Augsburg: Das ist eine Erfolgsgeschichte, die vor Generationen begann, die sich bis heute fortgesetzt hat, und die auch bis ins neue Jahrtausend hinein anhalten wird. Die MAN hat bis in die Gegenwart zur industriellen Weltgeltung der Fuggerstadt entscheidend beigetragen und ist hier seit langem der größte Arbeitgeber. Innovationen und große Erfindungen markieren den Weg des Konzerns. Bereits 1873 entstand hier die erste deutsche Zeitungsrotationsmaschine. In den Jahren 1893 bis 1897 entwickelte Rudolf Diesel mit MAN-Technikern den nach ihm benannten Dieselmotor, der von Augsburg aus seinen Siegeszug um die Welt antrat.

67 000 Mitarbeiter weltweit

Zurückgehend auf diese Wurzeln belegt der MAN-Konzern als Systemanbieter im Nutzfahrzeugbau, im Maschinen- und Anlagenbau und im Bereich Industrielle Dienstleistungen heute mit über 85 Prozent seiner Aktivitäten auf den Weltmärkten erste, zweite und dritte Positionen. Wir erwirtschaften einen Jahresumsatz von rund 25 Milliarden Mark und beschäftigen 67 000 Mitarbeiter. Nicht anders als vor einhundert Jahren hat der Konzern auch im letzten Jahrzehnt seine Innovationskraft durch kontinuierliche Forschungs- und Entwicklungsprogramme gestärkt und damit den Grundstein für das Bestehen im Wettbewerb im Übergang in das neue Jahrtausend gelegt. Ein großer Teil dieser Investitionen wurde in Augsburg getätigt, und so läßt sich der Erfolg dieser Anstrengungen auch an den technologischen Spitzenleistungen der Augsburger MAN-Unternehmen ablesen.

Technologische Spitzenleistungen

Mit über 7000 Mitarbeitern, die einen ortsgebundenen Umsatz von rund 2,7 Milliarden Mark produzieren, kommen auch heute noch mehr als 10 Prozent des MAN-Umsatzes aus Augsburg. Dazu tragen vier Konzernunternehmen bei, und zwar MAN Roland, MAN B&W Diesel, RENK und MAN Technologie. Mit den großen Dieselmotoren, den Zeitungsrotationen und den schweren Kettenfahrzeuggetrieben nehmen die Augsburger MAN-Unternehmen jeweils die Position eins auf dem Weltmarkt ein.

Von den über 9000 Beschäftigten von MAN Roland arbeiten etwa 3000 in der Fuggerstadt und erzielen einen Umsatz von über einer Milliarde Mark – ein Drittel des Gesamtumsatzes. Mit dem aus Augsburg heraus geleiteten Bereich Rollenoffsetmaschinen ist das Unternehmen Technologieführer und die Nummer eins auf dem Weltmarkt. Die jüngste Entwicklung einer 64-Seiten-Rotationsmaschine mit einer Bahnbreite von über zwei Metern bietet ein neues Highlight für die Druckindustrie.

Mit MAN B&W Diesel verfügt Augsburg über einen weiteren Weltmarktführer. In seinen Standorten Deutschland, Dänemark, Frankreich und Singapur arbeiten über 6000 Menschen mit einem Umsatz von rund zwei Milliarden Mark, davon 2500 Mitarbeiter mit fast einer Milliarde Mark Umsatz in Augsburg. Hier werden Viertaktmotoren für Schiffe und Kraftstationen produziert. Mit dem größten internationalen Netz von Lizenznehmern ist MAN-B&W-Know-how überall dort verfügbar, wo Schiffe gebaut oder stationäre Anlagen errichtet werden. Wir sind Weltmarktführer bei großen Zweitakt-Dieselmotoren; jedes zweite moderne Seeschiff wird heute von MAN-B&W-Motoren angetrieben.

RENK, das mit Produktionsstätten in Deutschland, Frankreich, Rumänien und den USA mit 1700 Mitarbeitern einen Umsatz von rund 470 Millionen Mark erzielt, gehört zu den kleineren Unternehmen des MAN-Konzerns. In Augsburg erreicht das Unternehmen einen Umsatz von rund 250 Millionen Mark mit rund 800 Beschäftigten. RENK ist Weltmarktführer bei Panzergetrieben, bei Getrieben für schnelle Fähren, für Fregatten und Korvetten. Der Trend geht zu immer höheren Leistungen, die Getriebebauer sehen sich täglich mit neuen Herausforderungen konfrontiert. So stellte RENK auf der letzten Hannover-Messe ein Getriebe für eine Generatoranlage vor, das die Weltspitzenleistung von 140 MW überträgt.

Die MAN Technologie – mit einem Umsatz von rund 550 Millionen Mark bei circa 1500 Beschäftigten – hat sich innerhalb der europäischen Raumfahrt einen festen Platz erobert. Mehr als die Hälfte des Umsatzes des Unternehmens, das in den 90er Jahren zum Beispiel die Fertigung für die Booster-Gehäuse der ARIANE 5 in Augsburg aufgenommen hat, entfällt auf die Raumfahrt. Im Zuge der Zusammenführung der Aktivitäten im Raum Augsburg hat MAN Technologie das ehemalige MAN-Roland-Werk in Gersthofen übernommen und baut auch den Rest des Werkes Augsburg weiter zügig aus.

Eigenes Ausbildungszentrum

Der hohe technische Stand der Augsburger MAN-Produktion ist undenkbar ohne die Menschen, die in der Forschung, in der Verwaltung und in der Produktion ihren Beitrag leisten. Grundlage für diese Tätigkeit ist eine fundierte Ausbildung. Damit diese auch für die Zukunft gesichert ist, wurde 1989 das MAN-Ausbildungszentrum geschaffen. Mit dieser Gemeinschaftseinrichtung der Augsburger MAN-Werke, die weit über den eigenen Bedarf hinaus ausbilden, führt die MAN die industrielle Tradition der Fuggerstadt fort und wird ihrer gesellschaftspolitischen Verantwortung im Rahmen der gesetzten Randbedingungen auch an der Schwelle des neuen Jahrtausends gerecht.

Fit for future
Viele Firmen gehen gestärkt aus der Krise

von Wolfgang Bublies

Schlagzeilen aus dem Jahr 1999: »Walter Bau mit Auftragsrekord« – »Augsburger PCI-Werk wird ausgebaut« – »Böwe-Geschäft läuft auf Hochtouren« – »Kuka-Roboter auf dem Vormarsch« – »So viele Siemens-Computer wie nie zuvor« – »Dasa stellt wieder kräftig Mitarbeiter ein« – »NCR stärkt den Standort Augsburg«.

Ende der 90er Jahre gibt es – nicht immer, aber immer öfter – positive Nachrichten aus namhaften Betrieben der Fuggerstadt. Große Unternehmen bekennen sich wieder eindeutig zu Augsburg. Sie starten sozusagen durch – bis in den Weltraum sogar wie MAN Technologie – oder investieren immense Summen wie das bei Haindl Papier der Fall ist.

Das wirkt sich auch positiv auf den Arbeitsmarkt aus, der sich langsam bessert.

Von Entspannung kann aber noch nicht die Rede sein. Nach wie vor stehen zu viele Menschen ohne Job da. Aber immerhin: Es hagelt nicht mehr Negativ-Rekorde wie Mitte der 90er Jahre.

Not macht erfinderisch

Wirtschaftskrisen, Konjukturschwächen und vor allem der rasante Strukturwandel haben Augsburg in den vergangenen zehn Jahren stark belastet. Die einst blühende Textilindustrie ist weitgehend verschwunden. Auch in den 90er Jahren mussten große Betriebe wie NAK aufgeben. In anderen Branchen hatten die Firmen ebenfalls zu kämpfen: Mit veränderten Strukturen suchten Industrie-Betriebe neue, oft erfolgreiche Wege, wie sich jetzt zeigt.

Bei der Dasa brachte dies sogar wieder neue Arbeitsstellen. Das ehemalige Messerschmitt-Werk profitiert von der Airbus-Fertigung, die durch den Bau des Mini-Airbus A 318 im Jahr 2000 neuen

Wirtschaft im Umbruch 89

Schub bekommen soll. In internationaler Zusammenarbeit werden Landeklappen, Heckteile, Fußboden- und Kielträger für alle Airbus-Typen geliefert, was am Lech 85 Prozent der Produktion ausmacht.

Engagement weltweit

Auf internationale Kooperationen setzt auch Zeuna-Stärker. Das 1875 gegründete Unternehmen zählt zu den größten Katalysator-Herstellern Europas. In einer, wie es hieß, »strategischen Allianz« mit der US-Firma Arvin als Weltmarktführer bei Auto-Abgasanlagen wurde der Zugang zum Weltmarkt seit 1998 verbessert. Von »weltweitem Wachstum« ist auch bei Böwe die Rede, wenn es um die Systec AG geht. Während der 1991 als eigenständiger Betrieb abgetrennte Bereich »Passat« (später »Garment Care Systems«) mit Textilreinigungsmaschinen einen hürdenreichen Weg hat, befindet sich die Systec AG mit Hochleistungs-Kuvertier- und Papier-Schneideanlagen auf dem Weg zur Weltmarktspitze.

Als weltweiter Technologieführer beim Erfassen und Interpretieren von Dokumenten des Zahlungsverkehrs sieht sich die Firma Kleindienst, genauer Kleindienst Datentechnik. Sie hat sich nach der Aufteilung des 1885 gegründeten Unternehmens prächtig entwickelt. Schwieriger war der Weg für California Kleindienst mit Autowaschanlagen. Mit Investitionen in Millionenhöhe setzt das verkleinerte Werk aber weiter auf den Standort Augsburg.

Die Zukunft heißt Hightech

Hier »wäscht und wächst« auch Wesumat als hochmoderner Spezialbetrieb für Auto-, Nutzfahrzeug- und Bahn-Waschanlagen. Weltweite Umsatzeinbrüche in der Branche wurden mit dem Erwerb von zwei Firmen in den USA und Großbritannien kompensiert.

Hightech – dieses Schlagwort gilt genauso für Siemens. In immer größerer Zahl werden in Augsburg Personal Computer hergestellt, zuletzt war die Jahresproduktion auf die Rekordmarke von knapp zwei Millionen Stück ausgerichtet. In der Augsburger PC-Fabrik sieht man in jüngster Zeit gute Zukunftschancen auch in einer internationalen Computer-Allianz mit einem asiatischen Konzern.

Einen neuen Namen bekam NCR – vorübergehend. Rund zwei Jahre hieß die Firma, die ihre PC-Fabrik aufgab, AT&T. Zur Jahrtausendwende hin stärkt NCR wieder den Standort Augsburg. Bis zu 30 Millionen Mark sollen in einen Neubau für das deutsche »Headquarter« des US-Konzerns in Dayton / Ohio investiert werden.

Groß gebaut hat schon vor zehn Jahren Walter Bau. Neben dem Glaspalast im Textilviertel ist eine eindrucksvolle Konzernzentrale entstanden. Das Unternehmen, das zu den deutschen Bau-Giganten zählt, hatte – wie die gesamte Baubranche – in den letzten Jahren besonders zu kämpfen. Insgesamt konnte sich Walter Bau aber gut behaupten, wobei das geringere Inlandsgeschäft mit einem deutlich gestiegenen Auslands-Engagement ausgeglichen wurde.

Apropos Bau: Als bedeutender Hersteller von Baustoffen und Marktführer bei Fliesen-Verlegewerkstoffen hat PCI die Krise in der Baubranche erstaunlich gut gemeistert. Investitionsfreudigkeit und Wachstum kennzeichnen die Augsburger Firma, die zum Ende des alten Jahrtausends über 20 Millionen Mark am Standort investiert.

Tradition und Fortschritt

Leuchtende Beispiele für eine zukunftsorientierte industrielle Entwicklung gibt es in Augsburg noch viele – Osram zum Beispiel mit modernen Produktionsanlagen zur Lampenfertigung oder Erhardt + Leimer als Hersteller feinmechanischer Geräte für die Papier- und Folienindustrie mit einem Niederlassungsnetz auf der ganzen Welt.

Nicht selten verbinden solche Firmen Tradition und Fortschritt, wie auch bei Kuka deutlich wird. 1998 zum 100-jährigen Jubiläum zeigte sich das Unternehmen für die Zukunft gerüstet. Insgesamt

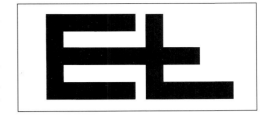

hatte Kuka mit den Betrieben für Roboter, Schweißanlagen und Wehrtechnik gerade das beste Ergebnis der Firmengeschichte gefeiert. Und das Ziel auf dem Weg ins dritte Jahrtausend lautet auch in diesem Fall: »Mit Hightech weltweit erfolgreich sein.«

An der Schwelle zum neuen Millennium haben sich Firmen, die für Augsburg stehen, fit gemacht, um im Europa der Regionen und weltweit zu bestehen. Sie tragen dazu bei, dass Augsburg – zunehmend mit Hightech-Produkten aus EDV und Elektronik, Roboter- und Raumfahrttechnik, Abfallwirtschaft und Abgasreinigung – ein bedeutender Wirtschaftsstandort bleibt.

Wege aus der Sozialhilfe

Wie kann man für arbeitslose Sozialhilfeempfänger neue berufliche Perspektiven schaffen? Für die Stadt Augsburg ist die Antwort klar: Indem sie Stellen vermittelt und den Betroffenen ermöglicht, sich weiter zu qualifizieren.

Im Sozialamt wurde deshalb die Arbeitsgruppe Berufsfindung eingerichtet. Sie zeigt Wege zurück ins Arbeitsleben, und das mit Erfolg: Jeder vierte der betreuten Fälle konnte in den allgemeinen Arbeitsmarkt vermittelt werden.

Die Arbeitsgruppe baut auf die Zusammenarbeit mit dem Arbeitsamt und den Bildungseinrichtungen, mit den Kammern, Gewerkschaften und größeren Betrieben. Vor allem Jugendlichen werden Möglichkeiten geboten, sich beruflich zu qualifizieren.

Peter Bergmair

Um Augsburg verdient

Im Juli 1993 beschloss der Stadtrat einstimmig, Bürgerinnen und Bürgern, die sich »um das Wohl der örtlichen Gemeinschaft besonders verdient gemacht haben«, die Verdienstmedaille »Für Augsburg« zu verleihen. Seither wurden folgende Persönlichkeiten ausgezeichnet:

Erste Verleihung der Verdienstmedaille an: Albert Loderer, Peter Leinauer, Hasan Akcay, Max Gutmann, Dr. Stefan Vogel, die Senatoren Donat Müller und Hans Haibel (hinten, v. l.). Vorne, v. l.: Rudi Treis, Anneliese Mader, OB Dr. Peter Menacher, Ellinor Holland und Gerda Sylge.

Hasan Akcay
Albert Barthel
Dieter Bartl
Georg Beis
Helga Berghammer
Prof. Georg Bernhard
Prof. Reinhard Blum
Kurt Bösch
Dr. Wolfgang Brunn
Achim Fladerer
Gerda Fleig
Dr. H. Linus Förster
Dr. Rudolf Freudenberger
Fritz Frisch
Gertraud Fritscher
Max Gutmann
Hans Haibel
Dr. Clemens Haindl
Carel Halff
Werner Heidler
Benno Helf
Annemarie Helmer-
   Heichele
Ellinor Holland
Josef Hosp
Klaus Hüttner
Reinhard Kammler
Hans-Joachim Katt
Gertrud Kellermann
Walburga Kirchhauser
Dieter Kirchmair
Leonore Kirschstein
Dr. Hubert Kranzfelder
Otto Kriener
Manfred Krug
Hannelore Leimer
Peter Leinauer
Silvia Leippert-Thomas
Wolfgang Lettl

Alfred Lober
Albert Loderer
Luithildis Loidl
Anneliese Mader
Hannelore Marschall-
   Oehmichen
Andreas Meitinger
Edith Menzel
Richard Merchlowski
Johannes Merz
Franz R. Miller
Karl Möst
Donat Müller
Gerhard Müller
Ilse Niemann
Gertrud Pöllmann
Dr. Sebastian Priller
Barbara Rau
Konrad Rebholz
Uschi Reiner
Manfred Rudel

Hans-Joachim Ruile
Dr. Rudolf Rupprecht
Beate Schabert-Zeidler
Dr. Martha Schad
Eberhard Schaub
Siegfried Schindele
Jürgen Schmid
Dr. Manfred Scholz
Hans Schweickart
Dr. Georg Simnacher
Hubert Stärker
Dr. Edmund Stoiber
Dr. Gerhard Strauß
Maritta Sturm
Franz Surauer
Gerda Sylge
Rudi Treis
Kurt F. Viermetz
Dr. Stefan Vogel
Reinhold Wolff
Manfred Zitzelsberger

Hammer und Homepage
Augsburgs Handwerk geht moderne Wege

von Manfred Rudel

Der Werdegang des Augsburger Handwerks war stets eng verbunden mit der Entwicklung dieser geschichtsträchtigen Stadt und daher nicht immer frei von großen strukturellen Veränderungen.
Während Mitte des zweiten Jahrtausends der Textilsektor entscheidender Motor für die wirtschaftliche Entwicklung Augsburgs war, fiel es nach dem 30-jährigen Krieg den Gold- und Silberschmieden zu, für Augsburg eine Spitzenstellung in Europa zu erkämpfen. Heute sind es die Handwerker aus dem Elektro- und Metallgewerbe, die einen großen Anteil der Betriebe ausmachen. Beinahe jeder dritte Handwerksunternehmer stammt aus diesem Bereich.
Auch die letzten Jahre dieses ausgehenden Jahrhunderts waren für die Augsburger Handwerksbetriebe sehr wechselhaft. Parallel zur wirtschaftlichen Entwicklung in Bayern und ganz Deutschland musste auch das Handwerk konjunkturelle Einbußen hinnehmen.

Rückgang bei Umsatz und Beschäftigten
Ein Blick auf die Entwicklung der Umsätze im letzten Jahrzehnt zeigt dies sehr deutlich. Erwirtschafteten die Augsburger Handwerksunternehmen 1990 noch einen Umsatz von rund 2,6 Milliarden Mark, stieg die Summe in den darauf folgenden Jahren sogar auf erfreuliche 3,2 Milliarden Mark an. Seitdem mussten die Betriebe jedoch einen stetigen Umsatzrückgang verkraften – bis auf 2,4 Milliarden Mark 1998.
In ähnlicher Weise verlief auch die Entwicklung der Beschäftigtenzahlen. Ausgehend von 17 800 Beschäftigten 1990 stieg die Zahl 1994 auf 18 200 und sank seitdem wieder auf derzeit rund 16 000.

Vom Dachdecker bis zur Kfz-Elektronikerin: Das Handwerk ist offen für den Wandel und bleibt doch traditionell.

Allerdings zeigten sich die Augsburger Handwerksunternehmer von diesem konjunkturellen Auf und Ab nur bedingt beeindruckt. So stieg die Zahl der Handwerksbetriebe im Stadtgebiet kontinuierlich auf momentan 2449. Das Handwerk zählt damit auch heute zum tragenden Bestandteil der Augsburger Wirtschaft. Jetzt aber stehen diese Betriebe an der Schwelle zu einem neuen Jahrtausend. Ein Zeitpunkt, an dem sich auch das Augsburger Handwerk mit großen gesellschaftlichen und wirtschaftlichen Veränderungen konfrontiert sieht.

Neue Herausforderungen

Der Übergang von der Industrie- zur Dienstleistungs- und Informationsgesellschaft, die Globalisierung und der Euro-Markt erfordern in zunehmender Weise komplexe Strategien, maßgeschneiderte Produkte und Multifunktionalität. Gestiegene Kundenansprüche und ein verschärfter Wettbewerb durch neue Konkurrenz in scheinbar fest verteilten regionalen Märkten machen heute die Suche nach Partnern und überbetriebliche Netzwerke bis hin zur Zusammenarbeit über die eigene Branche hinaus notwendig. Funktionierende Beispiele wie die zahlreichen Kooperationen oder die gemeinschaftliche Bewirtschaftung von Gebäuden durch verschiedene Branchen motivieren zur Nachahmung.

Eine weitere Herausforderung sind die modernen Informations- und Kommunikationstechniken. Dabei muss die betriebliche Anwendung über die herkömmliche E-Mail-Kommunikation oder eine Präsentation im Internet mittels einer Homepage hinausreichen. Die virtuelle Leistungserstellung wird auch für unsere mehrheitlich lokal und regional orientierten Unternehmen weiter an Bedeutung gewinnen.

Am Internet führt kein Weg vorbei

Wer nicht lernt, das Medium Internet für seine individuellen und betriebswirtschaftlichen Zwecke sowie zur Akquisition und Pflege von Kunden zu nutzen, wird es schwer haben, seine Marktposi-

Handwerk virtuell: die Kammer-Homepage.

tion zu behaupten. Diese Dimension erfasst das Handwerk genauso wie alle anderen Wirtschafts- und Lebensbereiche. Ich habe jedoch keinerlei Zweifel, dass unsere Betriebe diese neuen Anforderungen des Marktes bewältigen werden. Darüber muss ich mir keine Gedanken machen. Denn so wie stets in seiner langen und traditionsreichen Geschichte wird das Augsburger Handwerk auch diese Herausforderungen im Vertrauen auf die bewährten, praxiserprobten Stärken wie Flexibilität, Kundennähe, Qualität, Spezialisierung und Wertbeständigkeit meisterhaft in Angriff nehmen.

Das Handwerk in Augsburg steht für Leistungs- und Wettbewerbsfähigkeit ebenso wie für Erfolg und Zukunftsfähigkeit und wird deshalb auch im neuen Jahrtausend ein stabilisierender Wirtschaftsfaktor bleiben. Die Entwicklung Augsburgs und Schwabens zu einem Umweltkompetenzzentrum bietet beispielsweise viel versprechende Aussichten auf eine fruchtbare Zukunft.

Uns allen muss jedoch eines bewusst sein: Um die vor uns liegenden Aufgaben zu bewältigen, gilt für die Betriebe, aber auch für jeden Einzelnen in unserer Gesellschaft: Nur den Gestaltern, nicht den Verwaltern, gehört die Zukunft.

Der große Umbau
Strukturwandel wandelt die Gewerkschaften

von Helmut Jung und Silke Pöllinger

Die 90er Jahre sind auch an den Augsburger Gewerkschaften nicht spurlos vorübergegangen. Die lokale Gewerbelandschaft wurde und wird umstrukturiert, zahlreiche Arbeitsplätze gingen verloren: Die Textilproduktion wurde fast vollständig aufgegeben, auch Metall- und Elektronikfirmen waren im Zuge von Rationalisierung und Globalisierung von Schließung oder Arbeitsplatzabbau betroffen. Die Privatisierung von staatlichen Unternehmen wie der Post und der Abzug der amerikanischen Streitkräfte erschwerte die Situation auf dem Arbeitsmarkt zusätzlich.

Weniger Arbeitsplätze, weniger Mitglieder

Die Folgen dieser strukturellen Veränderungen und des technisch-organisatorischen Wandels stellten auch die Augsburger Gewerkschaften vor neue Herausforderungen. Der Abbau von Arbeitsplätzen machte sich in allen Gewerkschaften durch Mitgliederrückgänge bemerkbar. Im Arbeitsamtsbezirk Augsburg gingen in den 90er Jahren im verarbeitenden Gewerbe und im Bau – den traditionellen gewerkschaftlichen Kernbereichen – circa 20 800 von über 100 000 Stellen verloren. Die Zahl der Gewerkschaftsmitglieder im DGB sank in der Region Augsburg um rund 10 000 auf zur Zeit 64 244. Der Organisationsgrad von rund 35 Prozent, also der Anteil der Gewerkschaftsmitglieder im Vergleich zu allen abhängig Beschäftigten, konnte jedoch erhalten werden – und macht das bleibende Vertrauen in die Gewerkschaften deutlich.

Protest gegen den Abbau von Arbeitsplätzen beim schwierigen Strukturwandel.

Mehr Mitsprache

Trotz der veränderten Rahmenbedingungen ist weiterhin effektive Arbeit möglich: Durch neue gewerkschaftliche Arbeitsweisen wurden die einzelnen Mitglieder stärker eingebunden. In Arbeitskreisen – zum Beispiel zu Umweltfragen oder zum technischen Wandel – tragen sie zur Willensbildung bei. Und auch die gewerkschaftliche Arbeit in den Betrieben und Dienststellen setzt verstärkt auf Beteiligung und Zusammenwirken. Gewerkschaften, Betriebsräte, Personalräte, Mitarbeitervertretungen sowie junge Menschen in den Ausbildungsvertretungen versuchen im Rahmen ihrer Programmatik und ihrer Möglichkeiten dem Arbeitsplatzabbau entgegenzuwirken und als Krisenmanager zu fungieren. Die

Palette der gemeinsamen Aktionen reichte bisher von Protestkundgebungen und -aktionen über den Versuch des Co-Managements (das Drängen auf Rüstungskonversion bei MBB/DASA zum Beispiel oder das Programm zur Umweltverbesserung und Ressourcenschonung PUR) bis hin zum Anstoßen von Beteiligungsgesellschaften wie bei SWA oder Qualifizierungsgesellschaften wie bei PTG.

Neue Strukturen

Aufgrund der veränderten Realitäten in den Unternehmen, im öffentlichen Dienst, in der gesamten Wirtschaft, in Politik und Gesellschaft findet derzeit eine Umstrukturierung im Deutschen Gewerkschaftsbund statt. Einzelne Gewerkschaften schlossen (so die IG Metall und die Gewerkschaft Textil) und schließen sich zusammen. Im privaten und öffentlichen Dienstleistungsbereich wollen die Gewerkschaften ÖTV, HBV, DPG, die IG Medien und die DAG eine große Dienstleistungsgewerkschaft mit dem Namen »Vereinigte Dienstleistungsgewerkschaft«, kurz ver.di, gründen, um ihre vielfältigen Aufgaben weiterhin erfüllen zu können: Interessenvertretung der Beschäftigten und Arbeitslosen für eine Verbesserung der Lebensbedingungen, Rechtsberatung und -vertretung in arbeits- und sozialrechtlichen Fragen, Engagement für Gerechtigkeit in Politik, Gesellschaft und Wirtschaft, Förderung von Kultur und Bildung sowie der Einsatz für Frieden, für Gleichberechtigung und gegen Ausländerfeindlichkeit.

Am Tag der Arbeit, dem 1. Mai, wird der Einsatz der zwölf Mitgliedsgewerkschaften des DGB in Augsburg besonders »sichtbar«. 1999 war hier ein besonderer 1. Mai: Die Deutsche Angestelltengewerkschaft DAG hatte sich den DGB-Gewerkschaften angeschlossen und damit demonstriert, dass die Gewerkschaften auch in Augsburg gemeinsam ihren Weg gehen.

Lösungen im Dialog

Zur Lösung der wirtschaftlichen und gesellschaftlichen Probleme setzen die Gewerkschaften in Zukunft noch stärker auf die Zusammenarbeit mit vielen Partnern. Im Dialog mit Kirchen, Wissenschaft, Wirtschaft, Politik und anderen Augsburger Gruppierungen werben sie für ihre Positionen und suchen nach Handlungspartnern. Die Notwendigkeit eines lokalen Bündnisses für Arbeit wurde schon früh erkannt – denn kommunale Probleme müssen von allen Seiten miteinander gelöst und ArbeitnehmervertreterInnen als gleichwertige Partner akzeptiert werden. So konnten beispielsweise auf Initiative der Gewerkschaft der Eisenbahner Deutschlands (GdED) in Zusammenarbeit mit der Stadt Augsburg und der Deutschen Bahn AG 45 Ausbildungsplätze als Gleisbauer erhalten werden.

Die Gewerkschaften sind ein fester Bestandteil im öffentlichen Leben Augsburgs. Sie konnten Arbeitsplätze sichern, und sie haben im Rahmen ihrer Möglichkeiten versucht, die negativen Folgen des Strukturwandels zu mildern. Augsburg braucht neue Organisations-, Produktions- und Dienstleistungskonzepte, neue Produkte und Beschäftigungsfelder. Erwerbsarbeit muss qualifiziert weiterentwickelt und die Beteiligungs- und Gestaltungsmöglichkeiten der Augsburger BürgerInnen gewahrt und erweitert werden. Wir gehen optimistisch in die Zukunft.

Am 1. Mai 99 demonstrierten DAG und DGB Einigkeit.

Aufbruch ins Euroland
Augsburgs Bankenlandschaft im Wandel

von Gottfried Selmair

1948: Die drei westlichen Alliierten legen den Grundstein für unser heutiges Notenbanksystem. Mit der Verabschiedung des Bundesbankgesetzes am 27. Juli 1957 entstand die Deutsche Bundesbank. An ein vereintes Europa mit einer gemeinsamen Währung dachte zu diesem Zeitpunkt noch niemand.

1999: Gut 50 Jahre später – an der Schwelle zum neuen Jahrtausend – ist der Finanzdienstleistungsbereich von großem Wandel geprägt. Das vereinte Europa – bald auch bei den Barzahlungsmitteln – ist Realität. Neue Chancen in einem großen Markt eröffnen sich.

Wirtschaftliche Ausgangslage war freilich ein starker Strukturwandel, für den der Zusammenbruch der Textilindustrie nur ein Beispiel ist. In Krisensituationen von Firmen war der Balanceakt zwischen geforderter Rettung von Arbeitsplätzen und verbotener Konkurs-Verschleppung oft schwierig. Ebenso bedeutsam ist Startkapital für Existenzgründer, wenn sie Ideen haben, aber wenig Sicherheit bieten können. Hier wurden viele Chancen eröffnet – und die Mehrzahl positiv genutzt. Die Trendwende ist auch am Arbeitsmarkt ablesbar.

Fusionen prägen die Bankenbranche

Die Bankenlandschaft ist derzeit nicht nur bundes-, sondern weltweit in Bewegung. Kreditinstitute schließen sich zu größeren Einheiten zusammen – Hintergrund sind die steigenden Kosten, die Internationalisierung von Unternehmen und die erhöhten Anforderungen im Wettbewerb. Auch im Wirtschaftsraum Augsburg lässt sich diese Entwicklung nachvollziehen, so haben sich beispiels-

D-Mark ade: dem Euro gehört die Zukunft.

Wirtschaft im Umbruch 97

weise die Stadtsparkasse Augsburg mit der Stadtsparkasse Friedberg und die Kreissparkasse Augsburg mit der Stadt- und Kreissparkasse Schwabmünchen vereinigt. Konsequent und vernünftig wäre ein gemeinsames Institut für den gesamten Wirtschaftsraum.

Karten lösen das Bargeld ab

Gleichzeitig hat das elektronische Bezahlen – seit Beginn der 90er Jahre möglich – einen hohen Anteil am Umsatz im Einzelhandel gewonnen. Immer mehr Bürger setzen auf die Karte, sei es die Kredit-, Scheck- oder Geldkarte. Der

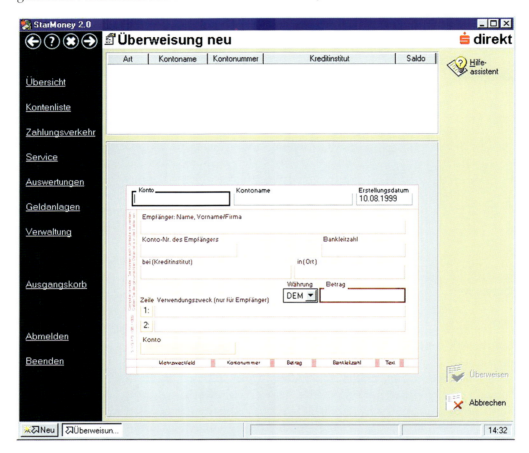

Bezahlung auf Knopfdruck: Immer mehr Bankgeschäfte werden digital abgewickelt.

Das Bankgeschäft selbst ist ebenfalls von wesentlichen Veränderungen betroffen. Mit der zunehmenden Technisierung können Geschäfte inzwischen schneller und einfacher abgewickelt werden. Waren in den 50er und 60er Jahren noch Schalter und Tresen charakteristisch für die Geschäftsräume der Banken, so finden die Kunden heute eine offene und kommunikative Atmosphäre vor. Geldautomaten, Kontoauszugsdrucker und Informationsterminals stehen ihnen rund um die Uhr zur Verfügung.

Eurocheck verliert mittlerweile an Bedeutung, so dass zu Beginn des Jahres 2002 auch die Garantie für den »eurocheque« wegfallen wird.

Eine neue Generation von Geldkarten dürfte als »wieder aufladbare Geldbörse« das Bargeld in naher Zukunft zumindest teilweise ersetzen. Seit Anfang 1997 wird die Karte mit dem integrierten Mikrochip von Banken und Sparkassen eingesetzt. Allein die Stadtsparkasse Augsburg, größtes selbstständiges Kreditinstitut in Schwaben, hat bereits mehr

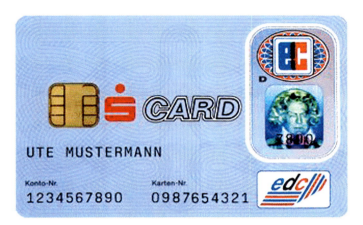

Der Scheck ist out: Heute bezahlt die Kundschaft mit Karte.

als 120 000 ihrer ec- und Kundenkarten mit diesen Minicomputern ausgestattet. Die Kreditinstitute setzen auf die zusätzlichen Einsatzmöglichkeiten der Geldkarte als elektronischer Fahrschein oder für Kundenbindungs- und Rabattprogramme, was für den Anwender ebenfalls einen erheblichen Mehrwert darstellt. Mitte 1999 kann man bereits in mehr als 500 Akzeptanzstellen ohne Bargeld – nur elektronisch – bezahlen. Immer mehr Bürger werden die elektronische Geldbörse nutzen, besonders dann, wenn an noch mehr Automaten auf diese Art bezahlt werden kann.

»electronic commerce« im Internet

Banken und Sparkassen suchen laufend nach neuen Wegen, um mit dem Kunden in Verbindung zu kommen. Natürlich finden die meisten Kontakte in den Geschäftsstellen statt. Doch das Internet spielt eine immer größere Rolle. Zunächst primär ein Informations- und Kommunikationsinstrument, wird das Internet heute zunehmend ein Vertriebsweg – Stichwort »electronic commerce«. In den vergangenen zwei Jahren hat sich die Nutzung von Online-Dienstleistungen vervierfacht.

Wie die bisherige Entwicklung der Geldwirtschaft zeigt, sind auch mit der Einführung des Euro gute Chancen verbunden. Deutschlands Wettbewerbsposition in Europa ist stark geblieben. Die Währungsstabilität bleibt als Zukunftsaufgabe unumstritten. Der Euro als Buchgeld ist bereits Realität.

Durch die gemeinsame Währung sind die Devisenumtausch- und Kurssicherungskosten weggefallen. Ab dem 1. 1. 2002 wird er auch als Bargeld die nationalen Währungen im »Euroland« ersetzen und der Verbraucher wird noch mehr vom Wettbewerb profitieren. Und die Kreditinstitute stehen vor der Aufgabe, die Bürgerinnen und Bürger auf ihren Weg in diese Zukunft vorzubereiten und aktiv zu begleiten, das heißt nicht zuletzt: auch im Zeitalter der Globalisierung die Kundennähe zu bewahren.

Agenten der Innenstadt
Augsburgs CIA kämpft für eine attraktive City

von Peter Grab

Attraktion Innenstadt: der City-Handel engagiert sich für eine Belebung des Zentrums.

Es war im November 1998, als ich auf unser schönes und mächtiges Rathaus zuging und wusste, es würde sich in den nächsten Monaten etwas ändern. Vor allem in den Köpfen, im Bewusstsein mancher Augsburgerinnen und Augsburger. Zu oft schon hatte ich Sprüche wie »In Augsburg ist nichts los« oder »Das Beste an Augsburg ist der D-Zug nach München« gehört – Letzteres übrigens ein Ausspruch, der fälschlicherweise Bert Brecht zugeschoben wird und im Original genau umgekehrt von Thomas Mann über München gesagt worden sein soll.

In Einzelgesprächen konnte ich diese Vorurteile zwar oft widerlegen, doch so viele Gespräche kann man gar nicht führen wie der Augsburger leichtfertig bereit ist, negativ über seine Heimatstadt zu sprechen. Eine Imageverbesserung war nicht nur dringend geboten, sondern auch durch und durch berechtigt.

Engagement in Sachen Image

Viele waren an jenem Novembertag ins Rathaus gekommen. Es war die öffentliche Geburtsstunde der CIA, der City Initiative Augsburg e. V., die es sich auf die Fahnen geschrieben hat, nicht nur die Attraktivität der Augsburger Innenstadt zu erhöhen, sondern auch besagtes Image zu verbessern. Oberbürgermeister Menacher hatte die Gründung einer City Initiative angeregt und den neu gewählten Vorsitzenden des Vereins, Heinz Joachim Daems, und viele Interessierte und Engagierte ins Rathaus eingeladen.

Alarmsignale für die City

Die Gründe lagen auf der Hand: Der zunehmende Wettbewerb zwischen den Städten und Gemeinden, teils bereits zwischen den Regionen – diese Entwicklung hat auch für den Handel im Herzen unserer Stadt tief greifende Folgen. Die Gefahr einer Verödung der Innenstadt ist zwar kein Augsburg-spezifisches Phänomen, doch sprechen die Zahlen für sich: Um 22 Prozent sind die Besucherzahlen in der Augsburger City von 1992 bis 1996 gesunken (laut einer Untersuchung des Landesverbandes der Mittel- und Großbetriebe des Einzelhandels in Bayern, BAG). Als »geradezu dramatisch« und ein »unübersehbares ernst zu nehmendes Alarmsignal« bezeichnete BAG-Hauptgeschäftsführer Fleck die Ergebnisse dieser Sonderauswertung bei einer IHK-Präsentation Ende September 1997. Und er wies auch auf »die sich verfestigende Tendenz, dass immer mehr Umlandbewohner ausbleiben« hin.

Die gesamte Problematik ist inzwischen auch von den örtlichen Medien aufgegriffen worden, und die zunehmenden öffentlichen und politischen Diskussionen lassen die Hoffnung aufkommen, dass viele Kräfte dazu beitragen werden, den Negativtrend zu stoppen, wenn nicht gar umzukehren.

CIA löst Aktionsgemeinschaft ab

Es wurde höchste Zeit, neue Wege zu beschreiten, was sich unter anderem an der CIA gut ablesen lässt. Ihre Vorgängerin war eine Werbegemeinschaft eines Teils des innerstädtischen Einzelhandels, die Aktionsgemeinschaft Augsburg. Trotz zahlreicher Erfolge – wie die Einrichtung des Kinderfestes »Turamichele« – war der Wirkungsgrad der Aktionsgemeinschaft von Haus aus beschränkt. Zum einen wurden alle Aktionen auf ehrenamtlicher Basis durchgeführt, was an sich bereits ein quantitatives Handicap darstellt. Zum anderen war es lediglich einer Branche zugefallen (und selbst hier nur einem Teil davon), zur Aufwertung der City – neben Politik und Verwaltung – beizutragen. Von einem breiten, branchenübergreifenden Konsens konnte keine Rede sein.

Rushhour in der Annastraße: Doch allgemein sinken die Besucherzahlen in der City.

Genau dies aber ist wichtiger denn je, und ein erster Schritt war die mit Hilfe der Stadt Augsburg gegründete CIA. Die Kommune beteiligt sich jährlich mit einem Zuschuss von 70 000 Mark, mehrere Referenten sind im Beirat und den Arbeitsgruppen vertreten. Und Anfang 1999 wurde ich als hauptamtlicher Geschäftsführer – neudeutsch »Citymanager« genannt – eingestellt, was logischerweise ein effizienteres Arbeiten erlaubt als der ehrenamtliche Einsatz.

Einsatz auf breiter Ebene

Was jedoch besonders wichtig ist: In der CIA haben sich Mitglieder aus allen Bereichen des öffentlichen Lebens zusammengeschlossen, aus der Erkenntnis, dass die Belange der City alle etwas angehen, auch Institutionen, die ihren Sitz nicht in der Innenstadt haben.

Wenn das Herz nicht richtig schlägt, leidet der ganze Körper darunter. Dies lässt sich auch auf das Zentrum unserer immerhin drittgrößten Stadt Bayerns übertragen. So gesehen ist es nicht ver-

Treffpunkt Innenstadt: die CIA wünscht sich eine höhere Verweilqualität.

wunderlich, dass nunmehr Industrieunternehmen, Einzelhandel, Dienstleister, Handwerker, Immobilienbesitzer, politische Fraktionen, Vereine und Verbände, Medienunternehmen, Kultureinrichtungen, Freiberufler und auch Privatpersonen Mitglieder der CIA geworden sind. Und es werden immer mehr.

Dieser Schulterschluss ist eine bemerkenswerte Entwicklung und gleichzeitig die Voraussetzung für konsensfähige positive Veränderungen, zu denen auch die Wirtschaft bzw. der Handel ihren eigenverantwortlichen Teil beitragen. Dass dies begleitet wird von einer fruchtbaren Zusammenarbeit mit den Verantwortlichen weiterer wichtiger Gremien wie der IHK, dem LBE, der Regio Augsburg und vielen anderen versteht sich bei dieser Gesamtkonstellation fast schon von selbst. Ein positiver Umschwung liegt denn auch in der Luft und die Tendenzen für eine bessere Zukunft sind nicht mehr zu übersehen.

Gefordert ist jeder

Die Ziele sind festgelegt: eine attraktivere City, mehr Kundenfreundlichkeit und eine größere Angebotsvielfalt, eine stärkere Identifikation der Bürgerinnen und Bürger mit ihrer Stadt und deren größere Einbindung durch Mitgestaltung und Mitverantwortung, eine höhere Verweil- und Aufenthaltsqualität sowie eine optimale Erreichbarkeit der City.

Der Nahverkehr hat bereits einen dichten Takt. Aber viele glauben, in Augsburg finde man keinen Parkplatz (die meisten meinen damit einen kostenlosen!). Um mit diesem Vorurteil aufzuräumen, hat die CIA einen »Parkfolder« herausgegeben, um auf die vielfältigen und auch preiswerten Parkmöglichkeiten in der Innenstadt hinzuweisen.

So kalt und regnerisch es im November auf dem Weg zum Rathaus war, so sonnig und warm war es an einem Samstagvormittag im Juli, als eine Reihe von Prominenten die Parkplatz-Broschüre am Kennedy-Platz an die Autofahrer verteilten – zusammen mit einer Rose (aus Liebe zu Augsburg). Überrascht und überaus freundlich reagierten diese und mancher mag gedacht haben, dass er beim nächsten Mal noch lieber sagt: Wir fahren in die Stadt.

Ein Markt der anderen Art
Das NAK-Gelände wird zur Shopping-Meile

von Gerd Merkle

Etwa 25 000 Quadratmeter Verkaufsfläche, 2000 Parkplätze, 90 Fachgeschäfte verschiedenster Branchen, ein Hotel, Kinos, Restaurants und Cafés: Das sind die Eckdaten eines Mammutprojekts, das im Herbst 2001 verwirklicht sein soll. Dann wird auf dem Gelände der früheren Textilfabrik NAK eines von bundesweit zur Zeit 60 ECE-Centern eröffnet, eine Einkaufsmeile großen Maßstabs – Shopping pur auf zwei Etagen.

Shopping im Jahr 2001: 90 Geschäfte unter einem Glasdach.

Historische Aufnahme: das NAK-Gelände, inzwischen eine Baustelle.

Als die Neue Augsburger Kattunfabrik 1996 den Betrieb einstellte und damit mehr als 500 Arbeitsplätze verloren gingen, beschloss die Stadt, das Areal südöstlich der Altstadt mit hochwertigen Wohn- und Dienstleistungseinrichtungen wieder zu beleben. Hauptziel des Projekts war es, in erheblich stärkerem Maße als bisher Kaufkraft nach Augsburg zu bringen und somit auch den Handel in der Innenstadt zu unterstützen.

Nicht Konkurrenz, sondern Kooperation hieß die Devise bei den Planungen, und ein Expertengremium erarbeitete Lösungsvorschläge, die mit dem ansässigen Einzelhandel, den Kammerorganen und Investoren diskutiert wurden. Und auch wenn das Pro und Contra noch immer andauert, ist in jedem Fall schon einiges in Bewegung gekommen.

Für den Autofahrer wird die sogenannte City-Galerie mit ihren drei Parkdecks über die künftige Schleifenstraße zu erreichen sein. Wer von hier aus die Innenstadt besuchen will, hat die Wahl zwischen einem Shuttlebus-Zubringer und einem Spaziergang durch die Altstadt.

Dritte Kraft in Bayern
Messeplatz Augsburg schafft den Sprung

von Heiko Könicke

Als 1988 das neue Augsburger Messezentrum gebaut wurde, dachte kaum einer daran, welche Dimensionen dieses Projekt einmal annehmen würde. Das Gelände war ausgerichtet für den Bedarf der Wirtschaftsregion Augsburg-Schwaben und vor allem für die bereits bestehenden Veranstaltungen, getragen von der Stadt Augsburg, dem Bezirk Schwaben, den Landkreisen Augsburg und Aichach-Friedberg, der IHK und der Handwerkskammer. Betriebsgesellschaft war und ist die ASMV, die Augsburger Schwabenhallen Messe- und Veranstaltungs GmbH.

Pilotprojekt Teilprivatisierung

Schon drei Jahre später, 1991, wurden Anspruch und Erwartungen an das Messewesen in Augsburg neu formuliert und die Weichen in Richtung Erweiterung gestellt. Insbesondere die neue Stadtregierung suchte einen Weg, um mit den Investitionen in die Messe mehr Wirkung zu erzielen. Wichtigster Schritt war die Teilprivatisierung der Messe 1992. Mit der AFAG Messen und Ausstellungen GmbH Nürnberg, dem führenden privaten Messeveranstalter in Deutschland, wurde ein renommierter, leistungsfähiger und investitionsstarker Kooperationspartner gefunden. Die AFAG übernahm die Interessen des Messeplatzes Augsburg und gründete in der Fuggerstadt eine Niederlassung. Gleichzeitig wurde die Betriebsgesellschaft ASMV neu strukturiert, die seitdem eng mit der AFAG zusammenarbeitet.

Moderner Bau, modernes Konzept: das neue Augsburger Messezentrum.

Aufstieg in die erste Liga

Diese Kooperation brachte für den jungen Messeplatz Augsburg eine sofortige Akkreditierung und Integration bei den Spitzenorganisationen der deutschen Messewirtschaft. Noch heute ist Augsburg mit dem Modell »Teilprivatisierung des Messewesens« das Referenzprojekt für ähnliche Pläne anderer deutscher Kommunen. Außerdem konnte der Freistaat Bayern durch die neue, zukunftsweisende Konzeption für ein größeres Engagement in den Messeplatz Augsburg gewonnen werden.

Nun ging es darum, ein überregional wie international wettbewerbsfähiges Veranstaltungsangebot aufzubauen. Die AFAG setzte dabei neben der regionalen Versorgung in Ergänzung zu den beiden großen bayerischen Messeplätzen München und Nürnberg vor allem auf Marktnischen und sogenannte Special-Interest-Messen, die mit ihrer Thematik in Deutschland oder sogar in ganz Europa eine Alleinstellung haben. Die bestehenden Veranstaltungen wie die »afa«, die frühere Herbstausstellung und die Fachmesse »interlift« wurden neu strukturiert und auf die Standards des überregionalen und internationalen Wettbewerbs ausgerichtet. Darüber hinaus investierte die AFAG insbesondere in inhaltliche Attraktionen und einen professionellen optischen Auftritt, in den Service und in großzügige Werbe- und PR-Kampagnen. Das brachte Erfolg, Reputation und Glaubwürdigkeit für den Messeplatz Augsburg. Eine Reihe neuer Veranstaltungen konnte auf diese Art gewonnen werden.

Augsburger Messe-Innovationen

Inzwischen hat das Flaggschiff »interlift – internationale Fachmesse für Aufzugstechnik«, die weltweit führende Spezialmesse der Branche, Gesellschaft bekommen. Die »GrindTec – internationale Fachmesse für Schleiftechnik« feierte 1998 einen spektakulären Auftakterfolg. Weitere Messe-Innovationen sind die »facetta – internationale Fachmesse Gifts & Souvenirs, Fan & Fun, Trophies & Promotion, Festive & Party Items, Religious Items« und die »Eurofire – internationale Fachmesse für Feuerstätten«. Besondere Herausforderung im Jahr 2000 ist die »Interschutz – Internationale Messe für Brandschutz, Katastrophenschutz, Rettungsdienst«, zu der rund 200 000 Feuerwehrleute und Sicherheitsexperten aus aller Welt erwartet werden (siehe Kasten nächste Seite).

Insgesamt hat Augsburg derzeit zwölf, meist überregionale und internationale Veranstaltungen im Programm, darunter fünf internationale Fachmessen, fünf Fachausstellungen und zwei große Verbraucherausstellungen. Dazu kommen einige interessante Gastveranstaltungen.

Flaggschiff der Messe Augsburg: die »interlift«.

Messe-Investitionen rechnen sich

ASMV und AFAG haben seit 1994 weiter in die Infrastruktur und die Ausstellungs- und Kongressfascilitäten des Messezentrums Augsburg investiert. Diese Investitionen in einer Gesamthöhe von rund 70 Millionen Mark wurden vom Freistaat mit etwa der Hälfte gefördert. Nach dem Endausbau im Jahr 2000 kann Augsburg ein modernes Messezentrum bieten – mit rund 45 000 Quadratmetern Ausstellungsfläche in Hallen und 20 000 Quadratmetern im Freigelände sowie ein Tagungs- und Service-Center in Ergänzung zum bereits bestehenden Kongresszentrum Augsburg.

Dass sich die Investitionen lohnen, zeigt sich schon jetzt: Allein die Aussteller und Besucher der von der AFAG betreuten Veranstaltungen bringen für die Wirtschaftsregion Augsburg-Schwaben einen zusätzlichen Umsatz von rund 120 Millionen Mark. Darüber hinaus entwickeln sich an der Peripherie der Messe Spezialisten für Messebau, Installation, Zulieferung, Dienstleistung und Kommunikation mit zahlreichen neuen hoch qualifizierten Arbeitsplätzen. Nicht zu unterschätzen sind außerdem die Imagewirkung für Stadt und Region sowie interessante Synergieeffekte von hohem ökonomischen Stellenwert.

Die Bilanz also kann sich sehen lassen. Die erfolgte Teilprivatisierung des Messebetriebs hat sich als strategisch und ökonomisch sinnvoll erwiesen. Das bestehende Veranstaltungsprogramm ist bedarfsorientiert und zukunftsträchtig. Im nicht allzu sanften Wettbewerb der Messeplätze stehen die Chancen für Augsburg gut.

Großauftritt für das Augsburger Messezentrum: der Deutsche Feuerwehrtag mit rund 200 000 Besuchern.

Messemasterplan 2000

Ende Juni im Jahr 2000 wird ein freies Hotelzimmer in Augsburg so selten sein wie zur Adventszeit in New York. Der Grund: Zwischen dem 15. und 26. Juni gehen gleich drei Großveranstaltungen in der Fuggerstadt über die Bühne. Schauplatz ist das Messegelände, das für diesen Auftritt extra erweitert wird.

Auftakt des Veranstaltungsmarathons ist die 100. Geburtstagsfeier der Weltorganisation der Feuerwehren. Es folgen die »Interschutz 2000«, die wichtigste Messe für Brand- und Katastrophenschutz sowie für das Rettungswesen, und der 27. Deutsche Feuerwehrtag. Die »Interschutz« findet normalerweise in Hannover statt, suchte aber wegen der Weltausstellung nach einem Ausweichquartier für das Jahr 2000.

Für den Feuerwehrtag hatte die Stadt Augsburg bereits 1996 den Zuschlag erhalten. Um auch die »Interschutz« in die Fuggerstadt zu bekommen, mussten Vorleistungen erbracht werden, was klar ist, wenn man an die Konkurrenten wie die Stadt Leipzig mit ihrem megamodernen Messegelände denkt. So entstand die Idee des »Masterplan 2000«, um den Augsburger Messeplatz aufzumöbeln: mit einer Erweiterung um drei Hallen, mit weiteren Freiflächen, Parkplätzen und einer Fußgängerbrücke über die Friedrich-Ebert-Straße. Vor allem der Freistaat Bayern und auch die kommunalen Gesellschafter ermöglichten durch entsprechende Beiträge die Umsetzung des 50-Millionen-Mark-Projekts. Augsburg wird dann den Platz 13 unter den deutschen Messeplätzen einnehmen. Und Augsburg wird in der Lage sein, Messen und Ausstellungen, Firmenpräsentationen und Fernsehsendungen, Musikveranstaltungen und Tagungen mit bis zu 6000 Teilnehmern abzuwickeln – manche dieser Veranstaltungen auch gleichzeitig. Insgesamt also ein Projekt wie geschaffen für den Sprung ins neue Jahrtausend.

Innovative Impulse
High-Tech-Offensive fördert Schwaben

von Ludwig Schmid

Die Augsburger Umweltmeile am Mittleren Moos: Neben dem Bayerischen Institut für Abfallforschung wartet bereits die Erweiterung des Umwelttechnologischen Gründerzentrums.

Laptop und Lederhose – das muss kein Widerspruch sein. Oder anders gesagt: Auch ein Bundesland wie Bayern, das sehr auf seine Traditionen bedacht ist, kann für modernste technologische Entwicklungen offen sein. Diese Devise der Bayerischen Staatsregierung drückt sich auch in der sogenannten High-Tech-Offensive aus, die – als weiterer Schritt der »Offensive Zukunft Bayern« – den technologischen Fortschritt des Freistaats voranbringen soll. Ziel ist es, Bayern zu einem Spitzenstandort in Europa zu machen – zu einer der ersten Adressen für Investoren aus aller Welt.

Im Zentrum stehen dabei die sogenannten Leittechnologien der Zukunft, also im Wesentlichen die Informations- und Kommunikationstechnologie, die Bio- und Gentechnologie und in der Region Schwaben besonders die Umwelttechnologie. Mit rund zwei Milliarden Mark aus Privatisierungserlösen sollen die entsprechenden Stärken Bayerns in Wissenschaft und Wirtschaft zu einem landesweiten High-Tech-Netzwerk gebündelt und verknüpft werden. Und über allem steht die Absicht, technologieorientierte Unternehmen anzusiedeln, um zukunftssichere Arbeitsplätze zu schaffen.

Ausbau der High-Tech-Zentren

Ein klarer Schwerpunkt der Offensive besteht darin, die sogenannten interna-

tional herausragenden High-Tech-Zentren weiter auszubauen. Dabei sollen die vorhandenen Potenziale genutzt werden. Schwaben ist dementsprechend in den Bereichen Umwelttechnologie, Neue Materialien, Informations- und Kommunikationstechnik sowie Mechatronic in der High-Tech-Offensive berücksichtigt.
Im Einzelnen heißt das: Der Raum Augsburg/Schwaben soll ein führendes Umwelttechnologie-Zentrum werden. In der Querschnittstechnologie »Neue Materialien« wird am Institut für Physik der Uni Augsburg ein Anwenderzentrum für Material- und Umweltforschung installiert. Zum Ausbau der Informations- und Kommunikationstechnik soll außerdem ein Diplomstudiengang Informatik mit den Schwerpunkten BWL-Medientechnik und Umwelt eingerichtet werden. Die Fachhochschule Augsburg erhält im Bereich der Mechatronic einen Studiengang, zudem ist die Fuggerstadt unter anderem mit einem Anwenderzentrum in das arbeitsteilige Netzwerk Mechatronic Bayern einbezogen.

Regionale Technologiekonzepte

Für die Regierungsbezirke steht aber zweifellos das zweite Element der High-Tech-Offensive, die regionalen Technologiekonzepte, im Mittelpunkt. In einem bundesweit einmaligen Ideenwettbewerb sind alle bayerischen Regierungsbezirke aufgerufen, ihr eigenes Technologieprofil zu entwickeln. Wir haben diese Gelegenheit aufgegriffen und zusammen mit Wirtschaft und Wissenschaft, den Kommunen und Landkreisen sowie den Gewerkschaften vielfältige Projektvorschläge zusammengetragen. Die wichtigsten von ihnen fließen in das sogenannte Regionalkonzept ein, das Anfang 2000 umsetzungsreif sein wird.
Folgende Kriterien hatten dabei besonderes Gewicht: die forschungs- und technologiepolitische Bedeutung, die Stärkung des Forschungs- und Technologienetzes, die Arbeitsplatzrelevanz vor allem für das Handwerk und den Mittelstand sowie die Kosten-Nutzen-Relation. Außerdem sollen die Mittel möglichst ausgewogen verteilt werden.
Gerade der letzte Gesichtspunkt hatte bei der Koordinierung und Bewertung der einzelnen Initiativen zum Regionalkonzept große Bedeutung. Denn Augsburg scheint im Bereich der international herausragenden Zentren bereits übergewichtig bedient zu sein. Meiner Auffassung nach sollten wir uns jedoch nicht nur am Standort eines Vorhabens orientieren, sondern auch dessen Wirkungsfeld berücksichtigen. Eine in Augsburg angesiedelte Maßnahme kann ja durchaus für den weiteren Raum oder sogar für ganz Schwaben von Nutzen sein.

Offensiv über die Offensive hinaus

Insgesamt betrachtet ist die High-Tech-Offensive eine hervorragende Chance, Schwaben als attraktiven Standort für Investitionen zu sichern und weiter auszubauen. Nachdem die Aktivitäten der Unternehmen in den letzten Jahren meist einseitig darauf gerichtet waren, Kosten zu senken, besinnt man sich inzwischen wieder auf Innovationen und eine Stärkung der Wettbewerbs- und Marktposition. Ein ausreichender Technologie-Transfer zwischen Wissenschaft und Wirtschaft ist dabei unerlässlich – die noch immer vorhandenen Berührungsängste sollten endgültig überwunden werden.
In diesem Sinne gab die High-Tech-Offensive vielfältigen Anstoß für Wirtschaft und Wissenschaft, aufeinander zuzugehen und zu kooperieren. Bleibt zu hoffen, dass sich diese Mobilisierung fortsetzt und auf eine möglichst breite Unternehmerschaft überträgt. Denn auch über die High-Tech-Offensive hinaus müssen wir offensiv bleiben, um unsere technologische Kompetenz bestmöglichst zu nutzen.

Das Großterminal
Güterverkehrszentrum im Städte-Dreieck

von Kurt Forner

100 000 LKW-Fahrten weniger – das ist ein Ziel des neuen Güterverkehrszentrums im Städte-Dreieck Augsburg, Gersthofen und Neusäß. Der zentrale Umschlagplatz für Transporte aller Art soll so viel Verkehr wie möglich von der Straße auf die Schiene verlagern und auch sonst zukunftsgerechte Voraussetzungen für den Güterverkehr schaffen. Auch wenn das Großprojekt vor allem bei den Anwohnern nicht unumstritten ist, sind die Planungen inzwischen weit gediehen: Zügig nach der Jahrtausendwende soll das GVZ, wie es abgekürzt heißt, in Betrieb gehen.

Der Standort des 75-Hektar-Geländes wurde verkehrsgünstig gewählt – unmittelbar an der Autobahn A 8 und der Verbindung von B 17 und B 2 mit direktem Anschluss an die Bahnlinie Augsburg–Donauwörth. Herzstück des Ganzen wird der neue Umschlagbahnhof der Deutschen Bahn AG.

Spätestens bis zum Jahr 2010 sollen im GVZ bis zu 2500 Arbeitsplätze entstanden sein. Rund zehn Prozent des gesamten Güterfernverkehrs der Region sollen hier gebündelt und stadtverträglich abgewickelt werden. Transport- und Logistikbetriebe können sich direkt im GVZ ansiedeln und erhalten so gute Möglichkeiten zur Kooperation mit kurzen Wegen zu einem Schienenumschlagplatz.

Das GVZ wird dem Wirtschaftsraum eine moderne Produktions- und Verteilungslogistik ermöglichen und die Wettbewerbsfähigkeit der Unternehmen in der Region Augsburg stärken. Bestehende Arbeitsplätze können so gesichert und neue geschaffen werden.

Seit Dezember 1994 geht hier die Post ab. 100 Millionen Mark wurden in das neue Frachtzentrum investiert, das verkehrsgünstig an der Autobahn München–Stuttgart und der Bahnlinie Augsburg–Donauwörth liegt. Der Umschlagplatz ist Teil des neuen Logistik-Systems der Gelben Post, das in Augsburg für besonderen Wirbel gesorgt hatte. War hier doch erst kurz vorher mit dem Bau eines neuen Frachtzentrums neben dem Augsburger Hauptbahnhof begonnen worden. Auch in die dortige »Postruine« ist zwischenzeitlich in Form des Fuggerstadt-Centers neues Leben eingekehrt.

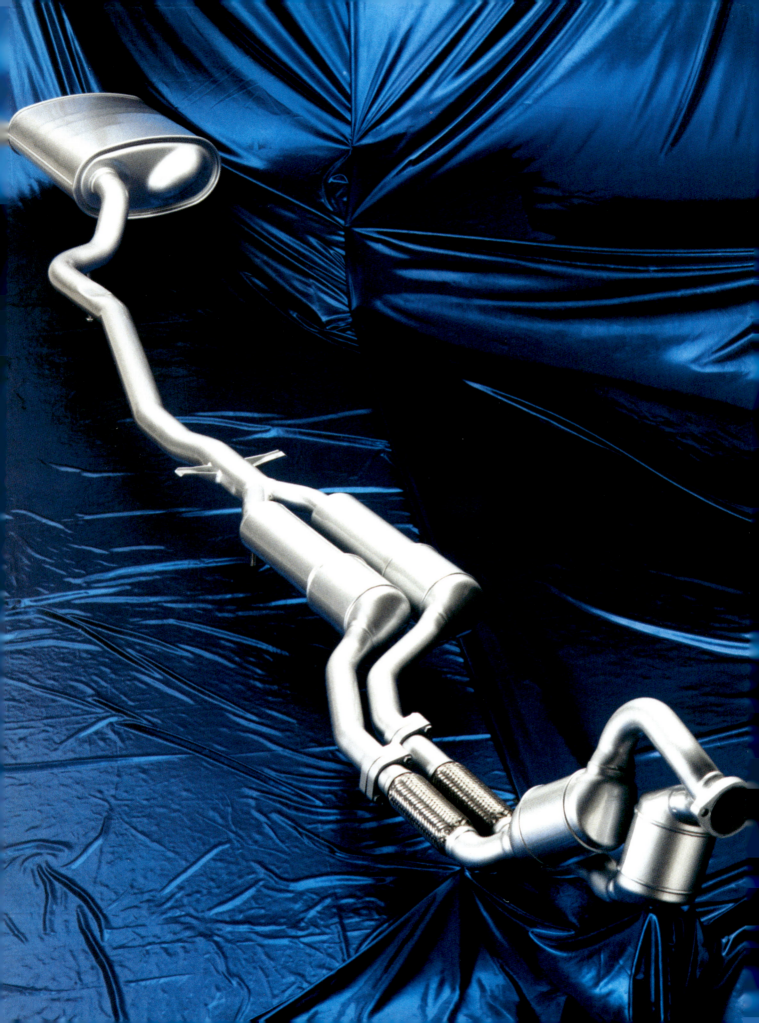

Kompetent in Sachen Umwelt

EINE STADT muss immer mehr sein als ein Häusermeer und ein Netz von asphaltenen Straßen. Sinngemäß gilt das Goethe-Wort: »Natur und Kunst, sie scheinen sich zu fliehen, und haben sich – eh man gedacht – gefunden.« Auch Ökologie und Ökonomie können sich finden und gemeinsam mit Architektur eine Stadt zu einem Gesamtkunstwerk machen.

»Grün im Lebensraum Stadt« heißt deshalb eine Leitlinie, und wer Augsburg durchstreift oder von oben betrachtet, sieht dies »in natura«. In den 90ern verabschiedete der Stadtrat erstmals einen Landschaftsplan, wies zwei neue Naturschutzgebiete und ein Landschaftsschutzgebiet aus, schuf den sogenannten Osterfeldpark und gründete einen Landschaftspflegeverband: Zeichen für Naturfreundlichkeit, wie sie seit Jahrzehnten im Botanischen Garten, im Zoo oder im Grünen Kreis lange Tradition haben.

Um die Umwelt nicht zu belasten, spielt die Art der Müllentsorgung eine wichtige Rolle. Die Zeitbombe Müllberg zu entschärfen verschlang 110 Millionen Mark. Eine zeitgemäße Form der Abfallverwertung zu entwickeln und durchzusetzen, und zwar großräumig und mit besten Umweltwerten, ist eine eigene interessante Geschichte.

Umweltkompetenz ist freilich ein weiter Begriff: Der Bogen spannt sich vom Recht über Management und Medizin bis zur Technik. Ob Modellstadt für Erdgasfahrzeuge oder umwelttechnologisches Gründerzentrum – eine Zukunftsbranche soll hier gute Chancen haben.

Umwelt und Natur sind aber nie Bereiche, die man als erledigt abhaken kann. So sind das Lechtal und die Wertach eine Herausforderung, bei der Flüsse ihr Recht und Menschen ihre Sicherheit einfordern. Beides in Einklang zu bringen ist ebenso kreativ zu lösen wie die Frage, auf welche Weise sinnvolle und angemessene Ausgleichsflächen für Flächenverbrauch zu schaffen sind. Vor allem aber gilt es, auf diesem Gebiet das Bewusstsein zu schärfen: Die Stadt sind wir. Kompetent und erfolgreich bleibt auf die Dauer nur ein Gemeinwesen, wenn alle mitmachen bei dem, was es vor Ort zu tun gibt. *P. M.*

Chronik*

1990 ff.	Die Stadt lässt sich den *Trinkwasserschutz* mehr als 110 Millionen Mark kosten.
1992	Das Bayerische *Institut für Abfallforschung* BifA nimmt seinen Betrieb auf.
1995	Inbetriebnahme der *Abfallverwertungsanlage* Augsburg
1996	Augsburg wird *Modellstadt für Erdgasfahrzeuge*.
1997	Augsburg wird beim europäischen *Blumen- und Grünwettbewerb* als beste europäische Stadt mit Gold ausgezeichnet.
1997	Die *Lokale Agenda 21* wird aktiv.
1997	Der »Förderverein Kompetenzzentrum Umwelt Augsburg-Schwaben e.V.« *(KUMAS)* wird gegründet.
1998	Abschluss der Erweiterung und Rekultivierung der *Deponie Augsburg-Nord*
1998	Einweihung des *Osterfeldparks*
1998	Im Umwelttechnologischen Gründerzentrum *UTG* nehmen 20 junge Firmen ihre Arbeit auf.
1999	Am Zentralklinikum wird ein Bereich *Umweltmedizin* eingerichtet.
1999	Das Bayerische *Landesamt für Umweltschutz* wurde fertig gestellt.

* eine Auswahl

Alles im grünen Bereich
Urbane Oasen: Grün im Lebensraum Stadt

von Maria Dobner

Die 90er Jahre bilden im Bewusstsein vieler Menschen die Brücke zum nächsten, zum 21. Jahrhundert. Zukunft, Moderne, Visionen – all das verbindet sich mit der Zeit nach der Jahrtausendwende, und wen wundert es da, dass dieses magische Datum viele Autoren zu Sciencefiction-Romanen inspirierte, die eine völlig fremde Welt beschreiben.

Flower-Power: der Fronhof im Domviertel.

Das Leben im ausgehenden 20. Jahrhundert hat sich ja auch tatsächlich stark verändert. Die Städte entwickelten sich immer mehr zum Hauptlebensraum der Menschen, der den Bürgern gleichzeitig Arbeitsplatz und Erholungsraum bieten muss. Das führte zwangsläufig zu einer Ballung verschiedenartigster Nutzungen und Interessen auf engstem Raum. Der Mensch der 90er Jahre ist bestrebt, Raum und Zeit real oder auf virtuellen Datenautobahnen in immer größerer Geschwindigkeit zu überwinden.

Kleine Fluchten in der Großstadt

Gerade wegen dieser Schnelllebigkeit sind Freiräume im unmittelbaren Wohn- und Arbeitsumfeld für die Menschen heute unverzichtbar. In Augsburg hat die Natur die Stadt glücklicherweise nie verlassen. Trotz einer baulich stark verdichteten Kernstadt, ganz in der Tradition des Mittelalters, wurde nach dem Abbau der mittelalterlichen Wehranlagen die Chance genutzt, einen nahezu geschlossenen grünen Ring um das Zentrum anzulegen. Diese Wallanlagen bieten den Bewohnern und Besuchern der Fuggerstadt bis heute einen zentrumsnahen Erholungsraum.

Augsburgs grüner Gürtel: Wallanlagen.

Kompetent in Sachen Umwelt

Wo's grünt so grün: Landschaftsraum Lech.

Neben den innerstädtischen Park- und Gartenanlagen haben die Landschaftsräume der Flüsse Lech und Wertach eine besondere Bedeutung – nicht nur als Erholungsgebiete, sondern auch für das Klima. Und: Freiräume dieser Art leisten einen wichtigen Beitrag zum Abbau sozialer Spannungen und Konflikte in der Gesellschaft unserer Zeit.

Die urbane Gesellschaft Augsburgs ist eine der ältesten in Deutschland und blickt auf eine lange und traditionsreiche Vergangenheit zurück. Die Verantwortlichen dieser Stadt sind sich dessen bewusst und haben mit ihrer Arbeit bereits in den 90er Jahren entscheidende Ziele für das neue Jahrtausend gesetzt.

Lebensqualität braucht Freiräume

Eine Grundlage der Stadtentwicklung bildet der Landschaftsplan von 1995, ein Teil des Augsburger Flächennutzungsplans. Darin beschreibt die Stadt, in welcher Art und Weise sich Natur und Landschaft zum Wohle der Bürger weiterentwickeln sollen. Vor allem geht es darum, in einem ausgewogenen Verhältnis zu Wohnbebauung, Gewerbegebieten und Verkehrswegen Freiräume zu sichern, um ein gesundes Stadtklima und ein lebenswertes Wohn- und Arbeitsumfeld zu schaffen.

Neben den planerischen Vorgaben wurde aber auch auf der institutionellen Ebene ein Veränderungsprozess eingeleitet, denn die Aufgaben der Zukunft können nur erfüllt werden, wenn sich die Stadt als modernes Dienstleistungsunternehmen begreift. Und wenn es darum geht, Freiräume für die Menschen und den Erhalt des Grünbestandes zu sichern, ist das Amt für Grünordnung und Naturschutz gefordert. Aus diesem Grund hat sich das Fachamt aktiv in den städtischen Reformprozess eingebunden.

Natürlich wurde auch in den zurückliegenden zehn Jahren versucht, den nächsten Generationen eine lebenswerte Stadt zu hinterlassen. Der beträchtliche Zuwachs von Grün- und Parkanlagen,

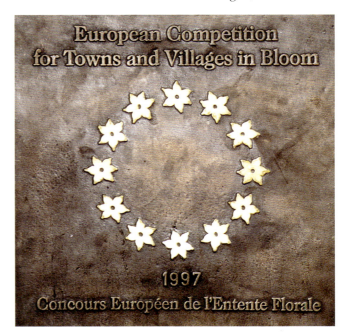

Goldmedaille für Augsburgs Grün: die Entente Florale.

Augsburgs großes Kleinod: der Botanische Garten.

Spielplätzen und Biotopen belegt dies. So konnte 1998 in Kriegshaber der mehr als drei Hektar große Osterfeldpark an die Bürger übergeben werden. Ziel war es, einen »Erholungspark mit Erlebniswert für Jung und Alt« zu schaffen, der den Anwohnern und allen Augsburger Bürgern ein weiteres Stück Lebensqualität in ihrer Stadt bietet.

In Sachen Grün ist Augsburg Gold

Dass Augsburg mit seiner Grünplanung und Grünpräsentation auf dem richtigen Weg ist, belegt inzwischen auch eine hohe internationale Auszeichnung: 1997 bekam die Fuggerstadt die Goldmedaille des Europäischen Wettbewerbs für Grün und Blumen in Städten und Dörfern – Entente Florale genannt.

Eine der schönsten grünen Oasen der Stadt ist der Botanische Garten, der 1996 60. Geburtstag feiern konnte. Für die Augsburger Bürger und die Besucher aus nah und fern präsentiert er – nicht zuletzt seit der erfolgreichen Landesgartenschau 1985 – Gartenkultur vom Feinsten. Gleichzeitig hat sich das gut zehn Hektar große Areal immer mehr zu einem Ort der Ruhe und Entspannung entwickelt, an dem auch Musik- und Kunstgenuss geboten werden. Als Lehr- und Schaugarten vermittelt der Botanische Garten zeitgemäße Information über Natur und Ökologie, die vor allem auch für die Kinder unerläßliches Wissen für die Zukunft bedeutet.

In diesem Sinne sorgt das Amt für Grünordnung und Naturschutz auch für eine fundierte, qualitätsorientierte Ausbildung junger Menschen, die mittlerweile um den Fachbereich Garten- und Landschaftsbau erweitert wurde.

Garten- und Landschaftskultur sind ein ganz wesentlicher Bestandteil einer lebensfrohen Stadtkultur und somit einer menschenfreundlichen Stadt. Aus diesem Grund wurde auch der Landschaftspflegeverband gegründet, der die Entwicklung des Naturraums im Stadtgebiet fördern soll. Denn auch ohne die Visionen der Sciencefiction-Romane ist klar, dass die Bürger auch im Augsburg des 21. Jahrhunderts Freiräume brauchen. Freiräume, die es ihnen erlauben, im unmittelbaren Lebensumfeld Erholung, Ruhe und Ausgleich für die Hektik des Alltags zu finden.

Die Zukunftsbranche
Augsburg wird Umweltkompetenzzentrum

von Hannelore Leimer

Das UTG: Anlaufstelle für Existenzgründer mit Umweltsinn.

Der Wirtschaftsraum Augsburg hat in den letzten Jahren eine schwierige Umbruchphase bewältigt. Sie war gekennzeichnet durch den fast völligen Niedergang der Textilindustrie, Schwierigkeiten im Maschinenbau und im Hardwarebereich der EDV. Vor diesem Hintergrund ist die Entscheidung der Bayerischen Staatsregierung, Augsburg und darüber hinaus ganz Schwaben zu einem Umweltkompetenzzentrum mit internationaler Ausrichtung zu machen, von entscheidender Bedeutung. Mit dieser Vision des bayerischen Ministerpräsidenten Stoiber wird es möglich sein, einen nicht unerheblichen Teil der verloren gegangenen Arbeitsplätze in einer Zukunftsbranche wiederzugewinnen, in der Deutschland und auch Bayern Weltklasseformat besitzen.

Dies ist kein leichter Weg – das ist allen Beteiligten aus Politik, Wirtschaft, Wissenschaft und Verwaltung klar. Wenn es jedoch gelingt, dieses Thema in ganz Schwaben für die nächste Dekade zur wichtigsten Vision und zum wichtigsten Faktor des politischen und wirtschaftlichen Handelns zu machen, bin ich mir sicher, dass dieses Ziel erreichbar ist. Durch die Gründung des Fördervereins Kompetenzzentrum Umwelt Augsburg-Schwaben (KUMAS) haben wir die ersten Weichen gestellt. Nach kurzer Zeit können wir heute bereits knapp 100 Mitglieder und davon zwei Drittel aus der Unternehmerschaft willkommen heißen. Mit dieser Unterstützung wird es gelingen, unsere Philosophie umzusetzen, die aus drei Teilen besteht:

Paraderegion für Unternehmensgründer

Augsburg und Schwaben werden zur Paraderegion umweltorientierter Existenz- und Unternehmensgründer. Dafür

KUMAS: ein Netzwerk in Sachen Umwelt-Know-how.

wollen wir die besten Rahmenbedingungen bieten. Kernpunkt des Angebots ist das Umwelttechnologische Gründerzentrum (UTG), das an der Augsburger Umweltmeile im Lechhauser Industriegebiet entstanden ist. Der erste Bauabschnitt ist mit 18 Unternehmen bereits ausgebucht, der zweite Bauabschnitt wird im Frühjahr 2000 fertig gestellt und weiteren 30 Unternehmensgrün-

Signal pro Augsburg: das Landesamt für Umweltschutz residiert heute am Lech.

dern Platz bieten. Ergänzt wird das Angebot durch die regionalen »Venture-Capital-Fonds«, mit denen junge Existenzgründer unterstützt werden. Bisher gibt es sie in Augsburg, im Allgäu und hoffentlich bald auch in Nordschwaben. Dort sollen schwerpunktmäßig Umweltgründungen finanziert werden.

Die Industrie- und Handelskammer für Augsburg und Schwaben hat sich Schritt für Schritt zur Schwerpunktkammer für den Export bayerischer Umwelttechnologien entwickelt. Für die unterschiedlichsten Projekte zum Beispiel mit den Auslandshandelskammern in Ägypten, Südkorea oder Mexiko konnten die Hersteller bayerischer Umwelttechnologien neue Absatzmärkte erschließen.

Die Projektarbeit

Für die schwäbische Wirtschaft werden inzwischen Mittel bereitgestellt, damit auch die traditionsreichen bestehenden Unternehmen von dieser Vision profitieren können. Dabei geht es für die Anbieter von Umwelttechnologien, -dienstleistungen und -produkten darum, gemeinsam in einem immer stärker werdenden Netzwerk, unterstützt durch staatliche Finanzspritzen neue Produkte zu entwickeln. Die Anwender neuester und innovativer Umwelttechnologien erhalten Unterstützung, um ihre eigene Umweltbilanz weiter zu optimieren. Die erste Variante führt dazu, dass Arbeitsplätze in dieser Branche geschaffen werden, die zweite Variante hat das Ziel, Kosten zu sparen und damit Arbeitsplätze zu sichern.

Verbessertes Infrastrukturangebot

Der Freistaat Bayern hat Signale gesetzt – durch den Aufbau des Bayerischen Instituts für Abfallforschung (BifA), die Gründung des Bildungszentrums für Umwelttechnologie (BZU) in Lauingen und vor allem den Umzug des Landesamts für Umweltschutz (LfU) an den Lech. Darüber hinaus wird an der Uni Augsburg ein wissenschaftliches Zentrum für Umweltfragen entstehen, die Fachhochschule richtet einen Studiengang Umwelttechnik ein und auch an der Fachhochschule Kempten sind umweltrelevante Aktivitäten geplant.

Im Wirtschaftsraum Augsburg und in ganz Schwaben entsteht damit ein einmaliges Netzwerk an Umwelt-Knowhow, welches es nur abzurufen gilt. Und dass dies nicht das Ende der Fahnenstange sein wird, erfahren wir aus vielen Gesprächen auf politischer Ebene.

Unterstützt werden muss diese Philosophie durch eine breite Öffentlichkeitsarbeit, etwa durch gemeinsame Messeauftritte der Unternehmen, die im KUMAS-

Verein zusammengeschlossen sind, durch Mitgliedertage, Tage der offenen Tür und internetbasierte Präsentationen.

Nur der Mix hat Zukunft

Wir befinden uns am Anfang eines faszinierenden Weges, der unseren Regierungsbezirk zu neuen Ufern führen wird. Trotzdem darf die Zukunft Augsburgs und Schwabens nicht allein und ausschließlich auf umwelttechnologischer Kompetenz basieren. Andere Zukunftstechnologien wie die Informationstechnologie, die Mechatronic oder die Mikrosystemtechnik müssen genauso ihre Bedeutung haben.

Modellstadt für Erdgasfahrzeuge

Als eine der ersten Städte Deutschlands hatte Augsburg bereits Anfang 1995 den Beschluss gefasst, die Fahrzeugflotte der Stadt auf schadstoffarme Erdgasfahrzeuge umzustellen. Noch im selben Jahr wurden die Erdgastankstelle an der Lechhauser Straße und 1996 dann die ersten 17 Erdgasbusse in Betrieb genommen.

Das Engagement wurde honoriert: 1996 gewann Augsburg den Wettbewerb »Modellhafter Einsatz von Gasfahrzeugen«, den das Bundesumweltministerium ausgeschrieben hatte. Mit den Mitteln aus diesem Programm werden Zuschüsse zur Abdeckung der Mehrkosten von Gasfahrzeugen auch an private Fahrzeughalter gezahlt.

Das Projekt wird von den Stadtwerken betreut und umgesetzt, und die Bilanz kann sich wirklich sehen lassen: Zur Zeit sind 72 städtische und 90 private Erdgasfahrzeuge im Einsatz. Die 1998 verkaufte Erdgasmenge entspricht circa 900 000 Litern Diesel.　　　　　Reinhold Wenninger

Schadstoffarm: die Erdgasflotte.

Die Mega-Müll-Debatte
Abfallentsorgung – Zerreißprobe für eine Stadt

von Dieter Mitulla

Kaum ein Thema war in den letzten Jahren des ausgehenden Jahrtausends derartigen Strömungen unterworfen wie das Thema Abfallentsorgung. Die Diskussion in Augsburg spiegelt diese Veränderungen als getreues Abbild des gesellschaftlichen Meinungsbildungsprozesses wider. Die Stadt, und mit ihr die umliegenden Landkreise Augsburg und Aichach-Friedberg, haben die Herausforderungen angenommen: Planung und Bau der Müllverwertungsanlage in Lechhausen sprengten alle Dimensionen – ein Jahrhundertwerk entstand.

Ein Blick zurück: Bereits Anfang der 70er Jahre war den verantwortlichen Kommunalpolitikern klar, dass die Kapazität der Mülldeponie in Gersthofen irgendwann erschöpft sein würde. Planungen für neue Deponien und ein Heizkraftwerk auf dem alten Flugplatz, dem heutigen Uniiviertel, machten die Runde und wurden verworfen. Die führenden Kommunalpolitiker der 70er Jahre legten schließlich die Grundlagen für das Projekt, dessen Realisierung der Nachfolgegeneration vorbehalten war: Oberbürgermeister Hans Breuer, die Landräte von Augsburg und Aichach-Friedberg, Franz Xaver Frey und Josef Bestler, einten die Region auf eine gemeinsame Linie. Ihr Engagement floss in den Abfallbeseitigungsplan von 1978 ein, der für Augsburg eine »zentrale maschinelle Anlage« vorsah.

Der modernste Stand der Technik: die Müllverwertungsanlage.

Dies schlug sich 1980 in der Gründung eines »Zweckverbandes zur Vorbereitung der Errichtung einer zentralen Abfallbeseitigungsanlage für die Stadt Augsburg und die Landkreise Augsburg und Aichach-Friedberg« nieder. 1982 bis 83 schloss sich ein Raumordnungsverfahren an, dem von 84 bis 85 die Ausarbeitung des »Abfallverwertungsmodells Augsburg« durch die Ingenieurssozietät Prof. Oktay Tabasaran folgte.

Das Augsburger Modell

Zum damaligen Zeitpunkt wurde Müllentsorgung noch überwiegend unter dem Gesichtspunkt der Volumenreduktion gesehen. Verwertung, Wertstoffsammeln oder »Grüner Punkt« waren alles andere als Allgemeingut. Tabasaran, als »Müllpapst« apostrophiert, ging einen neuen, visionären Weg, und die Augsburger Kommunalpolitiker folgten ihm. Das

»Modell Augsburg« umfasste die Komponenten Verbrennung, Sortierung und Kompostierung sowie Klärschlammaufbereitung und Klinikmüllverbrennung. 1986 und 87 ergingen die Aufträge an eine Planungsgemeinschaft, am 27. Dezember 1987 wurde schließlich der Planfeststellungsantrag bei der Regierung von Schwaben eingereicht.

Damit kam ein Mammutverfahren in Gang, das in der Geschichte der Stadt seinesgleichen sucht. 27 000 Bürger brachten Einwendungen vor, vor allem gegen den Verbrennungsteil der Anlage.

Erster Schritt zur Wiederverwertung: die Sortierung.

Auf dem Markt vermeintlicher und tatsächlicher Argumente wurde auch mit Ängsten gehandelt: Von einem sprunghaften Ansteigen von Atemwegserkrankungen war ebenso die Rede wie von einer Steigerung der Dioxinbelastung von 600 Prozent im Anlagen-Umfeld. Die Kommunalpolitik hielt mit Grundsatzentscheidungen dagegen: Der Umweltschutz hat absolute Priorität lautete die eine, die Abfallbeseitigungsanlage sei stets auf den neuesten Stand der Technik nachzurüsten, die andere.

Redeschlacht Müllanhörung

In einer emotional beispiellos aufgeheizten Atmosphäre begann am 28. Juni 1989 in der Schwabenhalle die Anhörung im Rahmen des sogenannten Planfeststellungsverfahrens. Drei Wochen, teilweise bis in die Nacht, tobte eine Redeschlacht, in der den Beteiligten nichts erspart blieb: Angriffe bis hinein ins Persönliche, Verdächtigungen, Beschuldigungen, Befangenheitsanträge und Aussageverbote begleiteten die Erörterung. Über dem Thema »Müll« zerbrachen Freundschaften, änderten sich Politikbilder und Persönlichkeiten.

Im Januar 1990 begannen die Bauarbeiten. Gefordert war nun die zweite Generation kommunalpolitischer Führungskräfte: Auf Oberbürgermeister Menacher und die Landräte Vogele und Körner kam die Aufgabe zu, den gesetzten Rahmen mit einem konkreten Bild des Jahrhundertwerkes zu füllen – und zu finanzieren. Das Volksbegehren vom 17. Februar 1991 hatte gravierende Auswirkungen auf die Augsburger Anlage. War man bei Baukostenschätzungen von zunächst unter einer halben Milliarde Mark von rund 50 Prozent Zuschüssen ausgegangen, so gab es nun ein gesetzliches Förderungsverbot. Im Dezember 1991 trat zudem die Verpackungsverordnung in Kraft, die Änderungen am Anlagenkonzept erforderlich machte.

Bauzeit mit Hindernissen

Schnell hatten die politischen Macher erkannt, dass angesichts einer 100-prozentigen Kreditfinanzierung und einer gigantischen Projektsteuerung Knowhow und Finanzkraft aus der Privatwirtschaft ins Boot geholt werden mussten. Dazu waren jedoch zahlreiche Hindernisse zu überwinden: Kommunalpolitiker fürchteten, die Kontrolle über die Müllanlage zu verlieren. Außerdem waren steuerliche und zuschussrechtliche Fragen zu klären. Erst Ende 1994 konnte der Einbringungsvertrag für die Anlage unter Dach und Fach gebracht werden, obwohl bereits 1991 die Abfallverwertung Augsburg GmbH mit dem Abfallzweckverband (51 Prozent) und der Schwäbischen Entsorgungsgesellschaft (einem Zusammenschluss von Energieversorgern) als Gesellschaftern gegründet worden war.

Die Bauzeit der Anlage war geprägt von einer Kosten- und Kapazitätsdiskussion, die auch nach dem Testbetrieb ab Oktober 93 und der Inbetriebnahme im Januar 94 anhielt. In der Tat hatte die Entwicklung auf dem Entsorgungssektor die Müllmengen unter das erwartete Maß sinken lassen. Vorbei die Spekulationen um eine vierte Ofenlinie – schon die vorhandenen drei mit einer Kapazität von rund 225 000 Jahrestonnen waren gerade zu zwei Dritteln ausgelastet.

Streitpunkt Fremdmüll

Im Vorfeld der Kommunalwahl 1996 hatten die Gremien eine weitere wegweisende Entscheidung zu treffen. Wieder in emotionsgeladener Atmosphäre wurde

Kompostierung: eine Säule des Augsburger Modells.

im April 95 die Anlage für andere Gebietskörperschaften geöffnet. Für den sogenannten Fremdmüll-Beschluss sprach die Wirtschaftlichkeit, Umweltargumente standen nicht dagegen: Die Technik in Europas modernster Müllanlage, die sich zu einem Magneten für Besucher aus der ganzen Welt entwickelt hatte und die letztlich auch die Initialzündung zur Ansiedlung des Bayerischen Instituts für Abfallwirtschaft, des Umweltkompetenzzentrums Augsburg und zur Übersiedlung des Landesamts für Umweltschutz an den Lech gab, lieferte über Erwarten gute Schadstoffwerte.

Aus einer mach vier Tonnen

Parallel zum Bau war das Müllentsorgungskonzept der Stadt umgekrempelt worden. Zur grauen Restmülltonne gesellten sich sukzessive die Grüne Tonne für Papier, die Gelbe Tonne für den Verpackungsmüll sowie die Braune Tonne für Bio-Abfälle. Auch dies geschah nicht ohne Diskussionen. Durch die Perfektionierung des Hol-Systems, aber auch durch die Finanzierung der Anlage, die schließlich über 900 Millionen Mark verschlang, kletterten die Müllgebühren von 50 Mark pro Person und Jahr auf 190 Mark. Die Müllgebühren-Debatte ist auch zur Jahrtausendwende noch nicht beendet. Dennoch zeigen private Kapitalbeteiligung und der Fremdmüllbeschluss langsam Wirkung: Konnte der Verbrennungspreis schon vor Jahren deutlich reduziert werden, so steht inzwischen auch für die Endkunden eine Senkung der Gebühren an.

Für die Diskussion kam es äußerst ungelegen, dass die Anlage im ersten Jahr des

Das 900-Millionen-Mark-Objekt: seit Januar 1994 in Betrieb.

Kompetent in Sachen Umwelt

Betriebs mehr als nur Kinderkrankheiten zeigte. Während gerade die innovative Technik fast störungsfrei arbeitete und beispielsweise die Filtertechnik so gute Ergebnisse liefert, dass jetzt sogar erwogen wird, die Nassfilterstufe abzuschalten und das Bio-Monitoring mangels nachweisbarer Schadstoffeinträge einzustellen, sorgten konventionelle Anlagenteile wie Dampfrohre und Kesselwände mit Rissen für monatelangen Stillstand. Der Probebetrieb, die Voraussetzung für die Übernahme der Anlage durch die AVA, musste so oft verschoben werden, dass eine offizielle Einweihungsfeier still und leise gestrichen wurde. Die Rechtsauseinandersetzung zwischen der AVA und dem Herstellerkonsortium um Schadensersatz für die Betriebsausfälle ist noch immer anhängig.

Bewährungsprobe bestanden

Allen Erschwernissen zum Trotz lässt sich an der Wende zum dritten Jahrtausend festhalten: Die Entscheidung für das Augsburger Modell, das die Entsorgungssicherheit für einen Wirtschaftsraum mit weit über einer halben Million Menschen sichert, hat sich als weitsichtig und zukunftsträchtig erwiesen. Eine vorausschauende Weichenstellung in den 70er und 80er Jahren sowie eine mutige, aufgabenorientierte und wirtschaftlich tragbare Realisierung in den Neunzigern sorgte dafür, dass das Umwelt-Kompetenzzentrum Augsburg in eine gesicherte und umweltgerechte Müll-Zukunft blicken kann. Dies zeigt Wirkung auch auf die Diskussionskultur: Die Emotionalität ist einer problembezogenen Sachlichkeit gewichen.

Grau, grün, gelb und braun: Die Tonnen optimieren das Holsystem.

Die Lokale Agenda 21
Perspektiven fürs nächste Jahrhundert

von Jürgen Bruggey

In Rio entwickelt, in Augsburg umgesetzt: die Lokale Agenda 21.

»Global denken – lokal handeln« – dieses alte Motto der Umweltbewegung wurde durch die Agenda 21 neu belebt. Das 1992 in Rio de Janeiro vereinbarte Leitbild der »nachhaltigen Entwicklung« hat neue Perspektiven eröffnet – nicht nur im Umweltschutz, sondern genauso in der Wirtschaftspolitik und im sozialen Bereich. Hinter all dem steht die Erkenntnis, dass es sinnvoll und auf lange Sicht auch wirtschaftlich ist, Probleme am Ort ihrer Entstehung zu lösen.

Bürger und Verwaltung sind aufgerufen, einen Dialog über das zu führen, was im 21. Jahrhundert getan werden muss – denn das bedeutet das Wort »Agenda«. Und dies darf sich keinesfalls auf Aktionen wie »Unser Dorf soll schöner werden« beschränken.

Der Gedanke der Lokalen Agenda 21 umfasst ökologische, ökonomische, soziale und entwicklungspolitische Aspekte – ein unermessliches Programm, das nur in vielen Einzelthemen zu bearbeiten ist. In Augsburg haben sich verschiedene Fachforen gebildet, die zum Teil seit Jahren aktiv sind und deren Ideen über den Umweltbeirat von der Verwaltung aufgenommen und bearbeitet werden. Wir haben inzwischen auch in der Stadt die nötige Infrastruktur geschaffen, damit diese Art der externen Beratung nicht ins Leere läuft, sondern in die Tagesarbeit miteingebunden wird. Und wir haben verstanden, dass es sich hier um einen dauerhaften Prozess handelt, der angesichts sich verändernder Rahmenbedingungen anhaltender Erneuerung bedarf.

Kultur pur

EINE STADT war schon immer ein Ort der Kultur. Die Impulse aus der Dichte des Miteinanders, die Vielzahl von Begegnungen, die Vielfalt im Austausch von Waren und Ideen, Zuzüge aus dem Um- und Ausland, die Aufträge aus dem Wohlstand, der Ort für Künstler und Denker und nicht zuletzt ein großes Publikum – dies alles ließ in immer neuen Formen etwas wachsen, was man Kultur nennt. Heute ein breiter Begriff, offen für Neues, aber – wenigstens als Postulat – auch mit einem Anspruch auf Qualität und Wahrheit.
Augsburg hat auch in Zeiten knapper Kassen den Anteil der Kultur nicht reduziert, sondern sogar Neues gewagt: ein buntes Kulturhaus namens »abraxas« und ein glanzvolles Juwel namens Kurhaus-Ensemble. Neu eröffnet wurde das Brecht-Haus und ein Naturmuseum, und wir freuen uns auf das Diözesanmuseum und das umgebaute Maximilian-Museum, die kirchliche und profane Kunst zeitgemäß präsentieren und damit die Attraktivität der Stadt weiter steigern werden.
Über die unverzichtbare Spurensicherung der Geschichte (auch mittels Archäologie) hinaus muss Kultur immer zugleich Sauerteig sein, etwas was treibt und bewegt, was zur Diskussion anregt. Dies kann ein Kunstobjekt (wie »Ostern«) im öffentlichen Raum sein, das Programm des Theaters oder Literatur-Projekte, deren Ziel ja gerade die Auseinandersetzung ist. Kreative Freiräume sind mitentscheidend, ob eine Stadt unterwegs in die Zukunft bleibt.
Zu tun bleibt ohnehin genug: Textilmuseum einschließlich Stoffmusterarchiv, Kuka-Halle und Bücherei-Verbesserung sind nur einige der offenen Wünsche. Ein weites Feld auch für Sponsoren, denen Augsburg schon viel zu danken hat. Dabei geht es im Grunde um mehr als um Geld und um ein Geschäft auf Gegenseitigkeit. Es geht um Freunde der Kunst und der Kultur, um Anteil nehmen und geben, um Stolz und Freude, sich einzubringen in die kulturelle Stadtentwicklung und damit selbst Spuren zu hinterlassen.   P. M.

Chronik*

1990 ff.	In unregelmäßigen Abständen sind die »*Tage des unabhängigen Films*« Treffpunkt für Filmschaffende aus aller Welt.
1990 ff.	Die *Stadtarchäologie* verzeichnet immer wieder spektakuläre Funde wie die Überreste eines römischen Statthalterpalastes.
ab 1991	Erweiterung und Sanierung des *Maximilianmuseums*
ab 1992	Restaurierung der historischen *Brunnenfiguren* Augustus, Merkur und Herkules
1995–1998	Die Augsburger *Literaturprojekte* sorgen mit Veranstaltungsreihen zu Brecht, Mann, Hesse und Kafka bundesweit für Aufsehen.
1995/1998	Verleihung des *Bert-Brecht-Preises* an den Dramatiker Franz Xaver Kroetz und den Lyriker Robert Gernhardt
1995	Eröffnung des Kulturhauses »*abraxas*« auf dem Gelände der ehemaligen Reese-Kaserne
1996	Die Stadt kauft das *NAK-Stoffmusterarchiv*.
1998	50-jähriges Bestehen der Augsburger *Puppenkiste*
1998	Neugestaltung der *Bert-Brecht-Gedenkstätte* abgeschlossen
1999	Das *Kurhaustheater* ist samt seinen Außenanlagen komplett renoviert.
1999	Vorbereitung der *Adriaen-de-Vries-Ausstellung* im Jahr 2000
1999	Die auch überregional bedeutende Ausstellung »*Miró universe*« in der Augsburger Kunsthalle gibt mit Skulpturen, Grafiken und Bildern einen großen Einblick in das Werk des katalanischen Künstlers Miró

* eine Auswahl

Theater der Zukunft
»Der Neue« skizziert seine Vorstellungen

von Ulrich Peters

Kunst im öffentlichen Raum: die Skulptur »Ostern« des Augsburger Kunstvereins vor dem Stadttheater.

Am 19. Dezember 1982 betrat ich – damals noch Student der »Schönen Künste« Theaterwissenschaft, Literaturwissenschaft und Musikwissenschaft in München und mitten in den Examensvorbereitungen – zum ersten Mal das Augsburger Theater. Auf dem Spielplan stand eine Oper, die man weder in München noch sonst irgendwo zu sehen bekam und die uns Theaterbesessene nach Augsburg gelockt hatte wie die Made zum Speck: »Apollo und Daphne« von Francesco Cavalli in deutschsprachiger Erstaufführung.

Notizen aus der »Provinz«

Ich war beeindruckt von der Qualität der Produktion (Inszenierung: Intendant Helge Thoma), mehr aber noch vom Mut des »Provinztheaters« Augsburg (ich lebte in München, also war alles andere automatisch Provinz), ein solches Stück auszugraben und vor allem von der Reaktion des Publikums: Im vollbesetzten Opernhaus gab es einen Jubel, wie ich ihn selten bei großen Repertoire-Opern gehört hatte, und das für einen Komponisten, den wir als »Insider«

Duo theatrale: Intendant Dr. Ulrich Peters (rechts) und Generalmusikdirektor Peter Leonard.

kaum mehr als vom Namen her kannten. Schwer beeindruckt fuhr ich nach München zurück.

Nun, fast 18 Jahre später bin ich der Nachfolger Helge Thomas auf dem Intendantenstuhl. Dieser Umstand erfüllt mich mit Freude und Stolz, jedoch auch mit sehr viel Nachdenklichkeit, denn wie anders präsentiert sich die Theatersituation in Augsburg heute – und nicht nur die in Augsburg, sondern in fast allen Städten quer durch die einmalige deutsche Theaterlandschaft.

Theater in Zeiten der »Spaßkultur«

Das Stadttheater hat seine Stellung als kultureller Mittelpunkt mehr und mehr eingebüßt, es hat Konkurrenz bekommen von Kino und Fernsehen (circa 30 Programme heute gegen drei Programme »damals«), vor allem aber von einer Vielzahl weiterer Theater- und Konzertangebote, die von privaten Veranstaltern vermittelt werden. Sie alle zusammen buhlen heute Abend für Abend mit dem Theater um die Gunst und das Interesse der Zuschauer, und nicht immer macht das anspruchsvollste, qualitativ hochwertigste Angebot das Rennen. Wir leben in einer Zeit der »Spaßkultur«, in der Klamotte der Komödie, billige Unterhaltung der geistigen Auseinandersetzung vorgezogen werden, und in der wir uns irgendwann »zu Tode amüsieren«, um mit Neil Postman zu sprechen.

In Augsburg ist die Situation des Theaters mit dem Entstehen der großen Stadthallen in direkter Umgebung und der Nutzung des wunderschönen Kurhauses als kommerzielles Privattheater doppelt schwierig geworden. Hinzu kommt die Nachbarschaft zum »Kulturkoloss« München und die Tendenz, alles was dort passiert, automatisch auch für besser zu halten. Die Unterhaltung scheint der Kultur als Standortfaktor den Rang abzulaufen und man meint bereits die ersten Stimmen der besonders Klugen zu vernehmen, die feststellen, dass Kultur ja eine freiwillige Leistung von Ländern und Kommunen sei und ob man das alles wirklich so brauche.

Die Faszination bleibt

Die Geschichte des europäischen Theaters ist weit älter als unsere Zeitrechnung. Aus dem religiösen Kult entstanden, hat das Theater in einer langen Entwicklung den Weg in unsere modernen Kulturtempel gefunden, es lebt – oft totgesagt – noch immer, und es wird auch den Sprung ins neue Jahrtausend schaffen. Denn das Theater kann etwas, was keine andere Kunstform kann, und darin liegt wohl die ungebrochene Faszination: Im Theater spielen, planvoll vereinbart, Menschen vor anderen Menschen Handlungsfolgen, die unter Menschen spielen. Schauspieler entwerfen jeden Abend aufs Neue ein dramatisches Bild von unserer Welt, die Bühne wird zur Welt, die Welt zur Bühne.

Auch in Romanen, in Gemälden, Skulpturen oder im Kino wird Wirklichkeit nachgeahmt. Doch nie geschieht es derart direkt und unmittelbar wie auf der Bühne, nirgends sonst kommt es zu einem solch leibhaftigen Treffen zwischen denen, die Kunst machen und denen, die Kunst aufnehmen. Wenn wir das Theater mit ins 21. Jahrhundert nehmen wollen, müssen wir uns auf diese Besonderheit besinnen – der Mensch muss im Mittelpunkt unseres Interesses stehen, nicht berühmte Stars, teure Technik, singende Katzen oder Rollschuh fahrende Roboter.

Theater-Shop und Restaurant

Das Theater kann und muss aber auch von anderen Kultur- und Freizeiteinrichtungen lernen, auch oder besonders das Augsburger Theater. Wie aber kann die Zukunft aussehen? Der Mittelpunkt wird natürlich die Theateraufführung sein. Doch um dorthin zu gelangen, braucht man zunächst einmal Karten. Der Zugang zu diesen sollte so einfach und direkt wie möglich sein, etwa durch längere Kassenöffnungszeiten, Telefonservice, persönliche Beratung und Buchung von Karten via Internet.

Im Theater angekommen erwarten den Besucher der Zukunft zunächst ein freundliches Einlass- und Garderobenpersonal, sodann ein großer Theater-Shop, an dem er neben Programmheften auch Informationen zu allen auf dem

Die Freilichtbühne: ein Augsburger Theater-Höhepunkt.

Spielplan stehenden und geplanten Produktionen bekommen kann. Denn für den Besucher der Zukunft ist Neugierde wieder eine Tugend.

Ein kleines Restaurant soll dem Gast auch schon vor der Vorstellung Gelegenheit geben, etwas anderes als die obligaten trockenen Pausenbrötchen zu essen. Hier kann er sich mit Freunden treffen und auf die Theateraufführung einstimmen, und hier kann er den Abend nach der Aufführung ausklingen lassen. Der Besucher soll sich im Augsburger Theater der Zukunft wie ein gern gesehener Gast fühlen, denn das ist er, wenn er nach einer Vorstellung noch mit den Künstlern, die er gerade auf der Bühne gesehen hat, im angeregten Gespräch zusammensitzt. Und dann ist Theater wieder das, was es sein soll: Kommunikationszentrum und ein kultureller Mittelpunkt der Stadt.

Das Leben der Augsburger Baderstochter Agnes Bernauer brachten August Everding und der damalige Stadttheaterintendant Peter Baumgart im Sommer 1993 und 94 auf die Bühne des Augsburger Freilichttheaters. Die Inszenierung der »Bernauerin« von Carl Orff begeisterte nicht nur bei der Premiere – trotz des Nieselregens, der ab und an über der unglücklichen Baderstochter niederging. Regisseur August Everding wörtlich: »Hoffentlich hat Berti Vogts bei der WM so viel Erfolg wie ich bei der Bernauerin.« Everding hatte mehr. Das Rezept: Eine phantasievolle Inszenierung mit hervorragenden Darstellern, allen voran Fernsehstar Salome Kammer und Maximilian Hilbrand, die in den Hauptrollen brillierten.

Juwel mit neuem Schliff
Das Kurhaus – auferstanden aus Ruinen

von Georg Simnacher

Unvergleichlich: der prachtvoll verzierte Saal des Kurhauses.

Als einen Bau, der »in Deutschland kaum seinesgleichen haben dürfte« würdigte die »München-Augsburger Abendzeitung« das Kurhaus in Göggingen. Kennen Sie nicht, diese Zeitung? Kein Wunder, denn wir befinden uns im Jahre 1886 – auch wenn das Zitat hervorragend auf das heutige Erscheinungsbild des Kurhaus-Ensembles passen würde.

Nach einer bewundernswert kurzen Bauzeit von nur einem Jahr hatte der Augsburger Jean Keller – einer der vielseitigsten Architekten seiner Zeit – dieses Gebäudekunstwerk geschaffen. Auftraggeber und Bauherr war Friedrich von Hessing, und so war das Kurhaustheater ursprünglich auch ein Bestandteil der Hessing'schen orthopädischen Heilanstalten im damals noch selbstständigen Göggingen, das heute zu Augsburg gehört.

Theater und Tanz, Konzert und Kur

Im Zentrum des Ensembles stand der eindrucksvolle Theaterbau mit seinen aufwendigen historisierenden Architekturformen, aber auch mit neuen Materialien, voll eingebunden in den Park und bereichert im Inneren als Palmenhaus. Vielseitig war seine Nutzung als Theater, Tanz- und Konzertsaal, aber auch als Caféhaus und Kuranstalt.

Leider endete diese ursprüngliche Bestimmung mit dem Tode Hessings im Jahre 1918. In der Folgezeit fanden hier Musik-, Theater- und Lustspielaufführungen statt, doch mit dem Glanz des Hauses ging es langsam bergab. Und als das Kurhaus nur noch als Kino genutzt wurde, war vom einst so einmaligen Flair nicht mehr viel zu spüren.

Ein Brand als Glücksfall

Der Abbruch stand bevor, als paradoxerweise durch einen Brand die alte Schönheit des Kurhauses wieder zum Vorschein kam. Die Stadt Augsburg konnte das Gebäude aus Privatbesitz zurückkaufen, sicherte vordringlich seine Substanz und ließ die Ruine zum Schutz vor Witterungseinflüssen – nicht als Ausdruck moderner Kunstauffassung – erst einmal verpacken. Appelle der Denkmalpfleger, die sich nur zu gerne auf eine derart ungewöhnliche Sanierungsaufgabe gestürzt hätten, blieben zunächst ungehört.

1988 schließlich gründeten der Bezirk Schwaben und die Stadt Augsburg einen

Verborgen: von der Schönheit des Gebäudes war über Jahrzehnte nichts mehr zu sehen.

Glanzvoll: Für Veranstaltungen aller Art bietet das Kurhaus ein traumhaftes Ambiente.

Sanierungszweckverband, um das Baudenkmal als ein Juwel schwäbischer Kultur zu retten. Und in einem Jahrzehnt harter Arbeit wurde das Kurhaustheater wieder im früheren Glanz aufgebaut. Während der Sanierungszeit gab es große Diskussionen um die Vergoldung bestimmter Elemente. Aber jetzt zeigt sich, dass der prachtvolle Eindruck des Kurhaussaales gerade dadurch wieder zur Geltung kommt.

Baudenkmal von europäischem Rang

Was die Besucher des Kurhauses heute erleben dürfen, gleicht einem Wunder: Park und Gebäude sind als einheitliches Ensemble wieder erstanden. Es darf als Sensation angesehen werden, dass trotz der im Lauf der Zeit vollzogenen Grundstücksverkäufe am Ende wieder die Hessing'sche Ausgangssituation erreicht werden konnte. Dank großzügiger staatlicher Unterstützung wurde der mutige Weg, den Stadt und Bezirk gemeinsam einschlugen, bis zum Ende gegangen. Der Respekt vor den genialen Plänen von Jean Keller und Hofrat Friedrich von Hessing hat gesiegt, die Wiederherstellung aus einem Guss ist geglückt.

Durch die Umwidmung für öffentliche Zwecke können der feenhafte Musentempel und der schöne Park heute wieder von jedermann besucht werden. Und die Angebote von Theater bis Musik erfreuen sich auch eines großen regionalen Einzugsbereichs. Ein Beispiel nutzbringender Denkmalpflege ist somit geschaffen.

Als der Sanierungszweckverband gegründet wurde, konnte kaum jemand ahnen, welcher Prachtbau aus dieser Ruine entstehen würde. Er bereichert nicht nur die Stadt Augsburg, sondern strahlt als einzigartiges Baudenkmal von europäischem Rang weit über die Grenzen Bayerisch-Schwabens hinaus – ein Dienst an der Kunstgeschichte kurz vor der Jahrtausendwende.

»Heiter wie die Architektur soll auch die Nutzung sein«, so schrieb einst eine Augsburger Journalistin. Das muss auch die Zukunftslosung sein. Und es ist zu hoffen, dass das Bauwerk in seiner Leichtigkeit ein Zeichen von Optimismus bleibt. Das Kurhaus ist »auferstanden aus dem Herzen der Zeit« (Rose Ausländer).

Ausgefeilt: die Details machen aus dem Kurhaus ein Kunstwerk.

Vollkommen: das Kurhaus-Ensemble

Die Literaturprojekte
Ein Bestseller gegen den Zeitgeist

von Ekkehard Gesler

Die Kommunen, die in Deutschland mehr als 60 Prozent aller Kulturausgaben bestreiten, haben zahlreiche Möglichkeiten, kulturelles Profil zu entwickeln: durch ihre Baudenkmäler, ihre Theater, ihr Musikleben, ihre Museen, durch große Ausstellungen und vieles mehr. Warum versucht es Augsburg seit 1994 – auch – auf einem so schwierigen Feld wie der Literatur? Und warum hat die Fuggerstadt gerade mit diesem Projekt so großen Erfolg?

Ein Grund ist sicherlich die geschichtliche Tradition. Augsburg spielte schon vor mehr als 500 Jahren eine wichtige Rolle im deutschen, ja im europäischen Verlagswesen. Zählte die Fuggerstadt doch neben Köln, Nürnberg, Frankfurt und Leipzig zu den fünf führenden Buchzentren des Alten Reichs. Bereits 1468, also im Todesjahr Gutenbergs, erschien hier das erste gedruckte Buch. Diese große Verlagstradition setzte sich bis ins 19. Jahrhundert hinein fort. So wurden etwa bei Cotta in Augsburg nicht nur die Werke Schillers, sondern auch die Gesamtausgabe letzter Hand von Goethes Werken verlegt. Seit langem sind am Lech außerdem Papier- und Druckmaschinenproduktion zu Hause.

Und die Dichter und Schriftsteller? Die Anfänge gehen hier ebenfalls weit zurück, sogar bis gegen Ende des 10. Jahrhunderts (Legende »Vita Sancti Oudalrici Episcopi Augustani« des Gerhard von Augsburg). Und später brachte Augsburg eine Reihe namhafter Schriftsteller hervor. Für das 20. Jahrhundert beispielhaft sind Ludwig Curtius, Erhart Kästner und natürlich Bert Brecht zu nennen.

Bert Brecht: Dem berühmten Augsburger Sohn widmeten sich die Literaturprojekte gleich zweimal.

Brechts Vaterstadt – eine Verpflichtung

Nach den Literaturtagen und anderen »Events« zu Beginn der 90er Jahre ernannte die Stadt 1994 Peter Grab zum Literaturbeauftragten. Auf seinen Vorschlag hin wurde die damals durchgeführte Veranstaltungsreihe zu Heinrich Heine in den Folgejahren durch ähnliche Reihen zu Bert Brecht (1995), zu Thomas Mann und den Seinen (1996), zu Hermann Hesse (1997), wegen seines 100. Geburtstages wiederum zu Brecht (1998) und zu Franz Kafka (1999) fortgesetzt. Und das hatte vor allem einen Grund: die Einsicht, dass die Vaterstadt Brechts eine Verpflichtung hat, die große literarische Tradition unseres Landes gerade in schwierigen Zeiten wieder bewusst zu machen.

Wird denn trotz der geradezu inflationären Buchproduktion unserer Tage zu wenig gelesen? Die Umfrageergebnisse sind ernüchternd. Von den derzeit durchschnittlich sechs (!) täglichen Stunden des Medienkonsums erwachsener deutscher Bürger entfallen rund 80 Prozent auf die elektronischen Massenmedien und 20 Prozent auf die Lesemedien, davon wiederum nur sieben Prozent auf Zeitschriften und Bücher.

Es geht aber auch nicht allein darum, wie viel gelesen wird, sondern vor allem, was gelesen wird. Eine schon einige Jahre alte, aber wohl immer noch aktuelle Studie zum Leseverhalten besagt, dass nicht weniger als 46 Prozent der Bevölkerung als ihren bevorzugten Lesestoff Nachschlagewerke angeben. Es folgen Kochbücher, Schulbücher, Gesundheitsratgeber, Bastelbücher, berufsbezogene Fachbücher usw. Schöne Literatur erscheint zum ersten Mal auf Platz zehn und zwar in der Form von Kriminalromanen. Moderne Literatur erreicht auf Platz 19 gerade noch 11 Prozent der Bevölkerung, Lyrik und klassische Literatur auf den Plätzen 31 und 32 gar nur je sechs Prozent.

In unserer Erlebnisgesellschaft droht die »leise«, eben die Schöne Literatur nicht mehr wahrgenommen zu werden. Und das gilt besonders für die Werke von Autoren, die nicht gerade als aktuell gelten können. Hier setzen die Augsburger Literaturprojekte an. Sie wollen Informationen zu wichtigen Dichtern und Schriftstellern vor allem des 19. und 20. Jahrhunderts und Anregungen zur Lektüre-Auswahl geben. Anders als viele andere Literaturfestivals, die lebende deutsche oder ausländische Autoren zu Lesungen, Vorträgen und Diskussionen einladen, beschäftigen sich die Augsburger Literaturreihen in erster Linie mit unserem literarischen Erbe. Denn die Werke unserer Dichter und Denker gehören nicht ins Museum – sie haben noch immer Wesentliches zu sagen. »Unsere Sprache und unsere Literatur sind ein Erbe, das man nur durch Benutzen bewahren kann« (Bundespräsident a. D. Roman Herzog).

Schöne Literatur – ein Wagnis

Die Augsburger Literaturprojekte verstehen sich als eine Aufforderung, sich an Literatur heranzuwagen und sich mit ihr einzulassen. Obwohl diese Veranstal-

tungsreihen damit nicht gerade dem Zeitgeist entsprechen, entwickelten sie sich sehr schnell zu Publikumsmagneten und überregional beachteten Ereignissen. Beschränkte sich das Angebot bei Heinrich Heine 1994 noch auf gut 50 Veranstaltungen, hatte sich die Zahl bei Bert

Robert Gernhardt: der zweite Bert-Brecht-Preisträger nach Franz-Xaver Kroetz.

Brecht 1998 bereits mehr als verdreifacht. Neben Vorträgen und Lesungen werden Theateraufführungen, musikalische Darbietungen, Ausstellungen und Performances angeboten. Zudem ergänzen seit 1996 jeweils umfangreiche Filmreihen das Programm. Die Reihe zu Franz Kafka 1999 wurde um einen deutsch-tschechischen Kulturaustausch erweitert, der von Künstlern und Autoren beider Länder sowie von Augsburger und Prager Schulen bestritten wurde. Hier erhielt das Literaturprojekt eine zusätzlich politische Dimension, die in die Zukunft wirken wird. Mit dem Ausbau des Programms vergrößerten sich auch die Besucherzahlen. Waren es bei Heinrich Heine »erst« 4638, so lockte »Brecht 95« schon 17 500 Besucher an, »Brecht 98« sogar 29 000. Doch Brecht ist in Augsburg natürlich ein Sonderfall. Bei Thomas Mann, Hermann Hesse und Franz Kafka wurden zwischen 6400 und 9000 Besucher gezählt (alle ohne Ausstellungen) – mit steigender Tendenz. Auch die Zahl der Medienberichte wuchs erheblich. Unter diesen Umständen konnten auch großzügige Sponsoren aus der Wirtschaft sowie öffentliche Förderer gewonnen werden, die alljährlich zwei Drittel der Gesamtkosten der jeweiligen Projekte finanzieren.

Vielseitigkeit – ein Erfolgsrezept

Das Erfolgsgeheimnis dürfte einerseits in der Vielseitigkeit des Programms und andererseits in der verlässlichen und gleichbleibenden Qualität jeder einzelnen Veranstaltung liegen. Die Vielseitigkeit erlaubt es dem Publikum, sich einem Autor und seinem Werk erlebnisorientiert zu nähern. Vielschichtige und manchmal auch kontroverse Betrachtungen kommen dem Wunsch des Besuchers nach Spannung und Lebendigkeit entgegen. So fühlen sich auch Personen angesprochen, deren literarische Interessen weniger stark ausgeprägt sind. Auch gibt es in ganz Schwaben, ja selbst in München kein vergleichbar breites literarisches Angebot innerhalb eines Zeitraums von normalerweise nur etwa zehn Wochen.

Diese stolze Erfolgsbilanz wäre freilich nicht möglich gewesen, wenn die Stadt nicht in ihrer Kulturbüroleiterin Irmgard Baur und ihrem Literaturbeauftragten Peter Grab Leistungsträger zur Verfügung gehabt hätte, die sich mit enormem Engagement und nie versiegenden Ideen ganz in den Dienst der Sache gestellt haben.

Und wie wird es weitergehen? Für das Millenniumsjahr 2000 hat die neue städtische Literaturbeauftragte Barbara Meyer unter dem Titel »Ein Zeitalter wird besichtigt« einen literarischen Rückblick auf das zu Ende gehende 20. Jahrhundert entwickelt. Für die folgenden Jahre ist an einen lockeren Wechsel zwischen autoren- und themenbezogenen Reihen gedacht. Als nächste Autoren kämen Gotthold Ephraim Lessing, Friedrich Schiller und Heinrich Böll in Frage. Künftige Themen könnten »Mythen, Sagen und Märchen« oder Titel wie »Aufbruch in eine Neue Zeit« oder »Moderne Welten« sein.

Augsburg – eine Literaturstadt

Die Augsburger Literaturprojekte sind inzwischen eine fest etablierte Veranstaltungsreihe, die aus dem kulturellen Leben der Stadt nicht mehr wegzudenken ist. Nimmt man noch hinzu, dass die Stadt seit 1995 alle drei Jahre auch einen mit 25 000 Mark dotierten »Bert-Brecht-Literaturpreis« vergibt (bisherige Preisträger: Franz-Xaver Kroetz und Robert Gernhardt), so lässt sich mit Fug und Recht sagen, dass sich Augsburg im letzten Jahrzehnt des ausgehenden 20. Jahrhunderts zu einer echten Literaturstadt entwickelt hat. Diesem Ruf auch weiterhin gerecht zu werden und ihn mit neuen Ideen zu festigen, wird die anspruchsvolle Aufgabe des ersten Jahrzehnts des 21. Jahrhunderts sein.

Film ab – und Klappe
Auf und Nieder der Augsburger Filmkultur

von Dieter Rieken

Der Film ist eine junge Kunstform, ein Kind des 20. Jahrhunderts. Und im Gegensatz etwa zur Malerei oder gar zum Ballett ist der Film – zumindest in einigen seiner Ausdrucksformen – eine ausgesprochen populäre Kunstform geworden. Während ein starbesetzter amerikanischer 08/15-Spielfilm seine Produktionskosten meist wieder einspielt, bleiben die anspruchsvolleren filmkulturellen Beiträge auf Unterstützung durch die öffentliche Hand angewiesen.

Die Frage, ob öffentliche Mittel in die Kunst investiert werden sollen wie etwa in die Versorgung der Bevölkerung mit Trinkwasser, Straßen und Krankenhäusern, muss eine Gesellschaft offenbar immer wieder neu entscheiden. Relativ klar scheint die Antwort beim Theater: Man muss kein Freund der Bühne sein, um ihren Wert anzuerkennen und um zu akzeptieren, dass hohe Etats zur Theaterförderung bereitgestellt werden.

Filmkultur als öffentliche Aufgabe

In den 80er Jahren wurde auch die Filmkultur vielerorts noch als eine öffentliche Aufgabe verstanden. Die Stadt Augs-

Vom Ausnahmezustand zum endgültigen Aus: Ende der 90er fiel der Vorhang für manches Traditionskino.

burg förderte bis weit in die 90er Jahre hinein sogar zwei filmkulturelle Institutionen: das Stadtkino, das 1981 seinen Spielbetrieb aufnahm, und – nach langen Vorleistungen des Trägervereins – auch das AStA-Kulturzentrum mit den Filmtagen und dem Kinderfilmfest.

Die Gründer der »Tage des unabhängigen Films«: Ellen Gratza, Thomas Gerstenmeyer und Franz Fischer (hinten).

Mit dem Stadtkino erhielt Augsburg einen »Ausstellungsort für Filme« (Heiner Roß), der sich wie ein Museum der Darstellung dieses Mediums widmete. Das Stadtkino war insofern ein »anderes« Kino, als es sich weder dem Hollywood-geprägten Mainstream beugen noch nach rein marktwirtschaftlichen Aspekten arbeiten musste. Nach heftigen Auseinandersetzungen um den Erhalt des Kinos übernahm 1993 der Filmclub Augsburg den Betrieb. Ihm gelang es sogar, die Programmpalette noch zu erweitern. Neue medienpädagogische Angebote und Fremdsprachenreihen konnten in einer Vielzahl von Kooperationen mit regionalen und überregionalen Partnern verankert werden. Zugleich entstand in Augsburg mit den Verträgen von 1993 und 1995 zwischen Stadt und Filmclub ein neues, bundesweit einmaliges Modell kommunaler Filmarbeit: Die Stadt stellte die Räume und das Personal, und der Filmclub schaffte es, ohne weitere städtische Zuschüsse ein anspruchsvolles und kostspieliges Programm zu realisieren und damit auch schwarze Zahlen zu schreiben.

Räume für Raritäten

In den 90er Jahren ist der Filmverleihmarkt bundesweit immer enger geworden, mehr und mehr mittelständische Betriebe wurden durch Großkinos zur Aufgabe gezwungen, die Vielfalt des Kinoangebots schrumpfte weiter. Angesichts dieser Situation sind die Leistungen des Neuen Stadtkinos umso bemerkenswerter: Über die Jahre hat es drei Viertel seines Programms mit deutschen und europäischen Produktionen bestritten, Filmreihen, kleinere Festivals und filmgeschichtliche Raritäten gezeigt, die in Augsburg nirgendwo sonst zu sehen waren. Und nicht zuletzt erlebten alle wichtigen internationalen Preisträger der 90er Jahre in diesem Kino ihre Augsburger Erstaufführung.

Auch die großen Augsburger Filmfestivals fanden im Stadtkino ihren »natürlichen« Platz. Die Arbeit des AStA-Kulturzentrums beziehungsweise des Filmbüros war seitens der Stadt vertraglich auf eine solide Grundlage gestellt worden und hatte sich Anfang der 90er Jahre professionalisiert. Das »Augsburger Kinderfilmfest« und die »Tage des unabhängigen Films« erfreuten sich in der Stadt großer Beliebtheit. Sie gewannen auch

Großer Erfolg bei kleinen Leuten: das Augsburger Kinderfilmfest.

überregionale Anerkennung und wurden zu einem Aushängeschild für Augsburg – ein »Stachel im Fleisch« vieler Stadträte hatte sich aufgrund seiner Erfolge etabliert. Die Werkschauen einzelner Regisseure eröffneten unschätzbare Einblicke in die Filmgeschichte, Länderreihen und viele ausländische Gäste informierten über die Situation anderer Völker und Kontinente.

Nur eine kurze Blütezeit

Die »Events« des Filmbüros ergänzten sich ideal mit der ganzjährigen Arbeit des Stadtkinos. Und auch die neuen Programmkinos wie das Liliom oder die Neue Schauburg leisteten über viele Jahre wertvolle Beiträge zur Vielfalt des Filmangebots. Dies war sicherlich die »Blütezeit« der Filmkultur in Augsburg. In Zeiten knapper Kassen werden die Spielräume für die Kulturförderung jedoch eng. Ob das so sein muss, sei dahingestellt. Jedenfalls gerieten in Augsburg Mitte der 90er allen voran die freien Kulturträger ins Taumeln. Und nur wenig später fiel für die Filmkunst – bildlich gesprochen – die Klappe. Denn was in der Stadt als »strukturelles Sparen« angekündigt wurde, stellte sich als »Totalverzicht auf einem Teil des kulturellen Sektors« heraus (Rüdiger Heinze). Dies ist umso erstaunlicher, als die Lobby für eine im Vergleich mit der Bühne viel populärere Kunstform doch eigentlich hätte größer sein müssen.

Schlechte Zeiten für kleine Häuser: Multiplex bietet Kino im großen Stil.

Kein Happy End

Über die Interessen, die hinter der letztlich grundlosen Schließung des Neuen Stadtkinos stehen, lässt sich viel spekulieren. Nachdem die beiden städtischen Planstellen gestrichen wurden, war und ist es jedenfalls nicht mehr zu betreiben. Teile der dort verloren gegangenen Angebote werden künftig sicher in einer Multiplex-Filmkunstnische wieder auftauchen: als förderungswürdiges Feigenblatt und Wettbewerbsfaktor zugleich. Die Entscheidung der Stadt bleibt zumindest verwunderlich: In anderen Städten wie Nürnberg werden gerade mit großem finanziellen Aufwand kommunale Kinos eingerichtet.

Von der Filmkultur überlebt in Augsburg das, was den Rang eines Standortfaktors erreicht hat und der unvermeidbaren Eventkultur Genüge tut, die Festivals eben. Leider ist auch das Filmbüro durch Schulden, interne Querelen, den Rückzug zahlreicher Aktiver und staatsanwaltliche Ermittlungen ins Gerede gekommen. Dazu kamen 1997 ein mit heißer Nadel gestricktes Programm und ein massiver Einbruch der Besucherzahlen. Nach Auslaufen des Vertrages gab es für die Filmtage 1998 keine städtischen Zuschüsse mehr. Die für 1999 wieder bereitgestellten, stark gekürzten Mittel lassen das allmähliche Wegbrechen anderer öffentlicher Gelder befürchten. Doch Festivals werden weiter stattfinden, seien es auch nur Begleitprogramme mit Literaturverfilmungen.

Größere Häuser, kleineres Angebot

Aus der Sicht eines Filmliebhabers, der hier und da selbst versucht hat, ein wenig zur Verbreitung der Filmkultur beizutragen, ist es bedauerlich, dass das in Augsburg Erreichte heute auf gelegentliche, nur noch lokal bedeutsame Events geschrumpft ist. Aber vielleicht tummelt sich die Freizeitgesellschaft ja künftig unterm Jahr vermehrt in den neuen Augsburger Kinopalästen – Events werden hier schließlich groß geschrieben. Es ist ja auch nicht abzustreiten, dass bereits ein Multiplex für Augsburg eine Bereicherung darstellt, da der Zuschauer hinsichtlich Ambiente, Bequemlichkeit und technischer Leistung in den Genuss eines echten Kinoerlebnisses kommt. Ob Cinestar und Cinemaxx allerdings entscheidende Beiträge zur Filmkultur in Augsburg leisten werden, bleibt zweifelhaft.

In der Innenstadt sind inzwischen bereits vier Kinos geschlossen worden. Das »Neue Augsburger Kinosterben« (NAK) wird durch die vielen Multiplexleinwände sicher aufgewogen. Dennoch fragt man sich, warum die deutlichen Worte des Städtetages über die Auswirkungen von Großkinos auf die »Artenvielfalt« einer Stadt nicht genügend Beachtung fanden. Und es bleibt rätselhaft, wie die beiden neuen Kinopaläste ihre 650 000 Besucher im Jahr erreichen wollen, eine Zahl, die bislang von allen Augsburger Kinos nur knapp übertroffen wurde.

Die Befürchtung des Kulturreferenten, dass »die Filmkunst in Augsburg zwischen zwei Multiplex-Giganten zerrieben wird«, hat sich zum Teil bereits erfüllt. Schon jetzt ist es so weit, dass jeden Monat drei oder vier »Blockbuster« in mehreren Augsburger Kinos gleichzeitig laufen, während 90 Prozent des aktuellen Verleihangebots, darunter fast alle wirklich sehenswerten Beiträge, nirgendwo zu sehen sind. Spätestens nach der Eröffnung des Cinemaxx und dem zu erwartenden Verlust weiterer Innenstadtkinos ist es an der Zeit, über die Neubelebung der Augsburger Filmkultur nachzudenken. Für mich als Filmliebhaber jedenfalls bleibt die wichtigste Erfahrung der 90er Jahre die eines ganzjährigen filmkulturellen Angebots in einem eigens dazu bereitgestellten, mit öffentlichen Mitteln geförderten kommunalen Kino.

Open-Air-Kino im Doppelpack: Seit nunmehr sieben Jahren zieht das »Lechflimmern« die Massen in seinen Bann. Nicht nur Augsburger lieben das Flair des Freiluft-Kinos. Auch aus dem Umland und sogar bis aus München reisen die Film-Freaks an — ausgerüstet mit dicken Pullis, Schlafsack oder Decken. Über die 200 Quadratmeter große Leinwand flimmern die Kino-Highlights der Saison, aber auch Kultfilme wie die »Rocky Horror Picture Show« oder »Casablanca«. An die 50 000 Menschen kommen durchschnittlich pro Kinosaison ins Freibad an der Schwimmschulstraße, um beim zeitlich längsten Open-Air-Kino Deutschlands dabei zu sein. 1997 hat dann auch das Freibad an der Friedbergerstraße nachgezogen: Auch das »FribbeStar« bietet Filmgenuss unter freiem Himmel, und auch hier wird den Besuchern das Warten auf die Dämmerung mit vielerlei Aktionen verkürzt. Passend zu den Filmen gibt's zum »Buena Vista Social Club« eine kubanische Party und zu »Asterix und Obelix gegen Cäsar« die Vorführungen einer Kampfsportschule. Dem Augsburger Kinopublikum kann's nur recht sein. Doppelter Kinogenuss hält bekanntlich besser.

Der Senkrechtstarter
»abraxas« – ein Experiment etabliert sich

von Ute Legner

Ganz neue Töne: Kultur auf »abraxas«-Art.

Als die US-Armee Ende 1994 die Reese-Kaserne verließ, hätte niemand gedacht, dass auf dem Gelände nur viereinhalb Jahre später eine lebendige Heimstatt für Künstlerinnen und Künstler entstehen würde. Denn damals existierte das Kulturhaus »abraxas« nur auf dem Papier – als ein Konzept des Kulturbüros. Entstanden war die Idee primär aus Begeisterung für die räumlichen Möglichkeiten, die das ehemalige »Family Recreation Center« der Kaserne bot. Und außerdem wollte man den Augsburger Kulturschaffenden schon lange Raum zur Entfaltung bieten, und gleichzeitig beweisen, dass auch Kultur, wenn schon nicht kostendeckend, so doch in großen Teilen refinanzierbar sein kann.

Here we go

Der Theorie folgte die Tat. Im Spätsommer 1995 wurden die Hemdsärmel hochgekrempelt und das Konzept mit Leben erfüllt: Die Handwerker übernahmen die Regie, statt Musik und Stimmengewirr bestimmten Presslufthammer und Bohrmaschine die Geräuschkulisse. Gleichzeitig richteten sich Künstlerinnen und Künstler die ehemaligen Büros im Obergeschoss als Ateliers und Musikunterrichtsräume ein, die einstige Snackbar verwandelte sich in ein Restaurant mit

Terrasse im Grünen, und auf den Listen des Kulturbüros stapelten sich die Namen Interessierter, die die verschiedenen Veranstaltungsstätten, allen voran das kleine, aber feine Theater, als Spielort nutzen wollten.

Aller Anfang ist staubig: der Umbau der großen Halle.

Experiment Terra incognita

Als im November 1995 der Startschuss für das Projekt »abraxas« gegeben wurde, wusste keiner, ob das Experiment gelingen würde: Schließlich galt es, die

Augsburger an einen Ort zu führen und zu gewöhnen, der für sie fast fünfzig Jahre lang unbekanntes Territorium gewesen war. Das neue Kulturhaus sollte für alle etwas bieten – ein ehrgeiziges Vorhaben, das schon im Namen seinen Ausdruck fand, denn »abraxas« steht für a wie <u>A</u>usstellungshalle mit <u>B</u>ühne, <u>R</u>estaurant und <u>A</u>teliers für <u>E</u>xperimente in <u>A</u>ugsburg, <u>S</u>ommestraße.

In den 90er Jahren, die nicht nur eine Zeit des Umbruchs bedeuten, sondern auch zum Jahrzehnt der ständig knapper werdenden Finanzmittel geworden sind, eröffnete Augsburg – getreu des Minimax-Prinzips »Erreiche viel mit wenigen Mitteln« – eine neue Kulturstätte. Ein Wagnis, das wegen seiner Gegenläufigkeit zum Trend überregionale Beachtung fand. Doch wer nicht wagt …

Knallbunter Kulturcocktail

Seit dem »Eröffnungsknaller« – der großen Dalí-Ausstellung im Winter 1995/1996 – hat das »abraxas« mehrere hundert kulturelle Veranstaltungen der verschiedensten Art bewältigt. Tausende von Menschen waren zu Gast in Haus und Garten, um sich zu unterhalten und unterhalten zu lassen. Das jüngste Kind in der Familie städtischer Kulturinstitutionen hat den aufrechten Gang erlernt und steht heute fest mit beiden Beinen im Augsburger Kulturleben. Die Liste der Kulturschaffenden, die in eigenen Räumen im »abraxas« arbeiten, ist beeindruckend lang: Mehr als dreißig Künstler haben dort ihre Wirkungsstätte gefunden, die Kinder- und Jugendkunstschule Palette, das Junge Theater Augsburg, Institutionen wie der BBK, das Klexs-Theater, das Märchenzelt und die Musikwerkstatt – die Rock- und Popbands nicht zu vergessen, die sich ihr Übungsdorado im Keller eingerichtet haben – ergeben zusammen mit den zahlreichen Gastspiel-Ensembles einen knallbunten Kulturcocktail. Auch programmatisch hat das »abraxas« seine Nischen gefunden: Varieté, Tanz und Theater, vor allem aber auch ein breites Kinderprogramm erfreuen sich einer interessierten Zuschauerschaft.

Demnächst in diesem Theater: Im »abraxas« darf Kultur bunte Blüten treiben.

Kulturstätte, Spielort und Restaurant: ein Haus mit Inhalten.

Schwierigkeiten leicht genommen

Der Weg dahin war nicht immer geradlinig. Es ist nicht leicht, ein kritisches Publikum zu überzeugen und vielleicht sogar als Stammpublikum zu gewinnen. Und ein altes Gebäude zu unterhalten ist manchmal so schwierig, als müsse man den berühmten Sack Flöhe hüten. Doch das ist ja gerade die Spannung, die die Arbeit mit der Kultur lebendig hält.

Für die Zukunft des »abraxas«, das genauso flügge geworden ist wie der gleichnamige kleine Rabe, wird der Weg auch weiterhin das Ziel bedeuten – nämlich emsig weiterzuarbeiten und das Haus mit Inhalten zu füllen, an denen die Besucherinnen und Besucher, ihren Spaß haben. Hereinspaziert auch im neuen Jahrtausend.

Götter unter Glas
Adriaen-de-Vries-Schau krönt das Jahr 2000

von Ulrich Müllegger

Sponsoren gesucht: Eine plakative Aktion zum Umbau des Maximilianmuseums.

Es war einmal ein Augsburger in New York. Er hatte dort als Banker großen Erfolg und war trotzdem immer stolz darauf, ein Augsburger zu sein. Als seiner Heimatstadt wieder einmal Geld fehlte, machte er kurzerhand eine hübsche Summe locker, auf dass Augsburg auch im 21. Jahrhundert seinen Ruhm und seine Pracht angemessen repräsentieren könne. Für den edlen Spender war es nämlich ganz selbstverständlich, dass sich Bürger für das kulturelle Erbe der früheren freien Reichsstadt engagieren.

Glücksfall Kurt F. Viermetz

Fast klingt diese Geschichte wie ein modernes Märchen. In Wirklichkeit aber ist dieser »gute Onkel« aus Amerika einer der größten Glücksfälle, die dem Kulturleben am Lech passieren konnten. Kurt F. Viermetz, der als Banker in den USA eine Traumkarriere absolvierte und seit 14 Jahren in New York wohnt, hatte schon länger auf eine Gelegenheit gewartet, als Mäzen seiner Heimatstadt etwas Gutes zu tun. Als er von den Bemühungen um die Adriaen-de-Vries-Ausstellung, dem damit verbundenen Umbau des Maximilianmuseums und den finanziellen Engpässen erfuhr, löste er die Angelegenheit auf seine Weise und spendete 1,5 Millionen Mark aus seinem Privatvermögen.

Das großzügige Geschenk schafft bleibende Werte: Endlich kann das Maxmuseum, das bisher in der Augsburger City eher das Dasein eines Mauerblümchens fristete, zu einem Stadtmuseum moderner Prägung umgestaltet werden. Zu Recht wird es von Viermetz als »Schatzkästlein« bezeichnet, der überzeugt ist, sein Geld hier gut investiert zu haben.

Max 2000: Das »Schatzkästlein« soll zu einem modernen Stadtmuseum werden.

Augsburger noch die Mittel und den Bürgersinn hatten, ihre Stadt zu einem kulturellen Zentrum in Europa zu machen.

Genau diesen Faden greift Kurt F. Viermetz mit seinem Mäzenatentum wieder auf, wenn er davon spricht, dass er seine Spende als Impuls für andere Mäzene verstanden wissen will und er sich als Besserverdienender auch dem Allgemeinwohl verpflichtet fühlt. Ein so verstandener Bürgersinn ist Geisteshaltung in bester Augsburger Tradition und der Nährboden für ein fruchtbares kulturelles Klima. Bürgerengagement auf der einen Seite, kommunale und staatliche Hilfestellungen auf der anderen ergeben eine »private-public-partnership«, die diese Bezeichnung wirklich verdient.

Die bedeutenden Exponate des Museums stehen für viele Facetten des kulturellen Augsburger Erbes. Allerdings war es bisher nicht gelungen, diese glänzende Vergangenheit in einem zeitgemäßen Umfeld auch selbstbewusst und eindrucksvoll zur Schau zu stellen.

Adriaen-de-Vries im Jahr 2000

Initialzündung, dieses Projekt endlich in Angriff zu nehmen, war der Coup der Städtischen Kunstsammlungen, zur Millenniumsfeier die internationale Adriaen-de-Vries-Ausstellung nach Augsburg zu holen. Mit der Gestaltung von Merkur- und Herkulesbrunnen hatte der frühbarocke Bildhauer hier nicht nur einen Höhepunkt seines Schaffens erreicht, sondern auch gestalterische Akzente im öffentlichen Raum gesetzt, die bis heute Augsburger Geschichte nachhaltig in den Blickpunkt rücken. Zusammen mit dem Augustusbrunnen verweisen die Skulpturen von de Vries auf eine Zeit, als die

Ein Highlight der Adriaen-de-Vries-Schau: der Herkules.

Kultur pur

Neue Heimat der Augsburger Brunnengötter: Modell des Viermetz-Hofs im sanierten Maxmuseum.

Jungbrunnen für Herkules und Co.

Bestens belegen lässt sich dies auch am Beispiel der Restaurierung der drei großen Augsburger Bronzebrunnen seit 1992. Ohne den Einsatz der Messerschmitt-Stiftung beispielsweise wäre es nicht gelungen, nacheinander Augustus, Merkur und Herkules einem Bad im Jungbrunnen zu unterziehen, sie von schädlichen Umwelteinflüssen zu befreien und somit der Nachwelt zu erhalten. Dass nun Kopien der Figuren, wie Zwillinge aus einem Guss, den Platz auf den Brunnensockeln eingenommen haben, ist nur ein weiterer Beleg dafür, wie sehr Augsburg mit den Pfunden seines kulturellen Erbes wuchern kann. Denkmalschutz ist in diesem Fall alles andere als ein Zeichen von kultureller Impotenz, was böse Zungen bisweilen behaupten.

Wenn nun die Originale der Brunnenbronzen als Kunstwerke von europäischem Rang im Innenhof des sanierten Maxmuseums, dem Viermetz-Hof, ihren angemessenen Platz finden, bedeutet dies letztendlich eine unschätzbare Aufwertung für die gesamte Ausstellung. Die Überdachung des 400 Quadratmeter großen Skulpturengartens mit einer wahrscheinlich weltweit einzigartigen Glaskonstruktion wird mit dem Viermetz-Geschenk sowie von den ausführenden Firmen Seele-GmbH & Co.KG und IB Ludwig + Waler finanziert und wird schon für sich allein ein spektakulärer, viel beachteter Blickfang sein.

Weltniveau bietet mit Sicherheit schließlich auch die Ausstellung unter dem Titel »Adriaen de Vries 1556–1662 – Augsburgs Glanz und Europas Ruhm«. Vom 11. März bis 12. Juni 2000 ist die Ausstellung im renovierten Maximilianmuseum zu sehen. Nach den Ausstellungs-Stationen Amsterdam (Rijksmuseum), Stockholm (Nationalmuseum) und Los Angeles (Getty-Museum) kehrt Adriaen de Vries damit erstmals wieder »heim« in die Stadt, in der er wegen seines Merkur und seines Herkules schlagartig europaweite Berühmtheit erlangt hatte. Außerdem gilt Augsburg im Verbund der genannten Städte als der einzige histori-

Runderneuert für die Nachwelt: die restaurierte Merkur-Figur.

schmelzungsverfahren« des Bildhauers dokumentiert. Und als Erlebnis-Event ist vorgesehen, das Wasserreservoir am Roten Tor mit dem Brunnenjüngling von de Vries zu rekonstruieren.

Ob Umbau des Maximilianmuseums, Erhalt der Bronzebrunnen oder Millenniums-Schau über den epochalen Künstler zwischen Spätrenaissance, Manierismus und Frühbarock – an diesen Beispielen zeigt eine Stadt, zu welchen kulturellen Leistungen sie auch heute noch fähig ist, vorausgesetzt, alle Kräfte ziehen an einem Strang. Die Verantwortung gegenüber der eigenen Historie ist für Augsburg nicht lästige Pflicht, sondern vielmehr Verpflichtung, den Umgang mit der Geschichte als Impulsgeber zu verstehen für das Leben in einer Stadt im dritten Jahrtausend.

sche Ort, wo der Schüler des berühmten Giambologna gelebt und gearbeitet hat.

Kultur-Highlight im Maxmuseum

Die Besucher dieses Kultur-Highlights erwartet ein Überblick über das gesamte Schaffen des Niederländers: Mehr als 40 Bronzen werden gezeigt, die teils von den Augsburger Prachtbrunnen stammen, teils Leihgaben sind aus 24 bedeutenden Museen und Sammlungen aus dem In- und Ausland. Selbst die »Royal Collection« der englischen Königin stellt zwei Exponate zur Verfügung. Ferner werden unter anderem zwölf seltene Zeichnungen sowie rund 40 Druckgraphiken zu sehen sein. Abgerundet wird die Ausstellung durch ein »Technisches Kabinett«. Hier wird das historische »Wachsaus-

Bauarbeiten auf Hochtouren: Der Museumshof wird zum Skulpturengarten.

Kultur pur 147

Schätze der Kirchenkunst
Im Jahr 2000 öffnet das Diözesanmuseum

von Josef Grünwald und Melanie Thierbach

Ein Höhepunkt des neuen Museums: die Seidenkasel des heiligen Ulrich aus dem 10. Jahrhundert.

Die Entwicklung des Diözesanmuseums St. Afra in den neunziger Jahren zu beschreiben, würde den Leser rasch ermüden, da sie den Weg einer schwierigen und langwierigen Finanzierungs- und Planungsphase, die schon 1989 begann, aufzeigen müsste. Mit erheblicher Anstrengung der Diözese Augsburg und der Unterstützung durch öffentliche Zuschussgeber, konnte das große Bauvorhaben nach einem längeren Baustopp 1997 wieder aufgenommen werden. Im Heiligen Jahr 2000 wird das Diözesanmuseum nun seiner endgültigen Zweckbestimmung zugeführt. Der Blick nach vorne dürfte daher auf alle Fälle interessanter sein als der Blick zurück.

Sechs Räume mit fast 1000 Quadratmetern werden dem Besucher künftig zur Nutzung eines reichen kulturellen Angebots zur Verfügung stehen. Neben der ständigen Ausstellung sollen in der neuen Glashalle und der angrenzenden ehemaligen Ordinariatsbibliothek auch Sonderausstellungen stattfinden können. Dieser Teil des Museums eignet sich aber auch hervorragend für wissenschaftliche Vortragsreihen. Ein Raum im Keller ist komplett für Museumsdidaktik reserviert. Zunächst wird eine computergestützte Besucherinformation zu den Exponaten und bistumsgeschichtlichen Fragestellungen sowie ein Videofilm zu den bedeutenden Ausgrabungen angeboten. Für die Zukunft ist eine Ausweitung auf ein vielfältiges Medienprogramm vorgesehen.

Archäologische Raritäten

Im Rahmen der Planungen für das Diözesanmuseum wurden vom Römischen Museum archäologische Ausgrabungen im alten Kapitelsaal und in der Schneiderkapelle durchgeführt, die überraschende Ergebnisse brachten: Man fand einerseits ein Stück des Querhauses des karolingischen Doms, andererseits einen luxuriös ausgestatteten Raum des ulrichszeitlichen Domklosters. Die Befunde werden zum Teil der Öffentlichkeit zugänglich gemacht und zusammen mit den Fundstücken dieser Ausgrabung in didaktisch aufbereiteter Form präsentiert.

Leihgaben und eigener Bestand

Die übrigen vier Museumsräume stehen für die ständige Ausstellung wertvoller Kunstgegenstände aus eigenem Bestand und bedeutender Leihgaben der Kirchenstiftungen zur Verfügung. Dabei soll der Besucher sowohl über eine den sakralen Objekten angemessene Präsentation gewonnen werden, als auch über ergänzende Textinformationen, die das Exponat in seinen funktionalen beziehungsweise frömmigkeits- und kunstgeschichtlichen Kontext stellen.

Um die Ausstellungsstücke nicht ihrer Wirkung zu berauben – was bei den vielen kleinformatigen Kunstwerken umso wichtiger war – wurde auf museale Inszenierung weitgehend verzichtet. Dennoch liegt es uns fern, die Exponate lediglich ihres enormen Kunstwertes wegen aneinander zu reihen. So folgt das Museumskonzept weniger chronologischen oder kunsthistorischen Ordnungsprinzipien als vielmehr der religiösen Aussagekraft der Gegenstände.

Bronzetür mit Seltenheitswert

Ein Highlight des Museums ist die reliefierte Bronzetür aus der Mitte des 11. Jahrhunderts. Aus dieser Zeit existieren in Deutschland lediglich zwei. Der Besucher wird sich ferner mit qualitätvollen Skulpturen und Tafelbildern über die Bistumsheiligen Ulrich, Afra und Simpert informieren können wie auch über das Thema »Altar«. Wichtige Beispiele dafür sind der Siebenschläferaltar, ein Hausaltar mit Marienszenen, der Reisealtar des Kardinals Otto Truchsess von Waldburg und der Oettinger Tragaltar. Im Bereich »Liturgisches Gerät« wird eine beeindruckende Sammlung von Altarkreuzen und Augsburger Gold- und Silberschmiedearbeiten geboten. Das Thema »Reliquien und Reliquiengefäße« erfährt einen besonderen Akzent mit dem Ulrichsreliquiar und dem für die Augsburger Kunstgeschichte so wichtigen Ostensorium für das »Wunderbarliche Gut« von Heilig Kreuz, einem Aufbewahrungsgefäß für eine wundertätige Bluthostie aus dem 12. Jahrhundert.

Weitere Höhepunkte des Museums sind die mittelalterlichen Textilien vom 6. bis zum 14. Jahrhundert, die sich in ungewöhnlicher Qualität und Anzahl erhalten haben. Dazu zählen zwei Kaseln aus dem 10. Jahrhundert, deren Träger der hl. Bischof Ulrich war, sowie drei Gürtelfragmente aus dem 9. Jahrhundert. Von überregionaler Bedeutung sind auch die Funeralwaffen Kaiser Karls V., die sein Bruder Ferdinand nach der in Augsburg stattfindenden Totenfeierlichkeit 1559 dem Augsburger Domkapitel überließ.

Museum als Erlebnis

Über die Aufstellung dieser bedeutenden Kunstwerke hinaus wird dem Museumsbesucher mittels Karten zur Aufteilung der Diözese, einer Darstellung wichtiger historischer Ereignisse in der Diözese, einer kurzen Erläuterung der Baugeschichte des Augsburger Doms, Ansichten von wichtigen Pfarr-, Kloster- und Wallfahrtskirchen sowie Kurzporträts einiger wichtiger Bischöfe auch ein lebendiges Bild der Augsburger Bistumsgeschichte nachgezeichnet und so zu einem homogenen Gesamtkonzept des Museums beigetragen.

Für die Zukunft bleibt die Hoffnung, dass das Diözesanmuseum St. Afra seinem Verkündigungscharakter in bestmöglicher Weise gerecht wird. Es soll zum Treffpunkt unterschiedlicher Personen werden und eine Symbiose von alter und neuer Kunst ermöglichen. Durch flexible und offene Gestaltungsformen soll das Erlebnis »Museum« auch weit über das Eröffnungsjahr 2000 hinaus ein Erlebnis bleiben.

Für Augsburg besonders wertvoll: das Ostensorium für das »Wunderbarliche Gut« von Heilig Kreuz.

Fahndung im Untergrund
Stadtarchäologie bringt Geschichte ans Licht

von Lothar Bakker

1992 in der Heilig-Kreuz-Straße entdeckt: das Grabmal eines Weinhändlers (um 200 n. Chr).

Als 1978 die Planstelle eines Stadtarchäologen am Römischen Museum eingerichtet wurde, standen die Sterne offensichtlich günstig: Denn bereits wenige Tage danach wurde der damals größte römerzeitliche Goldmünzenschatz nördlich der Alpen bei Ausgrabungen an der Stephansgasse zutage gefördert. Die seither tätige Stadtarchäologie, zuständig für die Bodendenkmalpflege in Augsburg, hat inzwischen an unzähligen Stellen in der »alten Römerstadt«, in ihren Gräberfeldern, im mittelalterlichen Augsburg und auch in den Außenbezirken »gegraben«, dokumentiert, beobachtet – immer in direktem Zusammenhang mit aktuellen Baumaßnahmen.

Die Stadt Augsburg macht dabei in erheblichem Maße Gebrauch von Arbeitsbeschaffungsmaßnahmen – allein 1999 waren insgesamt an die 50 Kräfte im Einsatz. Oft sind vier bis fünf Grabungsteams gleichzeitig tätig, um archäologische Funde und Siedlungsreste als Quellen unserer reichen Stadtgeschichte von der Jungsteinzeit bis in die Neuzeit zu bergen, zu sichern und damit für die Nachwelt zu erhalten.

Funde über Funde

Wie erfolgreich die »Spurensuche« im Augsburger Untergrund ist, erfasst man leicht am enormen Fund- und Kenntniszuwachs: Kamen anfangs jährlich etwa 400 Fundkomplexe zutage, hat sich dies seit Mitte der 80er Jahre mehr als verzehnfacht. Dazu zählen Einzelfunde wie Münzen, karton- und kistenweise Keramik-, Metall- oder Glasobjekte und Knochen – Überreste aus dem Alltag der »alten Augsburger«.

Äußerst ertragreich und gespickt mit »Denkmäler-Highligths« verliefen die 90er Jahre – hier nur in kleiner Auswahl aufgezählt. Ein Altar für den römisch/keltischen Heilgott Apollo Grannus stand im April 1990 am Anfang, im Sommer gefolgt vom Augsburger »Fasswagenrelief« eines Weinhändlergrabmals von der Heilig-Kreuz-Straße – eine der schönsten Transport-Szenen der Antike.

Sensation Siegesaltar

1996, Jesuitengasse: die Bronzestatuette des jugendlichen Herkules aus dem 1. Jahrhundert nach Christus.

Als historische Sensation gilt der »Augsburger Siegesaltar« vom 11. September 260 n. Chr., der nach seiner Entdeckung im August 1992 am Gänsbühl in wenigen Tagen der internationalen Forschung bekannt gemacht und im April 1993 im »American Journal of Archaeology« vorgestellt wurde. Für Augsburg stellt der Altar das bedeutendste Zeugnis der Römerzeit dar. Überliefert wird darin eine zweitägige, für die Römer siegreiche Schlacht gegen die bis nach Oberitalien eingebrochenen »Barbaren« suebischer Herkunft, indirekt auch der Untergang des Limes und die wechselnde Rolle unserer Provinz Raetia im Machtkampf zwischen Kaiser Gallienus und seinem Rivalen Postumus – ein einmaliges Dokument für die Krise des Römerreichs im 3. Jahrhundert.

Spektakulärer Fund 1992: der Augsburger Siegesaltar.

An weiteren Ausgrabungen seien folgende herausgegriffen: ein frühbronzezeitliches Gräberfeld an der Postillionstraße in Haunstetten (1992), die Freilegung eines römischen Palast- und Thermengebäudes am Äußeren Pfaffengäßchen im Domviertel, Untersuchungen im Gräberfeld des 3./4. Jh. n. Chr. an der Frölichstraße, die spektakuläre Bergung des fast sieben Meter hohen Pfeilergrabs des Rechtsgelehrten Aurelius Carus an der Hofer Straße in Oberhausen, die jüngsten Entdeckungen am Hohen Dom mit den Überresten des karolingischen Simpert-Doms von 807 und der Fresken aus Bischof Ulrichs Zeit, die derzeitigen Untersuchungen Hinter dem Schwalbeneck

Kultur pur 151

(römische und erstmals frühmittelalterliche Befunde; ein für Europa äußerst seltener Eisenhelm des 11. Jh.) sowie am Kitzenmarkt (mittelalterliche Glockengussanlagen, reiche Funde aus der Klosterzeit von Ulrich und Afra). Mit dem ersten Band »Augsburger Beiträge zur Archäologie« steht seit 1999 auch ein Forum für regelmäßige Veröffentlichungen der Ausgrabungsergebnisse und Funde für die Wissenschaft und das interessierte Publikum zur Verfügung.

Magnet Römisches Museum

Gleichzeitig entwickelte sich das Römische Museum in den 90er Jahren zum Besucher-Magneten: Weit über 200 000 Gäste sahen von April 1990 bis Sommer 1999 achtzehn Sonderausstellungen zu Themen wie »Rentierjäger und frühe Bauern«, »Kult der Vorzeit in den Alpen«, numismatische Präsentationen wie »Rom und Germanen im Münzbild«, »Von Alexander zu Kleopatra« oder »Ägypten zur Römerzeit«, dann »Kalkriese – Ausstellung zur Varusschlacht«, »Italien vor den Römern – Etrusker, Italiker und griechische Kolonisten«, »Knochenarbeit – Skelettreste als Werkstoff«, »Römisches Theater in den Provinzen«, »Römische Reiterei am Limes« oder »Augsburger Bilderbäcker – Tonfigürchen des späten Mittelalters und der Renaissance«.

Auf besonders großes Interesse (allein über 8000 Schüler) stießen »Culinaria Romana – So aßen und tranken die Römer« oder die Ausstellungen »Leben nach dem Tod« mit der Rekonstruktion einer ägyptischen Grabkammer und

Beim Neubau der Vincentinum-Tiefgarage 1994 gefunden: eine hölzerne Kaianlage des römischen Lechhafens.

Grabungsort Hoferstraße 1998: Grabrelief des M. Aurelius Carus (um 180/190 n. Chr.).

Das Römische Museum als Veranstaltungsort: der Internationale Patentnehmerempfang der MAN B&W Diesel AG.

»Des Lichtes beraubt – Römische Totenehrung« mit reichen Funden aus Mainz, das wie Augsburg ehemals römische Provinzhauptstadt war.

»Die Alamannen« – der Renner

Herausragend war jedoch der Erfolg der nach Stuttgart und Zürich auch hier gezeigten Großausstellung »Die Alamannen« unter der Schirmherrschaft des schweizerischen und deutschen Bundespräsidenten, die 1998 innerhalb von dreizehn Wochen knapp 50 000 Besucher aus Deutschland, dem benachbarten Ausland und sogar aus Übersee anzog. Diese Besuchererfolge haben das Römische Museum mittlerweile zu einer attraktiven und weit über Augsburg hinaus bekannten »Adresse« für Archäologie-Ausstellungen werden lassen.

»Lebendig« wurden Museum und Grabungen durch Hunderte von Führungen, zwei Museumskonzerte, Tage der offenen Tür und »des offenen Denkmals« (1993 im Äußeren Pfaffengässchen: 3500 Interessierte auf der Ausgrabung) sowie vielfältige Sonderveranstaltungen wie Firmen- und Tagungsempfänge in der beeindruckenden vormaligen Dominikanerkirche. Auswärts war das Römische Museum neben Vorträgen auf Tagungen und Kongressen mit herausragenden Exponaten an zahlreichen Ausstellungen beteiligt, so an »Die Kelten« in Rosenheim (1993), »Isis« in Mailand (1997) oder derzeit mit dem bronzenen und goldenen Trinkservice von Unterglauheim auf der Europarat-Ausstellung »Europa zur Zeit des Odysseus« mit Stationen in Kopenhagen, Bonn, Paris und Athen oder mit dem römischen Ochsenkarrenrelief auf »Wine and Beer in Antiquity« im Israel Museum von Jerusalem.

Projekt »archäologische Fenster«

Für das neue Jahrtausend stellen sich neue Herausforderungen, aber auch Visionen – für das Römische Museum und die Stadtarchäologie: die Neugestaltung der Dauerausstellung und ein weiterhin attraktives Programm, wenn möglich die Erweiterung der Ausstellungsflächen, die Gestaltung sogenannter archäologischer Fenster im Stadtrundgang wie am Äußeren Pfaffengässchen oder gar ein »Archäologischer Park« im Pfannenstiel-Areal, wo unter Mithilfe der MAN jüngst ein gut erhaltenes römisches Stadtquartier mit Straßen, Häusern und Stadtmauer »angegraben« wurde. Augsburgs Vergangenheit – durch die Archäologie mit hohem städtischem Personal- und Mitteleinsatz aus dem Untergrund ans Licht geholt – bietet vielfältige Chancen der historischen Identifikation und des »Lernens an der Geschichte«: dem Bürger und Besucher Augsburgs gleichermaßen.

Lebensqualität für Generationen

EINE STADT will Zuhause für Menschen jeden Alters sein. Jährlich erblicken etwa 2000 Augsburger das Licht der Welt, etwa 15 erblicken es schon seit 100 und mehr Jahren. Ein riesiger Generationenbogen spannt sich von Kindheit und Jugend über die Welt der Arbeit beziehungsweise Familie bis zum Ruhestand und eventuellen Pflege. Ganz unterschiedlich sind die jeweiligen Bedürfnisse nach Bildung, Freizeit, Gesundheit und anderem. Es sollen ja nicht nur Einwohner ihr Dasein fristen, sondern Bürger ihr Leben gestalten und etwas daraus machen: Lebensqualität.

Die Voraussetzung beginnt beim Platz im Kindergarten für alle, um Chancengleichheit und Sozialverhalten früh zu fördern. Besondere Chancen in der Schule braucht der Schwächere. Von Jugendzentren bis Streetwork reichen die Ansätze der Jugendarbeit. Für all dies ist in den 90ern viel geschehen. In einer sogenannten Wissensgesellschaft hat aber auch die nunmehr dreifache Hochschulstadt bessere Karten: ein zügiger Ausbau der Universität, eine gefragte Fachhochschule und eine gemeinsame Hochschule für Musik mit der Franken-Metropole Nürnberg. Auswärtige Studenten sollen hier eine Heimat auf Zeit haben und alle sollen sich gute Zukunftschancen erwerben können.

Wie sehr Lebensqualität beeinträchtigt werden kann, wissen kranke und alte Menschen. Stadt und Landkreis Augsburg investierten hohe Summen in ihr Klinikum, sei es für Großgeräte, neue Methoden oder in ein Fachschulzentrum für medizinische Berufe. Und eine moderne Reha-Klinik bei Hessing hilft speziell älteren Patienten. In jedem Fall aber erlaubt das neue Konzept der Seniorenarbeit ein Wohnen nach Maß bis zur Pflege mit einem vielfältigen Netz an Diensten und Angeboten.

Wie immer man es nennt: Selbstverwirklichung oder vielleicht besser Selbstständigkeit und Selbstverantwortung finden positive Bedingungen, damit ein Leben in Augsbug gut gelingen kann.

P. M.

Chronik*

1990 ff.	Kontinuierlicher Ausbau der *Universität*
1991–1998	*Schulbauten* in Oberhausen (Werner Egk), Hochzoll-Süd und Lechhausen (Förderzentrum Pankratiusschule)
1995	In allen Stadtteilen werden flächendeckend sozialpädagogisch besetzte *Fachberatungsstellen für Senioren* eingerichtet.
1997	Abschluss der Sanierung des Altenheims *St. Margareth* beim Hospital-Stift
1997	Neues Konzept »*Wohnen nach Maß bis zur Pflege*« sichert Wohn- und Pflegequalität auf hohem Niveau.
1997	Eröffnung der Modellklinik für *Geriatrische Rehabilitation* bei der Hessing Stiftung
1997	Entscheidung für den Ausbau der *Fachhochschule* auf dem Gelände der ehemaligen Schüle'schen Kattunfabrik
1997/1999	In Kriegshaber und Lechhausen stehen jungen Menschen zwei neue *Jugendzentren* zur Verfügung.
1998	Für das *medizinische Berufsfachschulzentrum* am Zentralklinikum wird der Grundstein gelegt.
1998	Gründung der neuen kommunalen *Hochschule für Musik* Nürnberg-Augsburg
1999	Eine Versorgungsquote von etwa 95 Prozent bei den *Kindergartenplätzen* ist erreicht.
1999	Das *Richard-Wachter-Haus* wird als Wohnmodell für Senioren eröffnet.

* eine Auswahl

Großes für die Kleinen
Die 90er beenden die Kindergarten-Misere

von Elfriede Ohrnberger

»Weil ich jetzt im Kindergarten bin, kann meine Mami wieder arbeiten.« Gibt es eine treffendere Beschreibung für die erfolgreichen Bemühungen von Stadtrat und Verwaltung in puncto Kindergartenversorgung, als dieses Zitat?

Seit 1986 ist in der Stadt Augsburg die Zahl der Geburten kontinuierlich angestiegen. Bei meinem Amtsantritt im Mai 1990 war im neu strukturierten Referat für Schule, Jugend und Familie der Mangel an Kindergartenplätzen eines der drängendsten Probleme. Für fast 7000 »Kindergartenkinder« boten Stadt und freie Träger in ihren Einrichtungen nur gut 4500 Kindergartenplätze an. Gleichzeitig führte die starke Nachfrage auf dem Wohnungsmarkt zu massivem Druck auf die Stadtverwaltung, möglichst schnell die Voraussetzungen für neue, auch kostengünstige Wohnungen für Familien zu schaffen.

Großeinsatz für neue Plätze

Bei dieser Ausgangslage waren Sicherung und Erwerb von Grundstücken für

Zeigt her eure Füßchen: Kindergartenspiele warten in Augsburg auf praktisch alle Kinder.

Steinchen für Steinchen: Seit 1990 hat die Stadt ihre Zuschüsse für die Kinderbetreuung mehr als verdoppelt.

Finanzierung von Elterninitiativen finanziell abgesichert. Auch die Modellprojekte des Freistaates Bayern »Netz für Kinder« sowie »Hort an der Schule« werden mitfinanziert. Die Ausgaben für den Betrieb eigener Einrichtungen und die Zuschüsse an freie Träger haben sich von zwölf Millionen Mark 1990 auf 24,5 Millionen Mark 1999 mehr als verdoppelt. Und mit rund 2,7 Millionen Mark jährlich unterstützt die Stadt Augsburg einkommensschwache Familien durch die Freistellung oder den Nachlass von Gebühren für Krippe, Kindergarten oder Hort.

Versorgungsquote von 95 Prozent

Die Versorgungsquote bei Kindergartenplätzen und anderen Betreuungsangeboten für diese Altersgruppe liegt heute bei 95 Prozent. Damit haben wir das 1990 gesteckte Ziel erreicht, für jedes Kind im Kindergartenalter einen Platz anbieten zu können, auch wenn die Versorgung der einzelnen Stadtteile noch Unterschiede aufweist. Insgesamt also eine positive Entwicklung – für die Familien, aber auch für die Arbeit vor Ort. Und ein eindrucksvoller Beweis dafür, dass Kinder in Augsburg eine Lobby haben.

Für die Zukunft wurden bereits wichtige Weichen gestellt: Im Entwicklungsplan Kindertagesstätten hat der Stadtrat wei-

den Bau neuer Kindertagesstätten die vordringlichste und nicht immer leichte Aufgabe. Der Augsburger Stadtrat hat dankenswerterweise stets die notwendigen Gelder für Grundstückskauf, Bau und Einrichtungen bereitgestellt und damit die Versorgungsquote kontinuierlich verbessert. Zur Sicherung bestehender Plätze wurden vier Einrichtungen freier Träger angekauft sowie circa zwölf Millionen Mark an Baukostenzuschüssen für die Sanierung und Erweiterung bestehender Einrichtungen freier Träger bereitgestellt. Außerdem hat die Stadt Augsburg insgesamt 13 neue Kindertagesstätten gebaut, von denen sie acht auch selbst betreibt. Dabei denkt man zunächst nur an die Grundstücks- und Baukosten und übersieht leicht, dass jedes neue städtische Haus mit vier Gruppen laufende Kosten von rund 450 000 Mark pro Jahr für die Stadt verursacht.

Auch andere Modelle gefördert

Neben dem Ausbau der klassischen Kinderbetreuungs-Einrichtungen wurde die

Neue Räume, neues Personal: 13 neue Kindertagesstätten (hier an der Hessenbachstraße) wurden in den 90ern gebaut und viele neue Stellen geschaffen.

158 Lebensqualität für Generationen

tere Standorte festgeschrieben. Außerdem müssen bei Bebauungsplänen für neuen Wohnraum zusätzlich notwendige Kindergartenplätze ermittelt und von den Bauherren mitfinanziert werden. Aber auch bei den Betreuungsformen gibt es neue Konzepte. Die geänderten Familienstrukturen regen zu Diskussionen über Modelle zur altersübergreifenden Kinderbetreuung an – eine Herausforderung, der wir uns auch in der Stadt Augsburg nicht verschließen.

Gemeinsam fürs Leben lernen: Kindergärten sind wichtig für die Entwicklung.

Kindertagesstätten 1990–1999	Baukosten in Mio. DM
Neubaumaßnahmen:	
Christkönig-Pavillon	0,4
Dr.-Otto-Meyer-Straße	3,3
Euler-Chelpin-Straße	2,7
Hessenbachstraße	3,4
Johann-Strauß-Straße	2,7
Josef-Priller-Straße	3,4
Langemarckstraße	4,1
Mariusstraße	1,0
Mittenwalder Straße	2,5
Montessori-Kinderhaus	0,2
St. Thaddäus	2,9
Schönbachstraße	2,4
Zollernstraße	2,4
Gesamt	**31,4**
Zuschüsse an 17 freie Träger:	
Gesamt	**11,75**

Vereinbarkeit von Beruf und Familie

Bei allen Überlegungen wird unser Ziel auch in Zukunft lauten: Die Kinderbetreuung leistet nicht nur einen wichtigen Beitrag für die Entwicklung des einzelnen Kindes, sondern erleichtert darüber hinaus die Vereinbarkeit von Beruf und Familie. Und wenn beides stimmt, werden sich Kinder mit ihren Familien weiterhin bei uns wohl fühlen und gerne in Augsburg leben.

Ende einer Wanderschaft
Pankratius-Förderschule in neuem Gebäude

von Josef Gayer

Jedem Kind »seine« Schule: Auch für die Schwächeren gilt die Vielfalt des Angebots.

Gibt es einen schöneren Dank für die Erbauer einer Schule, als wenn die Schüler sagen: »Hier macht selbst Lernen Spaß«? Mit Beginn des Schuljahres 1998/99 haben wir unser neues Schulhaus bezogen und am 19. März 99 feierlich eingeweiht. Die Zeit der Aufteilung und der Wanderschaft mit all den damit verbundenen Belastungen und Einschränkungen hatte damit ein Ende. Die Schulchronik berichtet von einer schweren und langwierigen Geburt, verständlich allerdings aus Sicht der Stadt Augsburg mit ihren vielfältigen finanziellen Verpflichtungen in Zeiten chronisch leerer Kassen.

Was lange währt ...

Geplant war ein Neubau bereits seit 1979, zunächst aber standen wichtige Baumaßnahmen an. Doch die mangelhafte räumliche Unterbringung der Pankratius-Schüler machte einen Neubau dringend notwendig. Ende Juli 1996 erfolgte dann endlich der erste Spatenstich für eine neue Pankratiusschule. Es war an einem strahlenden Sommertag, kein Wölkchen am Himmel – ein Freuden- und Glückstag für die Schüler, Eltern und Lehrer, aber auch für die Architekten und die Verantwortlichen der Stadt Augsburg. Schulreferentin Elfriede Ohrnberger genoss den Tag mit besonderer Genugtuung, hatte sie doch jahrelang für das »Sorgenkind Pankratiusschule« gekämpft.

... wird immer besser

Im Nachhinein hatte das lange Warten auch sein Gutes. Neue Lehrpläne für Förderschulen sowie die neuesten Entwicklungen in der Sonderpädagogik konnten bei der Bauausführung noch berücksichtigt werden. Neben der Einführung der Diagnose- und Förderklassen wurden Fachräume für ITG (Informationstechnische Grundbildung) und BWFU (Berufswahlvorbereitender Förderunterricht) sowie Büros und Anlaufstellen für Schulpsychologie und Sonderpädagogische Mobile Dienste geschaffen.

Offene Bauweise für eine offene Atmosphäre: die neue Pankratius-Förderschule.

Schulgebäude 1990–1999	Baukosten in Mio. DM
Neubaumaßnahmen und Erweiterungen:	
Berufsschule IV	3,3
Berufsschule V*	13,0
Berufsschule VI*	28,0
Bleriot-GS*	2,2
FZ Pankratiusschule	18,8
Hans-Adlhoch-VS (Turnhalle)	9,1
Herrenbach-GS	1,7
Luitpold-GS	2,3
VS Firnhaberau**	12,3
VS Hammerschmiede	2,3
VS Hochzoll Süd	8,5
Werner-Egk-GS	10,8
Sanierungen:	
Fachakademie Hauswirtschaft	5,3
Berufsschule I, II und III	2,9
Elias-Holl-VS (Heizung)	1,4
Hans-Adlhoch-VS (Heizung)	1,6
Gesamt	**123,5**

* vor 1990 begonnen   ** Maßnahme noch nicht abgeschlossen

Architektur der Geborgenheit

Dass die neue Pankratius-Schule auch architektonisch gelungen ist, darüber gibt es keinen Zweifel: Große Glasflächen lassen viel Licht und Sonne ins Haus, die Bauweise der Eingangshalle symbolisiert Offenheit für Bildung und Begegnung. Großformatige Kinderporträts schmücken die großen Glasscheiben am Eingang, sie erinnern an einmalige Persönlichkeiten mit individuellen Ansprüchen auf Bildung und Erziehung. Die Gestaltung des Hauses und der Klassenzimmer fördert ein Gefühl der Vertrautheit und Geborgenheit, was für nicht wenige unserer Schüler besonders wichtig ist. Bunte ansprechende Farben, zweckmäßig ausgestattete Fachräume, helle freundliche Zimmer, die aus Schulräumen Lern- und Lebensräume machen, vermitteln eine positive Grundstimmung und motivieren zum Lernen. Die Stadt Augsburg verfolgt in ihrer Schulpolitik das Ziel, jedem Kind »seine« Schule zu geben. Der Neubau der Pankratiusschule zeigt, dass die Vielfalt des Angebots auch für die Schwächeren gilt.

Eine klangvolle Liaison
Die Musikhochschule Augsburg-Nürnberg

von Ludwig Scholz

Bessere Chancen für Musiker: die neue Hochschule für Musik mit den Standorten Augsburg und Nürnberg.

Woran denken Sie beim Thema Musik? Auch an Muse, große Begabungen, an Leichtigkeit und Inspiration? Kein Zweifel, Musik ist Kunst, doch auch Kunst kann harte Arbeit sein. Und: Auch Kunst braucht Ausbildung.

Fachleute und Bildungspolitiker waren sich deshalb seit langem einig, dass auch Musiker angemessen ausgebildet werden müssen. 1994 schien es tatsächlich zu gelingen, die bayerischen Konservatorien in den staatlichen Hochschulbereich zu überführen. Doch dann machte die schlechte Finanzlage des Freistaats die Pläne wieder zunichte – zum Leidwesen der Städte Augsburg und Nürnberg, denen sehr an einer Aufwertung ihrer Konservatorien gelegen war.

Zusammen mit meinem Augsburger OB-Kollegen Peter Menacher wollte ich mich mit dieser Absage nicht abfinden. Es folgten intensive Gespräche untereinander und mit Minister Hans Zehetmair, und schließlich zeichnete sich der Weg für ein neues Modell ab. Ein Landtagsbeschluss vom Dezember 1996 eröffnete den Studierenden der Konservatorien den Zugang zum künstlerischen Hochschuldiplom, also mussten auch die entsprechenden Rahmenbedingungen geschaffen werden.

Hochschule aus zwei Konservatorien

Für das Leopold-Mozart-Konservatorium in Augsburg und das Meistersingerkonservatorium in Nürnberg bedeutete dieser Landtagsbeschluss den Startschuss zur Gründung einer gemeinsamen kommunalen Musikhochschule, um die Qualität der Ausbildung an beiden Standorten für die Zukunft zu sichern. Schon wenige Wochen nach der ersten Finanzierungszusage durch den Freistaat riefen die Städte Augsburg und Nürnberg mit den Bezirken Schwaben und Mittelfranken im April 1998 einen Zweckverband ins Leben und benannten mit Prof. Dr. Franz Müller-Heuser, dem Präsidenten des Deutschen Musikrates und ehemaligen Rektor der Musikhochschule Köln, gleich einen Gründungspräsidenten.

In enger Kooperation mit den Direktoren der beiden Fachakademien Christian Pyhrr (Augsburg) und Burkhard Rempe (Nürnberg) stellte Prof. Müller-Heuser die organisatorischen und personellen Weichen für einen erfolgreichen Start der neuen Hochschule. Bereits am 30. August 1998 genehmigte das Kultusministerium das Nürnberg/Augsburger Modell, am 1. Januar 99 nahm die Geschäftsstelle des Zweckverbandes ihre Tätigkeit auf und am 30. Juli schließlich galt die neue Hochschule für Musik offiziell als errichtet. Sozusagen als Rechtsnachfolgerin übernahm sie die beiden traditionsreichen Akademien.

HOCHSCHULE FÜR MUSIK NÜRNBERG AUGSBURG

Startschuss im Herbst 99

Im Wintersemester 1999/2000 können nun erstmals Kurse und Veranstaltungen an beiden Standorten der Hochschule angeboten werden, die unter einem organisatorischen Dach zusammengefasst sind. Für Nürnberg sind 300 Studienplätze vorgesehen, in Augsburg sollen es 200 sein. Insgesamt werden zwar 120 Studienplätze abgebaut, was aber der bildungspolitischen Zielsetzung eines hochschulgerechten Leistungsstandards entspricht.

Zu den Besonderheiten des Nürnberger Studienangebots zählen die Fächer Alte Musik/Historische Instrumente, Musiktheorie, Jazz und Percussions, klassisches Saxophon, Akkordeon und Orgel. Speziell in Augsburg werden Kirchenmusik, Blasorchester, Gitarre, Musiktherapie und Gesang mit szenischer Ausbildung angeboten. Die Orchesterinstrumente, Klavier, Gesang und Musikpädagogik werden als Grundstock an beiden Standorten unterrichtet.

Selbstständig und doch gemeinsam

Nach derzeitiger Planung wird es in Nürnberg 27 und in Augsburg 18 Professorenstellen geben. Beide Standorte sollen ihren Lehrbetrieb selbstständig und ohne gegenseitige personelle Hilfe durchführen, das heißt, Studenten und Lehrer müssen nicht zwischen Augsburg und Nürnberg pendeln. Bei Konzerten, Workshops oder besonderen Projekten ist ein gegenseitig befruchtender Austausch natürlich erwünscht.

Der Gesamtetat der neuen Hochschule für Musik ist mit jährlich etwa 16 Millionen Mark veranschlagt. Der Freistaat Bayern trägt 60 Prozent der Lehrpersonalkosten, den Restbetrag teilen sich die vier Zweckverbandsmitglieder nach einem festgelegten Schlüssel. In Nürnberg und Augsburg ist darüber hinaus noch einiges zu tun, um die baulichen Voraussetzungen zu erfüllen. Pro Studienplatz müssen zwölf Quadratmeter Fläche bereitgestellt werden. Augsburg kann dieser Richtzahl mit kleineren Erweiterungen wohl schnell nahe kommen, Nürnberg dagegen erfüllt die Vorgabe nicht einmal zur Hälfte.

Ein zweiter Geniestreich

In einem Ringtausch mit Stadtarchiv und Stadtbibliothek soll der Hochschule für Musik im ehemaligen Pellerhaus eine neue Heimat geboten werden. Sogar ein Konzertsaal in unmittelbarer Nähe wäre dort realisierbar. Vorher müssen allerdings noch die Stadträtinnen und Stadträte in den Haushaltsberatungen grünes Licht für die Finanzierung des Ringtausches geben.

Doch dann steht dem großen Projekt einer Musikhochschule tatsächlich nichts mehr im Wege. Nach der Fusion der Maschinenfabriken Augsburg und Nürnberg zur MAN vor hundert Jahren ist die Kooperation der beiden Fachakademien für mich der zweite Augsburg-Nürnberger Geniestreich.

Lebensqualität für Generationen

Heute hip, morgen Flop
Turbulente Zeiten für die Jugendarbeit
von Matthias Garte

Da F.U.N.K: Ihre Karriere begann im Jugendzentrum Kanalstraße.

»Die Jugend ist jung und sehr verschieden«, so titelte die Berliner »Tageszeitung« Anfang der 90er Jahre über die Erkenntnisse eines Kongresses zur Jugendforschung. Und in den 90ern ist »die Jugend« noch »verschiedener« geworden. Die bereits in den 80er Jahren mit dem etwas monströsen Begriff »Individualisierung und Pluralisierung der Lebensstile« beschriebene Entwicklung ist in den 90ern vollends zum Tragen gekommen. Nicht mehr Herkunft und »Milieu« steuern primär die Zugehörigkeit zu Gruppen und Verbänden. Stile, Szenen und Identitäten erscheinen als beliebig wähl- und abwählbare Optionen.

»Kultur der Unverbindlichkeit«
Diese Entwicklung hatte und hat natürlich enorme Auswirkungen auf die Jugendarbeit, denn für jedes Angebot, egal ob in der verbandlichen oder in der offenen Jugendarbeit gilt: Wo bestimmte Jugendliche interessiert hinhören, wen-

den sich mindestens so viele gelangweilt oder gar genervt ab – das ist nicht »ihr Ding«. Die Jugendarbeit musste nun also sorgfältig entscheiden, für wen sie mit einem bestimmten Angebot da sein will. Eine gewisse »Kultur der Unverbindlichkeit« wurde zur beherrschenden Einstellung. Auch viele Engagierte sind immer weniger zu einem Einsatz mit »Haut und Haaren« bereit. Aber: Es gab und gibt auch neue Formen von vielleicht oft nur punktuellem, aber trotzdem enormem Engagement und großem Idealismus – in der tagtäglichen Jugendarbeit bis hin zu solchen Highlights wie X-Large. Und auch heute ist Jugendarbeit ohne die Begeisterung vieler und ohne deren zupackendes Mitmachen nicht denkbar.

Gleichzeitig wuchsen die Anforderungen an die »Verpackung«, an die Präsentation unserer Arbeit. Diskussionen über Image, »corporate identity« und »corporate design« wurden das Lernfeld der Hauptamtlichen in den frühen 90er Jahren. Wie andere Non-Profit-Organisationen übernahm auch die Jugendarbeit Deutungsmuster der freien Wirtschaft – Input-Output, Effizienz und Wirtschaftlichkeit waren keine Tabu-Themen mehr.

Aktionen gegen Jugendarbeitslosigkeit

Ein Faktor, der die Jugendarbeit ganz erheblich beeinflusste, war die Jugendarbeitslosigkeit, die in den 90ern wieder zu einer gesellschaftlichen Herausforderung wurde. Im Stadtjugendring ist es uns gelungen, darauf mit neuen, unkonventionellen und öffentlichkeitswirksamen Methoden zu reagieren. Wie mit der »Aktion Azubi« und der Plakat-Serie zur Jugendarbeitslosigkeit.

Die sozialen Folgen dieser Probleme wurden gerade in der offenen Jugendarbeit spürbar. Wo manche Elternhäuser, aus welchen Gründen auch immer, ihre Verantwortung nicht mehr ausreichend wahrnahmen, mussten unsere Mitarbei-

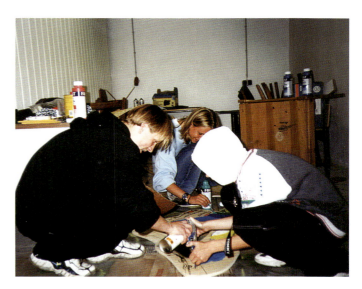

Jugendarbeit in Augsburg: verschiedenste Angebote für verschiedenste Interessen.

terinnen und Mitarbeiter verstärkt »Familienersatzleistungen« erbringen. Mit Projekten wie »fit for job« im Jugendhaus Oberhausen gelingt es uns, Jugendliche gezielt anzusprechen und sie zu fordern.

Jugendkultur kennt keine Grenzen

Nachdem viele Gastarbeiterfamilien in der zweiten und dritten Generation hier heimisch geworden waren, kamen nach dem Fall des Eisernen Vorhangs neue Gruppen von Zuwanderern nach Augsburg, deren Kinder ihren Platz in unseren Einrichtungen suchten. Heute hat jeder fünfte junge Mensch in Augsburg keinen deutschen Pass.

Ein Glücksfall war und ist deshalb die in dieser Szene vorherrschende Jugendkultur des Hip-Hop, der Breaker, ergänzt durch die Graffiti-Writer, durch Streetball und andere sportliche Aktivitäten. Fit sein, kein Alkohol, keine Drogen und vor allem ein wirklich interkulturelles Lebensgefühl, das erst mal nicht nach Pass und Hautfarbe fragt, bestimmt diese Szene. So waren seit den 90er Jahren Streitigkeiten zwischen deutschen und ausländischen Jugendlichen in unseren Jugendhäusern eher die Ausnahme. Einige der Gruppen, die bei uns »groß« geworden sind, haben regelrecht Karriere

Augen auf und durch: Jugendarbeit muss sich immer neuen Herausforderungen stellen.

gemacht, wie die Breaker »Da F.U.N.K« aus dem Jugendzentrum Kanalstraße. Genauso bemerkenswert ist, dass es in der Stadt Augsburg zu keinem Zeitpunkt eine nennenswerte, militante »rechte« Jugendszene gegeben hat – vielleicht hat die Arbeit des Stadtjugendrings auch dazu einen Beitrag geleistet?

Novum Streetwork

Raus aus den Einrichtungen, rein in die Stadtteile – dies war die inhaltliche Hauptorientierung der offenen Jugendarbeit in den 90er Jahren. Gemeinwesenorientierung und Vernetzung waren die Stichwörter, »von der Immobilie zur Mobilie« das Schlagwort. Wobei der mobile Teil von Jugendarbeit nur funktioniert, wenn er sich auf die Immobilie, auf die Jugendhäuser und Jugendzentren stützen kann. Insofern war es nur konsequent, dass nach den ersten, bereits sehr erfolgreichen Gehversuchen mit dem Streetwork am Plärrer »aufsuchende Jugendarbeit« zum wesentlichen Novum dieser Jahre wurde.

Mit dem Streetwork am Plärrer und später mit dem Pilotprojekt im Univiertel konnte der Stadtjugendring einer größeren Öffentlichkeit beweisen, dass Jugendarbeit tatsächlich präventive Leistung erbringt. Dabei war es uns immer besonders wichtig, nicht der Versuchung zu erliegen, Jugendprobleme zu dramatisieren und zu skandalisieren, um unsere eigene Arbeit aufzuwerten. Auch wenn es um Jugendliche »in besonderen Problemlagen« geht, sollten wir diese nicht schlechter reden, als sie sind. Augsburg ist nicht die Bronx und wird es sicherlich auch nie werden.

In der zweiten Hälfte der 90er Jahre wurde auch ohne unser Zutun der Ruf nach Angeboten der offenen Jugendarbeit in vielen Stadtteilen immer lauter. So sind die letzten zehn Jahre auch das Jahrzehnt eines echten Revivals der offenen Jugendarbeit im öffentlichen Bewusstsein. Gleichzeitig hat sich gerade in der letzten Zeit die Zusammenarbeit zwischen verschiedenen Sozialisationsinstanzen, zwischen der Jugendhilfe und den Hauptschulen etwa, wesentlich intensiviert. Diese neuen Formen der Zusammenarbeit, modellhaft erprobt in der Kooperation der Hans-Adlhoch-Schule mit dem Jugendhaus Pfersee, werden in der Zukunft positive Wirkung entfalten.

Dass in Augsburg bereits 1995, also früher als in den meisten anderen bayerischen Städten, der »Kommunale Kinder- und Jugendhilfeplan, Teilplan Jugendarbeit« verabschiedet wurde, war ein Grund dafür, dass in Kriegshaber und Lechhausen neue Jugendhäuser in Betrieb gehen konnten, im Univiertel die erste feste Stelle für Streetwork entstand. So ist die Jugendarbeit in Augsburg an der Schwelle zur Jahrtausendwende gut gerüstet, um mit den Erfahrungen der turbulenten 90er Jahre auch die künftigen Herausforderungen zu bestehen.

Campus komplett
Ausbau der Universität fast vollendet

von Reinhard Blum

Allein 1200 Studienanfänger an der Wirtschafts- und Sozialwissenschaftlichen Fakultät: Dies war die Hiobsbotschaft, die im Herbst 1990 den Auftakt des Studienjahres an der Universität Augsburg prägte. Mangels eines auch nur annähernd ausreichenden Hörsaals musste die Schwabenhalle im benachbarten Messezentrum für die Einführungsvorlesungen angemietet werden.

Die auf 8000 Studienplätze ausgelegte Universität Augsburg war von der Studentenlawine, die in ganz Deutschland seit Mitte der 80er Jahre anschwoll, besonders betroffen: 1990 war die Zahl der Studienanfänger mit knapp 2900 dreimal so hoch wie 1980. Der Höhepunkt dieser Entwicklung war mit über 15000 eingeschriebenen Studierenden 1993/94 erreicht. Und die Universität Augsburg hatte mit einer Überlast von 100 Prozent Grund genug, sich den bundesweiten Protesten gegen die immer schlechter werdenden Bedingungen an den deutschen Hochschulen anzuschließen.

Neuer Ansturm bereits in Sicht

Am Ende des letzten Jahrzehnts dieses Jahrtausends sieht die Situation anders aus: Aufgrund der demographischen Entwicklung haben sich die Anfängerzahlen allmählich wieder auf das Niveau der späten 80er Jahre eingependelt. Von dieser Entspannung haben freilich nicht alle Fakultäten und Fächer gleichermaßen profitiert. Zudem wird dieser Trend allen Prognosen zufolge nicht anhalten, vielmehr zeichnet sich schon für die ersten Jahre des nächsten Jahrtausends ein neuerlicher Ansturm auf die Hochschulen ab. Folglich ist es von entscheidender Bedeutung, dass beim Ausbau der Augsburger Universität in den

Brandneu und topmodern: der Hörsaal der Jura-Fakultät.

90er Jahren Fortschritte erzielt wurden, wie man sie zu Beginn dieses Jahrzehnts noch nicht hatte erwarten dürfen.

Nur noch eine Außenstelle

Augenfällig sind diese Fortschritte im Baubereich: Der Wunsch, bis zum Jahr 2000 alle Fakultäten in Neubauten auf dem Campus zusammenzuführen, ging bis auf eine Ausnahme tatsächlich in Erfüllung – nur die Fächer Kunst- und Musikpädagogik bleiben zunächst am Standort Schillstraße. Noch im Spätjahr 1989 konnten die Augsburger Mathematiker und Informatiker von der Alten Universität auf den Campus umziehen. Gleichzeitig brachte das neue WiSo-Hörsaalzentrum eine spürbare Verbesserung für die Wirtschafts- und Sozialwissenschaftliche Fakultät, die sich mit ihrem kompletten Umzug auf den Campus allerdings noch ein halbes Jahrzehnt gedulden musste.

Zwischenzeitlich konnten zum Wintersemester 1993/94 nach dreijähriger Bauzeit die weitläufigen neuen Sportanlagen der Universität in Betrieb genommen werden. Als nächstes wäre den ursprünglichen Planungen zufolge die Juristische Fakultät am Zug gewesen. Weil Bundesmittel ausblieben, verzögerte sich der Baubeginn aber bis ins Frühjahr 1996 – gerade noch rechtzeitig, um den Umzug der Juristen auf den Campus kurz vor Jahrtausendschluss zu ermöglichen.

Neue Physik in Rekordbauzeit

Ein überzeugendes Ausbau-Konzept und der vielfache Einsatz von Mandatsträgern trugen schließlich dazu bei, dass die Physiker die Juristen auf dem kurzen Weg von der Alten zur Neuen Universität noch überholen konnten: Der neue, zu einem Großteil vom Bund finanzierte Forschungsschwerpunkt »Elektronische Korrelationen und Magnetismus«, EKM, erforderte entsprechende Räumlichkeiten. Es lag nahe, die über kurz oder lang ohnedies anstehenden Neubauten für das »alte« Physik-Institut gleich in diese Planungen miteinzubeziehen. Voraussetzung dafür, dass die Gebäude nach Rekordbauzeiten im Sommer 1996 und 98 eröffnet werden konnten, war die Bereitschaft des Freistaats, die Finanzierung im Rahmen der »Offensive Zukunft Bayern« sicherzustellen.

Insgesamt flossen über die gesamten 90er Jahre hinweg rund 250 Millionen Mark in den Ausbau des Augsburger Universitätscampus, der als großzügig angelegter Park mit seiner kontrastreichen Architektur sicherlich zu den angenehmsten deutschen Hochschulanlagen gerechnet werden darf. Problema-

Anspruchsvoller Stoff, anspruchsvolle Architektur: Neubauten für die Physiker.

tisch ist freilich der Umstand, dass der personelle Ausbau nicht mit dem baulichen Schritt halten konnte – eine Hypothek für den Start ins dritte Jahrtausend. Die Zahl der verfügbaren Personalstellen liegt heute lediglich etwa 20 Prozent über dem Niveau von 1975. Und zumindest kurz- und mittelfristig haben die staatlichen Universitäten im Stellenbereich eher mit sparpolitisch motivierten Kürzungen als mit anforderungsadäquaten Zuwächsen zu rechnen. Von Beginn an als »schlank« konzipierte, neue Universitäten wie die Augsburger leiden unter dieser Entwicklung naturgemäß besonders.

Nicht nur von der Bauweise her dynamisch: das neue Sportzentrum.

Schwerpunkte und Vernetzungen

Um trotzdem nicht zur Stagnation verurteilt zu sein, hat die Universität Augsburg bereits in den 80er Jahren einen Weg eingeschlagen, den sie in den 90ern konsequent weiter beschritten hat. Es geht darum, das Lehr- und Forschungsprofil durch die Betonung der eigenen Stärken zu schärfen, vorhandene Schwerpunkte konsequent auszubauen und durch die fach- und fakultätsübergreifende Vernetzung vorhandener Potenziale neue, attraktive Schwerpunkte zu schaffen.

In den 90er Jahren entstanden dieser Linie entsprechend unter anderem fakultätsübergreifende Institute für Europäische Kulturgeschichte, für Philosophie oder für Didaktische Forschung und Lehre. In Verbindung mit einem 1997 errichteten Institut für Interdisziplinäre Informatik eröffnet sich jetzt die Perspektive eines neuen Studiengangs für Angewandte Informatik.

Die mit der Einrichtung des bereits erwähnten EKM-Schwerpunkts verbundene Akzentuierung der Augsburger Physik bietet konkrete Chancen eines Ausbaus in Richtung Materialwissenschaften. Ein daran anknüpfendes Projekt »Anwenderzentrum Material- und Umweltforschung« steht wiederum in Zusammenhang mit dem ebenfalls geplanten »Wissenschaftszentrum Umweltkompetenz«. Dieses soll die vielfältigen umweltrelevanten Forschungs- und Lehraktivitäten koordinieren, die sich an praktisch allen Augsburger Fakultäten finden.

Flexibel ins neue Jahrtausend

Schwerpunkt- und Profilbildung ist ein schmerzhafter, ohne innere Konflikte kaum vorstellbarer Prozess. In ihrem noch relativ zarten Alter hat die Universität Augsburg gegenüber älteren Konkurrentinnen zweifellos den Vorteil, dass gewachsene Strukturen noch nicht jahrzehntelang Gelegenheit hatten, zu unaufweichlichen Verkrustungen zu werden. Man darf erwarten, dass sie in Erinnerung an den Gründungsanspruch, Reformuniversität zu sein, diesen Vorteil auch weiter nutzen wird, um sich über die Jahrtausendschwelle hinaus den Platz zu sichern, den sie während der vergangenen drei Jahrzehnte in der Hochschullandschaft errungen hat. Sie hofft dabei weiterhin auf die tatkräftige Unterstützung aus der Region, deren Kräfte sich seit vielen Jahren beispielhaft etwa in der Gesellschaft der Freunde der Universität Augsburg engagieren und die mit wichtigen Repräsentanten nun auch im neu eingerichteten Hochschulrat der Universität Augsburg vertreten ist.

Vom Stoff zur Bildung
Schüle'sche Kattunfabrik wird FH-Standort

von Hans Benedikt

»Der Fachbereich Informatik der Fachhochschule Augsburg zählt zu den besten in Deutschland«, so das Hamburger Magazin »stern-start« bei einem Ranking Ende dieses Jahrzehnts. Das ist natürlich längst nicht alles, was die FHA zu bieten hat. Wenn die städtische Wohnungsbaugesellschaft ihren Architekturpreis vergibt, kann man interessante Modelle und Pläne in der Fachhochschule bewundern. Und die Ausstellungen der Gestalter sind allemal einen Besuch wert.
Dennoch: Das Goldene Zeitalter ist für die Augsburger Fachhochschule auch in den 90ern nicht angebrochen. 1989 war die Ausbau-Zielzahl der FHA von 1800 Studienplätzen auf 2250 erhöht worden. Gleichzeitig eröffnete sich die Möglichkeit, das nur durch den Bahndamm vom Stammgelände getrennte Silbermann-Grundstück zu erwerben und die Fachhochschule so an einem Standort auszubauen. Noch für die Realisierung der 1800 Studienplätze war vorher bereits das Gelände der ehemaligen Südgarage angekauft worden.

Eine städtebauliche Wunde wartet auf Heilung: Ein Architektenwettbewerb soll überzeugende Lösungen für den Ausbau der FHA auf dem Schüle-Gelände bringen.

Schüle'sche statt Silbermann

Unter diesen sehr guten Voraussetzungen wurde der Hochschulentwicklungsplan erarbeitet und vorrangig die Bebauung des Südgaragen-Geländes geplant. Am Ende des Jahrtausends sollte der Neubau fertig werden. Auf massiven politischen Druck wurde 1998 aber nicht das Silbermann-Grundstück, sondern das Gelände der ehemaligen Schüle'schen Kattunfabrik für den Ausbau erworben. Außerdem wurde die Bebauung des Südgaragen-Geländes nicht in die Kategorie I des Hochschulrahmenplans aufgenommen und ist damit zunächst verschoben.

Sanierung und Neubauten

Die Stammgebäude an der Baumgartnerstraße haben zudem einen Sanierungsbedarf von 35 Millionen Mark – die Sicherheit der Studenten und des Personals haben uneingeschränkte Priorität. Als Nächstes müssen dann die Gebäude für die Bibliothek, das Rechenzentrum und die Hörsäle auf dem Südgaragen-Gelände erstellt werden. Die erforderliche Bausumme beträgt 30 Millionen Mark. Diese Einrichtungen sind für eine Hochschule lebenswichtig.

In einem dritten Schritt können auf dem Gelände der Schüle'schen Kattunfabrik die Gebäude für die Fachbereiche Betriebswirtschaft, Gestaltung und für die Mensa errichtet werden. Geschätzte Bausumme: 85 Millionen Mark. Derzeit läuft der Architektenwettbewerb, der Lösungsmöglichkeiten für die Zukunft bringen soll. Baulich ist aber noch viel zu tun.

Aktuell und praxisbezogen

Ganz anders die Situation in der Lehre. Im letzten halben Jahrzehnt konnten 60 Prozent der Hochschullehrer neu berufen werden. Dadurch wurden die Lehrinhalte in den klassischen Studiengängen stetig den aktuellen Anforderungen angepasst. Gleichzeitig entstanden neue Studiengänge – Multimedia, Umwelttechnik und Wirtschaftsinformatik. Da zum Professor an Fachhochschulen nur berufen werden kann, wer neben der wissenschaftlichen Qualifikation mindestens fünf Jahre beruflich tätig war, ist der Praxisbezug der Lehre in hohem Maße gewährleistet.

Lebendige Auslandsbeziehungen

Die immer wichtiger werdende europäische Dimension ist an der FHA bereits Wirklichkeit. Studienabschnitte und Praxissemester werden an ausländischen Partnerhochschulen abgeleistet – für die Studenten der FHA eine Selbstverständlichkeit. Gleichzeitig gibt es die Möglichkeit für Doppelqualifikationen und Masterabschlüsse. Im Gegenzug lernen ausländische Studenten an der FHA und erwerben das FH-Diplom.

Eine stete Herausforderung wird es bleiben, die Aktualität der Lehre, den Praxisbezug und die Auslandsbeziehungen stets auf hohem Niveau zu halten und auszubauen. Ein engagiertes Kuratorium ist eine wichtige Hilfe. So wird die in ihren Ursprüngen auf das Jahr 1710 zurückreichende FHA sicher auch die Herausforderungen des neuen Jahrtausends bestehen und vielleicht sogar im alten Kopfbau der Schüle'schen Fabrik, die 1770 errichtet wurde, mit neuen Flügeln Auftrieb erhalten.

FHA: Drei Buchstaben als Markenzeichen für ein Studium mit Praxisbezug.

Der Medizin-Gigant
Zentralklinikum bietet höchstes Niveau

von Anselm Berger

Nicht weniger als 33 000 Besucher strömten im Juli 1997 zum größten Medienereignis im Großraum Augsburg: Das Zentralklinikum feierte sein 15-jähriges Bestehen mit zwei Informationstagen, an denen die Türen aller Kliniken und Institute zur Besichtigung offen standen. Dabei konnten sich die Besucher mit eigenen Augen davon überzeugen, dass das Klinikum nicht nur medizinische Höchstleistungen für eine Region mit 1,6 Millionen Einwohnern erbringt, sondern sich immer auch an den Bedürfnissen seiner Patienten orientiert und den Menschen in den Mittelpunkt stellt.

Es ist jetzt 30 Jahre her, dass der damalige Oberbürgermeister Pepper und der Augsburger Landrat Wiesenthal ihre Unterschriften unter die Satzung des Krankenhauszweckverbandes setzten. Auf dem Kobelfeld an der Grenze zu Neusäß wurden rund 660 Millionen Mark investiert, um 1600 Betten und mehr als 4800 Arbeitsplätze zu schaffen. Mit mehr als 3700 Mitarbeiterinnen ist der Krankenhauszweckverband Augsburg heute der größte Arbeitgeber für Frauen in Schwaben.

Jahre der Gesundung

Finanziell war die Situation nicht immer einfach. Doch mit dem Augsburger Pflegesatzmodell von 1992 gelang es, durch die Abkehr vom pauschalierten allgemeinen Pflegesatz hin zu einer Neugestaltung des Entgeltsystems in Form von Abteilungspflegesätzen, Fallpauschalen und Sonderentgelten eine leistungs- und verursachungsgerechte Vergütung mit den Krankenkassen zu vereinbaren. Dieses Modell, das zwischenzeitlich auch Eingang in die Bundesgesetzgebung gefunden hat, ermöglichte es, die Betriebskosten des Klinikums zu decken. Zur Konsolidierung der Finanzen trug in erheblichem Umfang aber auch der Freistaat Bayern bei, der sich mit einer Sonderförderung von 60 Millionen Mark an der Schuldentilgung des Krankenhauszweckverbandes beteiligte.

Millionen für technische Hochrüstung

Insgesamt haben die Verbandsgremien in den zurückliegenden zehn Jahren über Ersatz- und Neubeschaffungen in Höhe von rund 100 Millionen Mark entschieden. Um mit dem rasanten Fortschritt medizinischer Entwicklungen Schritt halten zu können, werden in den nächsten fünf Jahren Finanzmittel für dringende Investitionen in einer Größenordnung von weiteren 40 Millionen Mark über die jährlichen Förderpauschalen hinaus erforderlich sein.

Die 1994 gegründete »Gesellschaft zur Förderung des Zentralklinikums Augsburg« hat es sich zur Aufgabe gemacht, hier flankierende Hilfestellung zu leisten. Von ihr wurden bislang bereits

500 000 Mark für Beschaffungen zur Verfügung gestellt. Ein Beispiel für die Anschaffung modernster medizintechnischer Geräte ist der Kernspintomograph, der äußerst präzise Einblicke in den Körper erlaubt. In besonderer Weise haben sich auch neue Geräte zur Überwachung von Narkosen bewährt, genauso wie die Einführung endoskopischer und laparoskopischer Behandlungsmethoden – Stichwort »Schlüssellochmedizin« – für besonders schonende Untersuchungen und Eingriffe.

Mehr als 500 Ausbildungsplätze

Im Bereich der Ausbildung leistet das Zentralklinikum seit jeher einen beachtlichen Beitrag, um Jugendlichen eine zukunftssichere berufliche Perspektive zu geben und weit über die Region hinaus hochqualifizierte Fachkräfte auszubilden. Mit dem neuen Berufsfachschulzentrum bietet der Krankenhauszweckverband nun fast 550 Ausbildungsplätze für Krankenpflege, Hebammen und Entbindungspfleger, Kinderkrankenpflege und Physiotherapie und ist damit einer der größten Ausbildungsträger in Schwaben.

Am Puls des Fortschritts

Eine der großen Errungenschaften der 90er Jahre war die Einrichtung einer Schlaganfall-Einheit (Stroke Unit) in der Neurologischen Klinik, die nach schwierigen Verhandlungen mit den Krankenkassen realisiert werden konnte. Dadurch ist es möglich, Schlaganfallpatienten innerhalb kürzester Zeit gezielt zu behandeln, so dass bleibende Schäden weitgehend vermieden und optimale Voraussetzungen für die Rehabilitation gegeben sind.

Zur Abrundung der hochdifferenzierten Leistungsangebote wurde vor kurzem eine umweltmedizinische Ambulanz eingerichtet. Unter wissenschaftlicher Begleitung durch das Institut für Allergie und Umwelt an der Technischen Universität München arbeiten hier seit Juli 1999 insgesamt 14 Kliniken und Institute des Zentralklinikums interdisziplinär und mit zwei externen Krankenhäusern eng zusammen. Der Freistaat Bayern stellte für dieses Projekt eine Anschubfinanzierung von 500 000 Mark bereit. Die Übernahme der Personal- und Sachkosten wird mit den Krankenkassen geregelt. Eine weitere zukunftssichernde Maßnahme zum Wohl der Patienten ist damit realisiert worden.

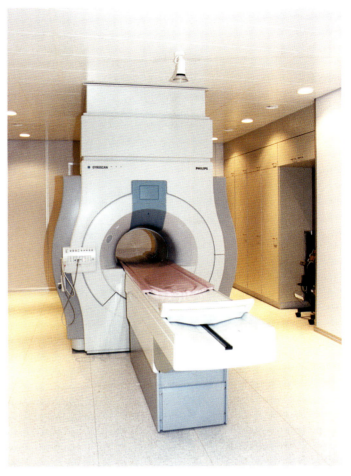

Medizinische Technik auf modernstem Niveau: der neue Kernspintomograph.

Raus aus der Drehtür
Neue Hessing-Geriatrie hilft alten Menschen

von Johann Wünschel

Rundum-Reha für ältere Patienten: die neue Hessing-Geriatrie.

Die Chance für die Menschen, alt zu werden, ist heute größer denn je – ein Vorteil, den frühere Generationen in diesem Maß nicht hatten. Gleichzeitig war der Anteil älterer Menschen an der Bevölkerung noch nie so hoch wie heute. 1950 waren in Augsburg 9,4 Prozent der Einwohner über 65 Jahre alt, 1998 fast 19 Prozent. Und dieser Trend wird sich – nicht zuletzt auch wegen des medizinischen Fortschritts – weiter fortsetzen.

Spezielle Reha spart auch Kosten

Doch nach ernsten Erkrankungen oder schweren Operationen haben es gerade ältere Patienten schwer, sich vollständig zu erholen und ihr Leben wie gewohnt weiterzuführen. Eine spezielle, auf den geriatrischen Patienten ausgerichtete Rehabilitation kann dabei helfen. Sie trägt sogar zur Kostendämpfung im Gesundheitswesen bei, weil der sogenannte Drehtür-Effekt mit immer neuen Einweisungen in Akuthäuser oder Pflegeheime deutlich reduziert wird.

Es spricht für die Stadt Augsburg, dass sie sich bereits 1984 – sechs Jahre vor der Verabschiedung des Fachprogramms »Grundsätze zur geriatrischen Versorgung in Bayern« durch die Bayerische Staatsregierung – mit der Suche nach einem geeigneten Träger beschäftigt hat.

Die Entscheidung, sich damit an die Hessing Stiftung zu wenden, fiel allerdings erst vier Jahre später. Bei einem Projekt dieser Größenordnung ist es aber auch leicht nachvollziehbar, dass eine Einigung über so zentrale Fragen wie die Gesamtfinanzierung, das Raumprogramm und das medizinische Konzept nur durch geduldiges und zähes Verhandeln erreicht werden konnte.

65 Millionen für die neue Geriatrie

Die Gesamtkosten des Neubaus wurden schließlich auf circa 65 Millionen Mark festgelegt. Von den förderfähigen Kosten (rund 47 Millionen Mark) sollten 90 Prozent zu jeweils gleichen Teilen von Bund und Freistaat getragen, die laufenden Betriebskosten dagegen von den Krankenkassen übernommen werden. Auch die Stadt Augsburg stimmte trotz knapper Kassen Zuschüssen in einer Höhe von zwölf Millionen Mark für das Projekt zu. Weitere zehn Millionen steuerte die Hessing Stiftung selbst bei.

Obwohl 1988 eigentlich alles unter Dach und Fach war, konnte erst 1990 der förmliche Antrag auf Förderung gestellt werden. Ab September 94 wurde gebaut, Richtfest war im November 1995. Je näher der Tag der Fertigstellung rückte, desto wichtiger wurde die Einflussnahme des Trägers. Viele Mitarbeiter der Hessing Stiftung brachten ihre langjährige Erfahrung im Krankenhaus- und Reha-Bereich ein. Und so wurde nicht nur die Küchenplanung mehr als einmal über den Haufen geworfen, bis eine optimale Lösung gefunden war. Rückschläge blieben trotzdem nicht aus. Einige Wasserrohrbrüche, bei denen das Wasser teilweise einen Meter im Keller stand, sorgten für erhebliche Verzögerungen.

Die spannendste Zeit des gesamten Projekts waren aber sicherlich die Monate der letzten Bauphase und der ersten Betriebsmonate. Das Personal wurde ausgewählt und eingestellt, technische Einrichtungen mussten abgenommen und überprüft, die Ankunft der ersten Patienten vorbereitet werden. Der Spagat zwischen optimaler Vorbereitung und möglichst geringen Anlaufkosten war dabei nur eines von vielen Problemen.

Architektonisches Schmuckstück

Im Juni 1997 betrat schließlich die erste Patientin die Klinik. Das Gebäude präsentierte sich mit seiner eigenwilligen Rundbauweise als gelungenes architektonisches Werk. Die Klinik verfügt über 100 stationäre Betten, aufgeteilt auf vier Stationen, und eine Tagesklinik mit 20 Plätzen. Alle modernen diagnostischen und therapeutischen Möglichkeiten sind vorhanden, das Angebot reicht von Krankengymnastik und Musiktherapie bis zur psychologischen Betreuung. Verfolgt wird ein ganzheitlicher Ansatz, der den Menschen unter Berücksichtigung seiner persönlichen Situation in den Mittelpunkt stellt. Zusätzlich konnten rund 150 dauerhafte Arbeitsplätze geschaffen werden – ein weiterer wichtiger Punkt für die Region Augsburg.

Zwei Jahre nach der Inbetriebnahme steht fest, dass sich die Geriatrische Rehabilitationsklinik der Hessing Stiftung einen festen Platz im Reha-Gefüge der Region erobert hat. Über 1100 Patienten können pro Jahr behandelt werden, die medizinischen Erfolge sind enorm. Mehr als 40 Krankenhäuser aus der näheren und weiteren Umgebung Augsburgs haben 1998 vom neuen Angebot Gebrauch gemacht und Patienten in die Geriatrie geschickt. Auch das beweist, dass die Klinik über ein schlüssiges Konzept verfügt. Die Nachfrage besteht, und mit der Geriatrischen Rehabilitationsklinik der Hessing Stiftung hat die Stadt Augsburg eine passende Antwort gegeben und die bereits 1984 erkannte Versorgungslücke geschlossen.

Pflege nach Maß
Augsburg geht neue Wege für alte Menschen

von Margarete Rohrhirsch-Schmid

Schöne Aussichten für Senioren: die neue Dachterrasse des Jakobsstifts.

Das Auge schweift über die ziegelgedeckten Dächer der Augsburger Altstadt. Die von Kaminen überragte tonrote Landschaft erstreckt sich bis zum Rathaus, dessen Ostfassade vom Elias-Holl-Platz steil in den Himmel aufragt. Und zur Rechten hält der Perlachturm mit aufgepflanztem Spieß wie seit Jahrhunderten Wacht. Schöne Aussichten für Senioren.
Leider können nicht alle Bewohnerinnen und Bewohner von städtisch verwalteten Stiftungsaltenheimen diesen faszinierenden Blick über das Lechviertel genießen. Es kommt, wie so oft im Leben, auf den richtigen Standort an. Dieser befindet sich in unserem Falle auf der neu gestalteten Dachterrasse des Jakobsstifts.
Das über 650 Jahre alte Stift am historischen Weg der Jakobspilger ist mit hohen Investitionen erweitert und modernisiert worden. Und es bietet nicht nur schöne Aussichten, sondern gibt gleichzeitig den Blick frei auf die enormen Anstrengungen, welche die Stadt gerade in den letzten Jahren für Senioren in Augsburg unternommen hat.
Auch mit einem Fernglas ist das dichte Netz bedarfsgerechter Dienste für alte

Alterssitz in der Altstadt: das sanierte Jakobsstift.

nach dem speziell entwickelten Konzept »Wohnen nach Maß bis zur Pflege«. Überhaupt stehen die Pflegeangebote im Mittelpunkt der Dienstleistungen für ältere Menschen. Die 39 Sozialstationen der freien Wohlfahrtspflege bieten häusliche Pflege und Versorgung im gesamten Stadtgebiet an. Sie pflegen alte Menschen in ihrer vertrauten Umgebung und kümmern sich um den Haushalt. Wer in den stiftungseigenen Einrichtungen lebt, kann durch den zentralen häuslichen Pflegedienst versorgt werden.

Zum Netz sozialer Dienstleistungen gehören auch die Tages- und Kurzzeitpfle-

Menschen nicht zu sehen. Dieses haben die Stadt Augsburg und die Verbände der freien Wohlfahrtspflege gemeinsam geknüpft. Lebensqualität auch für Senioren heißt die Devise, und ein Geflecht aus vielgestaltigen Beratungs- und Dienstleistungsangeboten soll dies sicherstellen.

Von der Beratung bis zur Pflege

Das große Alphabet der Seniorenarbeit beginnt mit dem Buchstaben B, wie Beratung. Sie wird angeboten von den Fachleuten im städtischen Senioren- und Stiftungsamt, aber auch in allen zwölf Versorgungsregionen unserer Stadt. Dort stehen die sogenannten Fachberatungsstellen Senioren mit Rat und Tat zur Seite. B steht außerdem für betreutes Wohnen. 270 Wohnungen mit Seniorenservice werden von freien Verbänden und von privaten Trägern getragen. Und über 310 stiftungseigene Wohneinheiten arbeiten

ge. Augsburg beherbergt zehn Tagespflege- und elf Kurzzeitpflegeeinrichtungen mit jeweils rund 120 Plätzen. Außerdem stehen in 29 Altenheimen rund 3500 Plätze zur Verfügung. Damit liegen wir bundesweit an der Spitze.

So viel Selbstständigkeit wie möglich: die Devise der städtischen Seniorenpolitik.

Lebensqualität für Generationen 177

Wohnen nach Maß: Augsburg unterstützt die verschiedensten Modelle.

Möglichst zu Hause

Moderne Seniorenarbeit heißt nach unserer Auffassung nicht, alte Menschen einfach nur unterzubringen oder zu therapieren. Vielmehr geht es darum, Senioren ein selbstbestimmtes und aktives Leben in ihrem gewohnten Umfeld zu ermöglichen – solange es geht. Unser Konzept lautet: So viel Selbstständigkeit wie möglich und so viel Hilfe wie nötig. Deshalb werden Prävention und Rehabilitation groß geschrieben.

In einem Modellprojekt ist für 50 Millionen Mark das neue zukunftsweisende Geriatriezentrum der Hessing Stiftung errichtet worden. In den Stiftungsheimen gibt es das Therapiezentrum beim Paritätischen-Sankt-Servatius-Stift, den Wellness-Bereich im Richard-Wachter-Haus und die Ergotherapie und Krankengymnastik im Paritätischen-Sankt-Jakobsstift. Das Altenrehabilitationszentrum des Bayerischen Roten Kreuzes rundet das Reha-Angebot ab.

Immer wichtiger werden auch die gerontopsychiatrischen Dienste für altersverwirrte Menschen. Sie erhalten Hilfe in den entsprechenden Stationen und der Instituts-Ambulanz des Augsburger Bezirkskrankenhauses. Diese Maßnahmen sind in das Bundesmodellprojekt zur Verbesserung der ambulanten gerontopsychiatrischen Versorgung eingebunden, das partnerschaftlich von der Stadt und den Verbänden geschaffen wurde. Außerdem bietet die Stadt in den Tagesdemenzgruppen ihrer Stiftungshäuser Hilfe für die betroffene Personengruppe.

Älter werden leicht gemacht

Zum Wohlfühlen im Alter gehören aber auch Gesundheit, Kultur und Sport. Seniorinnen und Senioren finden ein vielfältiges Programm im Kreativzentrum der Stadt, bei der Volkshochschule und der städtischen Fachstelle für Senioren, das durch ein breites Angebot der Verbände, Kirchen, Gewerkschaften und Vereine ergänzt wird.

Damit ältere Menschen sich in unserer Stadt gut aufgehoben fühlen, läuft derzeit ein Projekt des Polizeipräsidiums Schwaben unter dem Motto »Sicherheit für Senioren«. Und um derartige Informationen auch bekannt zu machen, gibt es in der Fuggerstadt eine gern gelesene

Älter werden – aktiv und kreativ: In der Fuggerstadt finden Senioren ein vielfältiges Programm.

und regelmäßig erscheinende Informationsquelle: das Fachjournal »Älter werden«, das kostenfrei überall ausliegt, wo Senioren verkehren.

Augsburg ist stolz auf seine führende Rolle und den guten Ruf als seniorenfreundliche Stadt. Die älteren Bürger sollen ihren Lebensabend in unserer Stadt aktiv genießen können. Für dieses Ziel setzt sich auch der Seniorenbeirat ein – als engagierter und zuverlässiger Partner in allen Fragen.

Und Achtung: Kreativität steckt an! Vorbildliche Einzelprojekte geben Impulse zum Nachahmen. Sie werden – ein Beispiel ist der Geriatrieverein Schwaben – von einzelnen Personen entwickelt, von Verbänden und von der Sozialplanung. Die Palette reicht vom Freiwilligenzentrum über die Schwungfeder, die Senioren-Selbstverwaltung im Kreativzentrum bis zur Zeitbörse unter dem Motto »Tausche Hilfe gegen Zeitgutschrift«. Modelle dieser Art gibt es viele in Augsburg. Sie bereichern die Qualität der Seniorenarbeit und entwickeln Perspektiven für die Zukunft.

Millionen für Service und Qualität

Sieben selbstständige gemeinnützige Stiftungen bilden das Rückgrat in einem enggestrickten Netz ambulanter, teil- und vollstationärer Dienste für Senioren in Augsburg. »Wohnen nach Maß bis zur Pflege« ist das stiftungseigene Markenzeichen. Dahinter steht die Idee, Wohn- und Pflegequalität aus einer Hand zu bieten, und das auf hohem Niveau.

Um dies zu gewährleisten wurden insgesamt 82 Millionen Mark investiert, was auch der Baubranche in einer schwierigen Konjunkturphase zugute kam. Jedes Seniorenstift hat dabei sein unverwechselbares Profil entwickelt, und Augsburgs Senioren können nun aus einem vielfältigen Angebot die richtige Wahl für sich treffen.

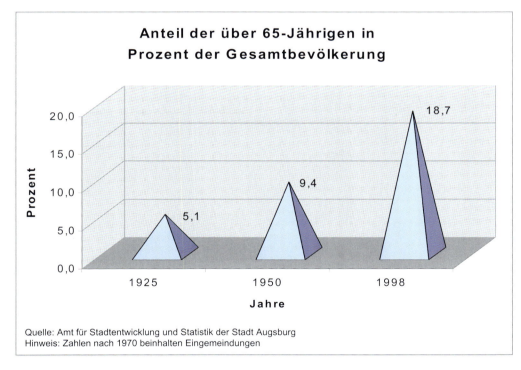

Seniorenarbeit wird immer wichtiger: Fast jeder fünfte Augsburger ist heute über 65 Jahre alt.

Lebendige Demokratie

EINE STADT nannte man in der Antike Polis, den Ursprung von Politik. Auch wenn die moderne Ausprägung von Demokratie erst über Jahrhunderte entstand, ist frühes Bürgerbewusstsein als Vorform der kommunalen Selbstverwaltung ein Wesensmerkmal einer ehemals Freien Reichsstadt wie Augsburg und das prachtvolle Renaissance-Rathaus dafür ein sichtbarer Ausdruck. Politik aus dem Rathaus heute hat sich geändert – wie die Zeit und die Gesellschaft, die Aufgaben und die Akteure.

Zunächst gilt allen Vorgängern im Amt, insbesondere Hans Breuer, aber auch im Rat und in der Verwaltung hoher Respekt. Demokratie ist ja nicht nur Macht auf Zeit, sondern vor allem Stafettenübergabe der Verantwortung. Vieles der 90er Jahre wurde früher gesät, vieles wird erst in der Zukunft geerntet. Ein zentraler Begriff wurde die »Bürger-Stadt«. Damit war zunächst eine Verwaltungsreform angepeilt, die das riesige Schiff namens Stadt flotter und besser steuerbar machen sollte. Dahinter steckt freilich eine weiter gehende Philosophie – ein neues Verständnis von Dienstleistung, eine klare Orientierung an Zielen und geänderte Prozesse und Strukturen der Verantwortung. Über das Reformpaket hinaus geht es um den Weg zu einer Bürgergesellschaft, nicht als Ersatz der repräsentativen Demokratie, sondern darum, Ideen, Fragen und die Mitarbeit von Bürgern über Parteien und Verbände hinaus stärker einzubeziehen. »Bürgerwerkstätten« sind ein solches Beispiel für frühe Beteiligung.

Wo die Stadtgrenzen überschritten werden, gewinnt Partnerschaft zunehmend an Bedeutung. Dabei muss niemand unterschiedliche Interessenlagen und Mentalitäten, selbst Wettbewerb im Einzelfall leugnen. Die Praxis der Kooperationen ist jedoch bereits vielfältiger und weiter als manche Modell-Diskussion zum Stadt-Umland-Verhältnis. Für die Stadt sind Landräte und Kreistage, Bürgermeister und Gemeinderäte nicht nur bei Grenzfragen Lösungspartner. Die Reichweite der Beziehungen zu anderen Städten nimmt ebenfalls zu. Kommunale strategische Allianzen sind aktuelle Mittel der Politik.

Freilich, Demokratie in diesem Sinn ist mühsam und am Ende allen Dialogs muss die Entscheidung, deren Akzeptanz und die Umsetzung stehen (nicht die Blockade). So bleibt Demokratie aber auch lebendig. *P. M.*

Chronik*

1990/1996   *Kommunalwahlen*

1990   Beginn der Unternehmensreform »*Bürgerstadt*« mit der Gründung einer Stadtakademie

1996   Bürgerentscheid über den Bau einer *Tiefgarage* in der Innenstadt

1997   Bürgerentscheid über den Bau der *Rote-Tor-Umfahrung* und der Schleifenstraße

1997   Das *Bürgerbüro* hat seine Modellphase erfolgreich bestanden und wird zur festen Einrichtung.

1998   Die Stadt präsentiert sich neu im *Internet*, zuvor schon in Bonn, München und Brüssel.

* eine Auswahl

Die »Bürgerstadt«
Der Kunde ist König – auch bei der Stadt

von Gerhard Stadler

Wohl fühlen beim Gang aufs Amt: das Bürgerbüro in Haunstetten.

Wissen Sie eigentlich noch, wann Sie das letzte Mal eine Behörde besucht haben? Natürlich, werden Sie sagen und sich spontan erinnern. Ach ja, der Führerschein oder die Baugenehmigung, der Streit um den Gebührenbescheid oder die Geburtsurkunde für die lang ersehnte Tochter. Sie werden sich vielleicht wundern, welche Details in Ihrem Gedächtnis haften geblieben sind. Würde man Sie näher befragen, Sie könnten die gesamte Begebenheit bis hin zur Atmosphäre wiedergeben. Und vielleicht würden Sie überlegen: Warum ist das so, warum ist der Behördenbesuch so anders als der Einkauf im Supermarkt oder das Auftanken des Autos?

Der Gang aufs Amt – weckt er Urängste, Abwehrhaltungen oder mögen wir »die Beamten« einfach nicht? Dabei sitzen wir abends am Stammtisch ebenso mit ihnen zusammen wie mit anderen Freunden und Bekannten. Ist es also eine imaginäre Schranke, die den Umgang mit »dem Amt« so kompliziert macht? Fragen, die nicht leicht zu beantworten sind. Aber sie sind es wert, näher beleuchtet zu werden.

Was tut eine Stadt?

Bei Vorstellungsgesprächen wird künftigen städtischen Mitarbeiterinnen und Mitarbeitern oft diese Frage gestellt. Und wenn sie sich nicht für ein Spezialgebiet bewerben, antworten sie in aller Regel wie die meisten Bürger. Da kommt das Standesamt zur Sprache und die Passverlängerung, das Sozialamt, vielleicht noch die Baugenehmigung.

Es ist bemerkenswert. Wenn man an die Stadt denkt, dann überwiegend an die klassische Verwaltung. Dabei gibt es die

Lebendige Demokratie

alte rhetorische Frage: Stell dir vor, du wachst auf und es gibt keine Stadt! Kein Strom, kein Wasser, kein Bus, keine Müllabfuhr, keine Straßenreinigung, keine Ampelsteuerung usw. usw. Aber gerade das ist der Punkt. Formulare und Gesetze beherrschen das Meinungsbild des Bürgers über seine Stadtverwaltung und nicht das umfassende, moderne Dienstleistungsangebot.

Ämter, Betriebe und Beteiligungen

Hätten Sie das gewusst? Die Stadt hat 58 Ämter und Betriebe. Sie ist an insgesamt 26 Unternehmen – von der GmbH bis zum Zweckverband – beteiligt. Von der Abfallverwertung bis zum Zoo. Zusammen mit all diesen Töchtern ist die Stadt der bei weitem größte Arbeitgeber Schwabens. Die Stadt ist somit nicht mehr »nur« Behörde. Sie ist ein Unternehmen, ein Konzern im Dienste der Bürgerinnen und Bürger. Nicht mehr das hoheitliche Tun überwiegt – die Stadt ist als Dienstleister am Markt. Kindergärten, Straßenreinigung, Museen, Grünanlagen, Bühnen oder Altenheime sind nur einige Beispiele aus der Vielzahl des städtischen Angebots. Und dieser Wandel erfordert eine Neuorientierung – eine neue Philosophie.

Die Unternehmensreform

Als Oberbürgermeister Menacher Anfang 1995 dem Stadtrat sein Thesenpapier »Die Bürgerstadt« zur Diskussion vorlegte, war bereits viel in Bewegung. Das war die logische Konsequenz verschiedener Organisationsreformen, des umfangreichen Technikausbaus und nicht zuletzt der Fortbildungsoffensive durch die Gründung der internen Stadtakademie 91. Aber auch die drängenden Finanzprobleme zwangen zu kreativen Denkansätzen. So gehörte Augsburg zu den ersten Städten, die sich zu einer

Bürokratie leicht gemacht: Die Stadt versteht sich heute als Unternehmen im Dienste der Bürger.

flächendeckenden Dezentralisierung der Haushaltswirtschaft entschlossen, der sogenannten Budgetierung.

Dies brachte Bewegung in Strukturen und Abläufe. Auch nach innen wurde der Schritt als ein Signal neuer Selbstverantwortung, als Befreiung von so mancher bürokratischer Fessel empfunden. Das setzte Energien frei, nicht nur bei den Führungskräften, sondern gerade auch bei den Mitarbeiterinnen und Mitarbeitern. Der Ruf nach Veränderungen war unüberhörbar. Und klar war außerdem: Eine Unternehmensreform dieser Dimension ist nie gegen, sondern nur mit den Beschäftigten möglich.

Was bringt's?

Die Erfahrungen der Wirtschaftsunternehmen haben gezeigt, dass sich nicht alles von heute auf morgen ändern kann. Das Schlagwort des kontinuierlichen Verbesserungsprozesses kommt nicht von ungefähr. Aber es besteht kein Zweifel: Der Wandel hat begonnen.

Da wären die kürzeren Genehmigungszeiten bei den Bauvorhaben. 1992 dauerten Bauverfahren für Gewerbe und Wirtschaft noch in 80 Prozent der Fälle länger als vier Monate. Derzeit sind es nur noch 17 Prozent. Der normale Häuslebauer profitiert in gleicher Weise.

Konkurrenzfähigkeit bei den Gebühren heißt das nächste Stichwort: Nicht Gebührenerhöhungen, sondern Stabilität oder sogar Senkungen müssen das Ziel sein. Das wird nicht immer gelingen. Aber bei den Abfallgebühren wurde es schon 1999 möglich.

Mehr Wirtschaftlichkeit in der Verwaltung bedeutet auch weniger Personaleinsatz, was wiederum finanzwirtschaftliche Freiräume für wichtige Vorhaben schafft. Genauso elementar ist die Modernisierung durch neue Techniken. Sie erleichtert das Arbeiten – neue Aufgabenbereiche können so aufgefangen werden. Die Fortbildung der Beschäftigten wiederum ermöglicht es, Entscheidungsebenen nach unten zu verlagern. So

Online beim Bürger: ein gefragter Service mit über 250 000 Abfragen pro Monat.

muss der Bürger nicht mehr durch einen langen Instanzenweg.

Maßstab ist der Bürger

Mit der Bezeichnung »Die Bürgerstadt« wurde ein Programm definiert oder – wie man heute sagt – ein Leitbild gegeben, das jeder Mitarbeiter, jede Mitarbeiterin verinnerlichen soll. Der Erfolg des städtischen Handelns wird am Bürger orientiert. Anders formuliert: Die Augsburger sollen sich in ihrer Stadt wohl fühlen. Zwar haben Umfragen in der Vergangenheit schon gute Werte ergeben, doch es soll noch besser werden. Schritte dazu sind das erste Bürgerbüro in Haunstetten, das geplante Verwaltungszentrum im alten LVA-Gebäude An

Kennzeichen A: die Fuggerstadt auf dem Weg zur Bürgerstadt.

der blauen Kappe, das weite Wege ersparen soll, und das Internetangebot unter www.augsburg.de. Schon jetzt liefert es aktuellste Informationen, und bald sollen auch Anträge im Dialog behandelt werden – online beim Bürger mit mehr als 250 000 Abfragen pro Monat. Und noch eine Neuerung: In Zukunft soll der Bürger noch frühzeitiger an Planungen der Stadt beteiligt werden.

Kritik willkommen

Und was ist, wenn etwas nicht so läuft wie es soll? Natürlich muss die Stadt selbstkritisch genug sein, um zu wissen, dass auch mal Pannen vorkommen – wie überall. Aber bei der Stadt wird kritischer hinterfragt als bei einer privaten Firma. Das ist auch gut so. Denn den unpünktlichen Lieferanten kann der Kunde wechseln, bei der Stadt ist er in der Regel Pflichtkunde.

Gerade deshalb werden kritische Anmerkungen als Ansporn gesehen. In diesem Sinne ist der Oberbürgermeister selbst über e-mail ob.menacher.stadt@augsburg.de erreichbar. Die Bürgerinformation am Rathausplatz ist Anlaufstelle für alle Fragen. Innerhalb der Verwaltung überlegen sich die Beschäftigten in »Qualitätszirkeln«, was besser gemacht werden kann, und auch in Seminaren der Stadtakademie wird das Thema »Umgang mit dem Bürger« vertieft.

Trotz all dieser Bemühungen: Ein Unterschied wird bleiben. Die Stadt muss manchmal auch Anliegen der Bürger ablehnen. Nicht aus Behördenwillkür. Sie muss übergeordnete Interessen und Gesetze beachten. Und diese kollidieren oft mit individuellen Wünschen. Hier gilt es, die Balance zu halten und im kritischen Fall, Entscheidungen zu erklären, sie transparent zu machen.

Auf dem Weg zur Bürgergesellschaft

Die 90er Jahre haben viel angestoßen: Aufbruchstimmung, Bürger-Orientierung, aber auch Aufgaben- und Selbstkritik. Viele Städte haben erkannt, dass der Weg doch länger ist als gedacht. Aber andererseits: Wer hätte vor zehn Jahren vorauszusagen gewagt, dass dieses Thema ein viel beachteter Bestandteil der 90er sein würde? Bürgersinn jedes Einzelnen und Bürger-Orientierung der Stadt werden in naher Zukunft bestimmt vieles im Sinne der Bürgergesellschaft verändern.

Fuggerstädter Meckerlust
Basisdemokratie hat in Augsburg Tradition

von Walter Kurt Schilffarth

Aus Augsburger Sicht war es ein ziemlich alter Hut, was der Freistaat seinem Volk in den 90er Jahren an neuen Mitbestimmungsmöglichkeiten bescherte. Bürgerbegehren und Bürgerentscheid, schön und gut. Doch die Augsburger wussten sich lange vorher auch ohne verfassungsgerechte Plebiszite zu helfen, wenn ihnen die Volksvertreter mal gegen den Strich regierten.

Der Rathausplatz-Protest

Als spektakulärstes Beispiel sei hier nur die im Filz- und Freunderlkreis ausgeheckte Idee der Bebauung des Rathausplatzes angeführt. Das im Bombenhagel des Februar 1944 zerstörte Börsengebäude sollte Ende der 60er Jahre als Zentrale der Stadtsparkasse auferstehen. Die Baugrube war schon ausgehoben, als ein paar Kiebitze sich den freien Blick aufs Augsburger Wahrzeichen nicht verstellen lassen wollten und eine Protestlawine ins Rollen brachten, die schließlich alle Stadtratsbeschlüsse samt dem Wunschprojekt des größten Geldinstituts der Stadt über den Haufen warfen. Dass sich der Platz bis heute einer architektonisch überzeugenden Gestaltung entzieht, mag zu einem guten Teil am Bammel der Oberen liegen, sich an der heiklen Aufgabe noch einmal die Finger zu verbrennen.
Alle sechs Jahre die Stimmen fangen und dann munter drauflos entscheiden, die-

ses gängige Verständnis von Demokratie bekam in der Fuggerstadt schon früh frischen Gegenwind von der Basis. Unvergessen der »Datschiburger Meckerer«. Jahrzehntelang war er in der »Augsburger Zeitung«, die damals noch »Schwäbische Landeszeitung« hieß, das Sprachrohr der schwäbisch-bayerischen Volksseele. Auf gut Augsburgerisch geigte er den Machthabern jeden Samstag die Meinung und sorgte so für die bürgerfreundliche Nachbesserung so mancher Rathaus-Entscheidung.

Das Wort hat das Volk: Mitbestimmung liegt im Trend.

Mitbestimmung ohne Bürgerentscheid

Meckern war schon immer eine beliebte Augsburger Sportart – bei fließenden Grenzen zwischen höchst eigennützigen Bestrebungen einer aktiven Lobby und Interessen der Allgemeinheit. So hagelte es beispielsweise massive Proteste, als der Stadtrat das historische Zeughaus an einen Kaufhauskonzern verscherbeln wollte. Die Pläne waren bald wieder vom Tisch. Ähnliche Aufstände löste das Vorhaben aus, Straßen der City für den Fahrverkehr zu sperren und damit dem in anderen Städten bewährten Vorbild von Fußgängerzonen nachzueifern. Ausgerechnet die späteren Nutznießer, die Geschäftsleute nämlich, kletterten auf die Barrikaden. Heute freilich ist jeder dankbar für die Standhaftigkeit der damaligen Entscheidungsträger.

Bürgerbegehren und Bürgerentscheid

Irgendwo ist eben auch Kommunalpolitik Glückssache. So folgte die Staatsregierung Mitte der neunziger Jahre dem Volksentscheid »Mehr Demokratie« und dem Trend der Zeit. Die seit langem auf Landesebene bewährten Instrumente Volksbegehren und Volksentscheid sollten dem Bürgerwillen jetzt auch in regionalen und lokalen Bereichen auf die Sprünge helfen. Bürgerbegehren und Bürgerentscheid waren angesagt. Und die Augsburger machten gleich hurtig Gebrauch davon.

Der Auftakt fand in Pfersee statt. Thema war die Neugestaltung des Grundstücks der ehemaligen Spinnerei und Weberei. Und mit dem Projekt eines Multiplex-Kinos samt Bürosilo an der Gögginger Brücke ging es weiter. Formfehler verhinderten allerdings die Durchführung des Bürgerentscheids.

Nein zur Fuggergarage

Der Bau einer großzügigen Tiefgarage im Herzen der City – eine in vielen Städten längst bewährte Infrastrukturmaßnahme gegen Park-Chaos und umweltfeindlichen Suchverkehr – hatte sieben Jahre lang die Gemüter erhitzt. Das Finale bildete im Januar 1996 ein Bürgerentscheid, angestrebt von Gegnern wie auch von den Befürwortern des Projekts. Bei nur 36,3 Prozent Wahlbeteiligung (unter Ausschluss der Umlandbewohner!) behielten die Garagenblockierer klar die Oberhand. Die sogenannte schweigende Mehrheit war in der zeitweise zu einer Schmutzkübel-Schlacht ausartenden Kampagne nicht zu mobilisieren, während auf der Gegenseite eine hoch motivierte Minderheit im Vorfeld des Rathaus-Wahlkampfs jubelnd eine Jahrhundertentscheidung zu Fall bringen konnte. Augsburgs Einzelhandel oder besser jene Geschäfte, die bis heute überlebt haben, leiden weiterhin unter der Parkplatz-Misere.

Der Bürgerentscheid, so gut er gemeint ist, offenbart eben auch Schattenseiten. Augsburgs Rathaus – für die damalige Zeit ein schier größenwahnsinniges Unterfangen – hätte Elias Holl wohl nie bauen dürfen, die Gestaltung der oberen Maximilianstraße durch Abriss einer ganzen historischen Häuserzeile wäre wohl als Denkmalschändung abgeschmettert worden und auch der Bau der Westtangente höchst unwahrscheinlich gewesen – überall hat es anfangs massiven Widerstand gegeben.

Ja zur Rote-Tor-Umfahrung

Die Forderung nach einer Mindest-Quote von Teilnehmern am Bürgerentscheid ist nach wie vor sinnvoll, wenn ausgeschlossen werden soll, dass in den wichtigen Fragen der Kommunalpolitik der Schwanz mit dem Hund wedelt. Eine Befürchtung, die der Augsburger Rathausmehrheit bei dem nächstfolgenden spektakulären Bürgerentscheid im Juni 1997 schlaflose Nächte bereitete. Wieder ging es um ein großes Verkehrsprojekt. Die Rote-Tor-Umfahrung mit der für die Anbindung des Augsburger Ostens wichtigen, das ehemalige Textilviertel durchschneidenden Schleifenstraße stand auf dem Prüfstand. Schlagworte wie »Rettungsring« und »Wahnsinnsschleife« machten die Runde. Doch trotz heißer Sommertemperaturen blieb die Diskussion diesmal – ganz im Gegensatz zur hitzigen Garagenschlacht im Winter – eher kühl. Das überraschende Ergebnis: 80,1 Prozent stimmten für das Millionen-Vorhaben, nur 19,9 Prozent votierten dagegen.

Bemerkenswert ist, dass auch die Schleifen-Abstimmung nur gerade mal ein Drittel der Wahlberechtigten an die Urnen lockte. Nicht zuletzt die Kosten des Verfahrens von fast einer drei viertel Million Mark mochte sparsame Schwaben darüber nachdenken lassen, wie mehr oder weniger aufmüpfigen Minderheiten billiger zum Ablästern ihrer Einwände verholfen werden kann. Inzwischen hat der Landtag nachgebessert: Ein Quorum, also eine Mindestabstimmungsbeteiligung, und der sogenannte »Bürgerantrag« wurden neu eingeführt.

Mitbestimmung im Vorfeld

Die Augsburger Lösung war ein populär angelegtes Programm mit dem Ziel, die Bürger schon im Vorfeld der politischen Entscheidungen aktiv mitwirken zu lassen. Das Angebot ist breit gefächert. Bürgeranträge können jetzt direkt im Stadtrat zur Abstimmung gebracht werden. Öfter als früher finden Bürgerversammlungen statt. Bürgerwerkstätten eröffnen den Dialog mit Planern und Experten. Projekte wie »Augsburg West« und »Sheridan-Flächen« starteten viel versprechend. Die Lokale Agenda 21 und Fachforen vor Ort geben den Betroffenen Gelegenheit, nicht nur Dampf abzulassen, sondern auch Argumente und Anregungen einzubringen.

Eine Bürgerinitiative der besonderen Art sollte in den Annalen des ausgehenden Jahrhunderts nicht unerwähnt bleiben. Erinnert sei an die vielen hundert Frauen und Männer, die in der Nacht, als an Pfingsten 1999 das Ackermann-Wehr und Dämme der Wertach brachen, spontan den Aufrufen der Lokalsender gefolgt sind und im Einsatz gegen das Hochwasser bis zur Erschöpfung schlimmeres Unheil verhütet haben. Vom Firmenboss bis zur Kindergärtnerin, vom Lehrling bis zum Rentner – alle waren freiwillig zur Stelle, halfen den Nachbarn, schleppten Sandsäcke und versorgten die Retter mit heißem Tee.

Bürgerbewegung der modernen Art

Dass in Augsburg gelegentlich auch die »Abstimmung mit den Füßen« funktioniert, zeigt der sensationelle Zuspruch beim Jugendfestival X-Large. Wenn 250 000 junge Leute die City beben lassen, kann Augsburg so hinterwälderisch nicht sein, wie es uns die Münchner Medien auf hohem Ross regelmäßig kundtun. Die normative Kraft des Faktischen mobilisiert hier eine völlig neue Art von Bürgerbewegung. Jung, dynamisch, erfolgreich, Spaß haben bis zum Morgengrauen. Die Legalisierung der Partyzone rund um den Herkulesbrunnen wäre top für die Young Generation und stünde dem Großstadt-Image gut zu Gesicht.

Ob organisiert oder wild aktiv – lebendige Stadtdemokratie kann bei uns auch in Zukunft auf eine solide Herkunft bauen. Augsburg ist gut beraten, es weiterhin mit Joseph von Eichendorff zu halten: »Das rechte Alte ist ewig neu, und das rechte Neue bricht sich Bahn über alle Berge.«

Kommunalpolitik in Bürgerhand: Doch die Beteiligung war bisher gering.

Lebendige Demokratie

Der heiße Draht zur Stadt
Augsburg ernennt einen Bürgerbeauftragten

von Theo Gandenheimer

Viele Wege führen vom Bürger zur Stadt und von der Stadt zum Bürger. Dennoch galt es als einmalig in Deutschland, als 1990 ein »Bürgerbeauftragter des Oberbürgermeisters« ernannt wurde. Was sind die Aufgaben dieser Person? Kurz gesagt, soll sich der Bürgerbeauftragte als persönlicher Ansprechpartner um die Sorgen der Bürger kümmern.

Das Einsatzgebiet des Bürgerbeauftragten liegt im Dreieck Bürger, Verwaltung und Stadtrat. Gute Kenntnisse der Verwaltungsabläufe sind wichtig, aber nicht ausreichend. Der »menschliche Faktor« gibt – wie so oft im Leben – den Ausschlag. Denn es geht darum, Türen zu öffnen. Eine langjährige Stadtratstätigkeit und gute Kontakte zu den verschiedenen Stellen kommen der Aufgabe zugute. Manchmal hilft schon die Vermittlung eines direkten Gesprächs mit den betroffenen Sachbearbeitern.

Die Hilferufe der Bürger betreffen viele Bereiche: soziale Angelegenheiten, Wohnungsprobleme, Grundstücksfragen. Eine wichtige Rolle spielen auch Umwelt und Kultur, Jugend und Schule. Es geht um Baugenehmigungen und Betriebsansiedlungen. Und immer wieder werden Verkehrsprobleme angesprochen, Fragen in puncto Verkehrsberuhigung oder Lärmbelästigung gestellt.

Manchmal kann sofort geholfen werden, nicht in jedem Fall ist Hilfe möglich. Denn der Bürgerbeauftragte kann und soll den Rahmen der Gesetze oder Verordnungen nicht außer Kraft setzen. In solchen Fällen wurde jedoch die gute Erfahrung gemacht, dass auch ein ablehnender Bescheid akzeptiert wird, wenn der juristische Sachverhalt klar und nachvollziehbar dargelegt werden kann.

Der Bürgerbeauftragte des Oberbürgermeisters ist zwar vom gesamten Stadtrat gewählt, als Ehrenamtlicher aber kein »Edelstadtrat«, kein »Stadtrat erster Klasse«. Er hat schon früh das verkörpert, was heute oberstes Gebot für die Stadtverwaltung ist, die sich immer mehr als ein modernes Unternehmen in Sachen Dienstleistung sieht: Bürgerfreundlichkeit und Service.

Der Bürgerbeauftragte konnte schon oft helfen. Unter einem modernen Leitbild dürfen sich mittlerweile allerdings auch viele andere als »Bürgerbeauftragte« fühlen. Jeder Stadtrat und jeder Mitarbeiter der Stadt ist dazu aufgerufen. Denn sie verrichten ihre Arbeit für und letztlich im Auftrag der ganzen Bürgerschaft.

Von Augsburg abgeguckt? Auch die EU hat jetzt ihren »Bürgerbeauftragten«, erreichbar unter euro-ombudsman@europarl.eu.int.

... aber immer öfter
Teamgeist siegt im Stadt-Umland-Verhältnis

von Dieter Baur

Es war einmal eine Zeit, in der die ganze bekannte Welt zum fruchtbaren Umland von Augsburg gemacht worden war. Damals blühten die Geschäfte der Fugger und Welser und Hoechstetter, und viele, vom Handwerker bis zum Kaiser, profitierten davon: das Idealbild einer geglückten Symbiose. Damals zeigte sich die ganze Kraft einer Bündelung regionaler und überregionaler Kräfte im Stadt-Umland-Verhältnis.

Wegweisende Städtepartnerschaften
Geschichte wiederholt sich, auch wenn sich mit den Rahmenbedingungen und den handelnden Personen die Dimensionen und Perspektiven ändern. Sprung in die Nachkriegsgeschichte: Etwas von dem, was Fugger und Fuggerstadt einst so reich machte, ließen auch verschiedene Meilensteine auf dem Weg der Stadt zur Jahrtausendwende ahnen – selbst wenn diese von der historischen Bedeutung her natürlich nicht annähernd mit den von den Fuggern gesetzten Akzenten vergleichbar sind. Und trotzdem: Die Entscheidung, Partnerschaften mit den beiden japanischen Städten Amagasaki und Nagahama, mit dem amerikanischen Dayton, dem schottischen Inverness und

Kooperation auf vielen Ebenen: Oberbürgermeister Dr. Peter Menacher und die Landräte von Aichach-Friedberg und Augsburg, Dr. Theo Körner und Dr. Karl Vogele (v.r.n.l.).

Lebendige Demokratie

dem französischen Bourges einzugehen, zählt dazu. Das war irgendwie schon ein kleiner Vorgriff auf die Internationalisierung jedweden wirtschaftlichen und persönlichen Lebens, wie sie heute allüberall gedeiht.

Wegmarke Gebietsreform

Doch darf man nicht nur in die Ferne schweifen, wenn man das Problem fassen will, das an der Grenze von Stadt und Umland zu lösen ist. Auch die nun fast drei Jahrzehnte alte Gebietsreform war ein markantes Zeichen in der Geschichte der Stadt Augsburg, das in die Zukunft wies. Es gab damals viele kritische Stimmen, die das Reformwerk für halbherzig, für zu klein hielten. Inzwischen hat sich jedoch gezeigt, dass das Konzept so groß gar nicht hätte angelegt werden können, wie es hätte sein müssen, um den heutigen Anforderungen zu genügen. Keine Reform konnte leisten, was nötig war (und im neuen Jahrtausend in noch stärkerem Maße nötig sein wird), um sicherzustellen, dass diese Stadt die ihr gemäße Rolle spielen kann, die – wenn auch in einem anderen Sinn – fruchtbar sein kann wie die der Fugger.

Vorbei die Zeit der Einzelkämpfer

Womit wir doch wieder weit in die Ferne blicken. Heute spielt Augsburg mit anderen deutschen und bayerischen Städten mit im europäischen Konzert: eine schwierige Aufgabe für Oberbürgermeister Menacher, der im Brüsseler Ausschuss der Regionen vertreten ist. Dieser Part wird immer wichtiger werden, je mehr sich die Europäische Union formiert – nicht nur, weil man dabei sein muss, wenn die Wirtschaft alle Grenzen sprengt (darum kümmern sich zuvörderst die Unternehmen selbst im wohlverstandenen Eigeninteresse). Sondern auch weil es gilt, in dem gigantischen Zusammenschluss, dessen sich schon gleichmacherische Bürokraten bemächtigen, eigenes Profil, eigenen Charakter zu behaupten, und zwar gemeinsam mit anderen Städten, die allein auch nichts

mehr bewegen können. Die Zeit der Einzelkämpfer ist vorbei.

In dieses Bild passt, dass sich sowohl bayernweit als auch regional die Stadt-Umland-Problematik in ihrem ursprünglichen Sinn aufzulösen beginnt, bei aller Konkurrenz, die das Geschäft belebt. Dieses Feld zu bestellen, zu düngen, aber auch das Unkraut zu jäten, bis schließlich geerntet werden kann, ist die große Aufgabe von Politik und Wirtschaft zur Jahrtausendwende.

Kooperation hat Zukunft

Die Voraussetzungen sind ordentlich. Bayernweit sind die Tage derer gezählt, die lamentierend den Neid unter den

Städte gehen gemeinsame Wege: Unter dem Kürzel MAI treffen sich die Oberbürgermeister von München, Augsburg und Ingolstadt, Dr. Christian Ude (Mitte), Dr. Peter Menacher und Peter Schnell (links).

Kommunen schüren. Stattdessen setzen sich Repräsentanten der Städte München, Augsburg und Ingolstadt – Kürzel: MAI – zusammen, um gemeinsam Wege in die Zukunft zu besprechen. Stattdessen gibt es eine gemeinsame Musikhochschule von Augsburg und Nürnberg. Stattdessen kooperieren Nürnberg und Augsburg im Messewesen. Stattdessen fliegt Augsburg für München, der Flugplatz Mühlhausen profitiert von der Überlastung des Erdinger Flughafens und umgekehrt, und zwar nicht länger unter dem provozierenden Werbeslogan »Augsburg fliegt, München steht«. Stattdessen bündeln sich viele bayerische Kräfte im Umweltkompetenzzentrum Augsburg-Schwaben – ein wertvoller Wechsel auf die Zukunft einer Stadt, die sich von industriellen Schwerpunkten wie der Textilindustrie hat verabschieden müssen. Und stattdessen ziehen Augsburg und München und die Städte zwischen den beiden Metropolen an einem Strang, wenn es um den Ausbau der Autobahn A 8 und der Bahnstrecke Augsburg-München geht, und Nürnberg schaut keineswegs missgünstig auf den Ausbau der B 2. Vielmehr assistieren die Franken den Schwaben, denen sie damit auch verkehrsmäßig näher rücken.

Von KZVA bis AVV

Dahinein fügen sich im nahen Umland viele regionale Ansätze. Das engere Stadt-Umland-Verhältnis hat sich ja zunehmend entkrampft, seit mit der Gründung des Krankenhauszweckverbandes der damalige Augsburger Oberbürgermeister Pepper und der Augsburger Landrat Wiesenthal Pionierarbeit leisteten. Grenzübergreifendes hat seitdem Zukunft, ob es um die Abwasserverbände, die Abfallverwertung oder den Augsburger Verkehrsverbund AVV geht, letzterer übrigens ein besonders gutes Beispiel für den Nutzen, den überörtliche Kooperation haben kann: Dem Augsburger Gewinn an einkaufenden Pendlern (und der Entlastung des Straßennetzes von Autos) steht der Gewinn gegenüber, den viele Gemeinden bei der Ausweisung neuer Baugebiete infolge der schnellen Erreichbarkeit der nahen Großstadt haben. Auch fahren die Augsburger längst nicht mehr nur am Friedensfest, wenn die Geschäfte in der Fuggerstadt geschlossen haben, zum Einkaufen ins Umland.

Vor diesem Hintergrund sollte sich im zweiten Jahrtausend das Gerede um den Speckgürtel erledigen. Der würgt ja keineswegs die notleidende Großstadt ab, die für zentrale Aufgaben aufkommen muss, mit denen sie sich aber auch schmücken kann. Man profitiert voneinander. Das gilt im Prinzip immer, auch wenn es im Detail mal Fehltritte gibt wie den des Gersthofer Bürgermeisters Deffner, dessen Kasse überquillt und der deshalb jedem Bürger 100 Mark schenken möchte. Davon, dass jeder Gersthofer Bürger, der ins Augsburger Stadttheater geht, vom Augsburger Steuerzahler mit 90 Mark bezuschusst wird, soll hier keine Rede sei. Das wäre ein Rückfall in die Zeit, in der Stadt-Umland-Politik noch Kirchturm-Politik war.

Augsburg international

EINE STADT muss aus sich herausgehen. Mauern sind out. Grenzen werden durchlässig. Die Welt wird kleiner, der Radius größer. Von jedem Punkt der Erde kann ein Internet-Surfer in Sekundenschnelle alle Daten über www.augsburg.de abrufen und sich ein Bild machen. Ein buntes Bild geben auch unsere Städtepartnerschaften. Sie zeugen von praktizierter Völkerverständigung. Und jedes Jahr kommen neue Anfragen an Augsburg als offensichtlich begehrten Partner. Aber weniger ist mehr. Auch ohne Etikett reichen lebendige Beziehungen von Bildungseinrichtungen, Kirchen, Kammern, Vereinen und vielen anderen über Export-/Import-Verflechtungen der Wirtschaft bis zu Präsentationen in anderen europäischen Städten. Augsburger holen Medaillen und internationale Sport-Titel. Und die Bürger und Gesellschaften pflegen Freundschaften in alle Welt.

Die Welt ist umgekehrt in Augsburg zu Hause: 43 570 Bewohner unserer Stadt (16,3 Prozent) aus 144 Nationen lebten am 1. Januar 1999 hier. Vielgesichtig ist Augsburg geworden und doch tolerant geblieben. Schulen, Initiativen, internationale Gesellschaften, der Ausländerbeirat, das »Forum interkulturelles Leben und Lernen«, »Augsburg International e.V.« sind nur Beispiele einer engagierten Arbeit für ein Miteinander, das auch bereichert.

Aus all dem muss eines entstehen: der gute Klang des Namens »Augsburg«, mit welchem Sprachakzent auch immer man es ausspricht. Die Geschichte benennt wohlklingende Beispiele: die altrömische Augusta, die Confessio Augustana, den Augsburger Religionsfrieden und jüngst ein neues ökumenisches Dokument. Selbst die Funksprüche der Fregatte »Augsburg« über den Meeren dienen der Sicherheit in einer keineswegs heilen Welt. Friedensfest und Friedenspreis weisen die Richtung einer Stadt weltoffener Toleranz. Dies freilich bleibt eine immer neue Aufgabe.

P. M.

Chronik*

1991	Neukonzeption des *Ausländerbeirats* als Interessenvertretung aller in Augsburg lebenden Ausländer
	Verleihung des Augsburger *Friedenspreises* an
1991	Nathan Peter Levinson,
1994	Richard von Weizsäcker und
1997	Alfons Nossol
1992/1996	Bei den *Olympischen Spielen* in Barcelona und Atlanta gewinnen im Kanuslalom Elisabeth Micheler-Jones und Oliver Fix Goldmedaillen.
1994–1999	Jubiläen der Augsburger *Städtepartnerschaften*
1998	Abzug der *amerikanischen Streitkräfte*
1998	OB Dr. Peter *Menacher* wird als Vertreter des Deutschen Städtetags Mitglied im »Ausschuss der Regionen Europas« in Brüssel.
1999	Unterzeichnung der *Gemeinsamen Erklärung* zur Rechtfertigungslehre von katholischer Kirche und Lutherischem Weltbund

* eine Auswahl

Augsburg goes global
Die Fuggerstadt hat Partnerstädte weltweit

von Rainer Irlsperger und Dieter Saborowski

Drei Augsburger vertreten den Stadtrat in Japan: Empfang im Stadion von Amagasaki.

Seit mehr als 40 Jahren unterhält Augsburg partnerschaftliche Beziehungen mit fünf Städten in drei Kontinenten. Die Entstehungsgeschichten der jeweiligen Städtefreundschaft sind zwar sehr unterschiedlich. Im Vordergrund stand jedoch immer der Gedanke, einen Beitrag zur internationalen Völkergemeinschaft, zum besseren Verständnis der Kulturen untereinander und damit auch zur Sicherung des Weltfriedens zu leisten.

Eine Städtepartnerschaft ist jedoch immer nur ein Rahmen, der unter Beteiligung möglichst vieler Bürgerinnen und Bürger mit Leben gefüllt werden muss. Und so entwickelten sich im Laufe der Jahre Kontakte in den verschiedensten Bereichen – aus »offizieller« Partnerschaft wurden persönliche Freundschaften. Und vor allem waren und sind es die zahlreichen Vereine und Vereinigungen, die der Idee der Städtepartnerschaften immer neue Impulse geben.

Die Palette der Begegnungen reicht von Bürgerreisen über Sportgemeinschaften, Musik- und Heimatgruppen, Kunst- und Kulturvereine bis hin zum Schüler- und Studentenaustausch.

Inverness, Schottland

Mit Pipe-Band, Highland-Dancers, Mini-Highland-Games und bayerisch-schotti-

Geburtstagsständchen auf Highland-Art: 1996 wurde das 40-jährige Bestehen der Partnerschaft mit Inverness gefeiert.

schem Abend wurde im Juni 1996 das 40-jährige Bestehen der Städtepartnerschaft zum schottischen Inverness gefeiert – die älteste der internationalen Verbindungen Augsburgs. Auf Anregung des Britischen Generalkonsulats in München war es 1956 zu ersten Kontakten gekommen. Und auch ohne Unterzeichnung einer gemeinsamen Erklärung oder Vereinbarung entwickelten sich die Beziehungen weiter. 1979 gingen sie ein in die Begründung des Bayerisch-Schottischen Partnerschaftskongresses, in dem alle Partnerschaften zwischen Gemeinden im Freistaat und Schottland zusammengefasst sind. Rund 20 sind es heute. Als Hauptstadt der schottischen Highlands ist Inverness alljährlich eines der

Schwäbisch-schottische Freundschaft: Im Vordergrund steht der Kontakt mit den Menschen.

beliebtesten Touristenziele. Und natürlich bilden die Schönheit und Urtümlichkeit der Landschaft auch den Rahmen für städtepartnerschaftliche Begegnungen. Vor allem aber steht der Kontakt mit den Menschen im Vordergrund. Gerade im Laufe der letzten Jahre wurden viele Bürger- und Vereinsreisen organisiert, bei denen die Teilnehmer bei Gastfamilien untergebracht waren. Zu dieser Entwicklung hat besonders auch der 1991 gegründete Verein »Augsburg International« beigetragen, der zuletzt 1997 eine Reise in die schottische Partnerstadt für 40 Teilnehmer organisiert hat.

Bourges, Frankreich

In der Folge des deutsch-französischen Freundschaftsvertrages, dem sogenannten Elysée-Vertrag, entfalteten Deutschland und Frankreich eine beispiellose Dynamik in der europäischen Einigung. Augsburg folgte dieser Entwicklung mit der Gründung und dem Ausbau der Städtepartnerschaft zum französischen Bourges. Die deutsch-französische Gesellschaft leistete hierbei Pionierarbeit, die bis heute Bestand hat.

Erklärtes Ziel ist es nach wie vor, möglichst viele Einrichtungen und Bürgergruppierungen in die Städtepartnerschaft einzubinden. Besondere Bedeutung hat dabei der regelmäßige Schüleraustausch. Und bei den Feierlichkeiten zum 30-jährigen Bestehen der Partnerschaft mit Bourges 1997 betonten denn auch beide Stadtoberhäupter, dass an dieser wichtigen Säule auch weiterhin festgehalten werden soll.

Mit den deutsch-französischen Schulpartnerschaften – in Augsburg sind Maria-Theresia-, Holbein- und Jakob-Fugger-Gymnasium beteiligt – wurde eine wichtige Grundlage dafür geschaffen. Und nicht selten kommt es vor, dass ehemalige Teilnehmer am Schüleraustausch heute als Entscheidungsträger in Vereinen, Verbänden oder Organisationen die Kontakte zwischen Bourges und Augsburg mit neuen Impulsen bereichern und festigen. Nur ein Beispiel dieser Art ist eine ehemalige Schülerin aus Bourges, die Augsburg im Schüleraustausch kennen lernte und später als Mitglied eines Schwimmvereins Kontakte zu einem Augsburger Club aufbaute. Heute ist sie als Stadt-

Die Kathedrale von Bourges: ein Weltkulturerbe, das die Besucher begeistert.

rätin Mitglied des Ausschusses für Internationale Beziehungen und damit eine wichtige Ansprechpartnerin in Sachen Städtepartnerschaft.

Die Schulkontakte zwischen Augsburg und Bourges erwiesen sich aber auch auf anderem Gebiet als äußerst erfolgreich. Im Rahmen des Wettbewerbs »Tage des Europäischen Kulturerbes« der König-Baudouin-Stiftung erhielt ein gemeinsam von Schulen in Bourges und Augsburg entwickeltes Würfelspiel 1999 einen Sonderpreis – und zwar für grenzüberschreitende Aktivitäten im Kinder- und Jugendbereich. Geschichtliche Gemeinsamkeiten lieferten die Idee zu diesem Projekt, in dessen Mittelpunkt die europäischen Handelsbeziehungen im 15. Jahrhundert stehen. Bourges und Augsburg waren zu dieser Zeit Geschäftssitz bedeutender Handelshäuser.

Dayton, Ohio

Nicht ohne Stolz verzeichnete man in Augsburg, dass der Name Dayton 1995 mit dem Friedensabkommen für Bosnien um die Welt ging – schließlich ist die Fuggerstadt schon seit 1964 mit Dayton in freundschaftlicher Weise verbunden.

Dayton ist eine typisch amerikanische Stadt: Downtown – ein kleines Geschäfts-, Bank- und Verwaltungszentrum – und daneben ein weitläufiges Wohngebiet. Stadtrundfahrten absolviert man hier am besten mit dem Helikopter, denn von oben sieht man die schmucken Häuser mit ihren zaunlosen gepflegten Gartenanlagen, dazwischen die eine oder andere Shopping Mall – riesige Einkaufszentren mit noch größeren Parkplätzen. Gewöhnlicherweise geht der Daytoner ohnehin nicht zu Fuß. Breite, oft vierspurige Straßen führen durch die Stadt, auf denen amerikanisch rücksichtsvoll gefahren wird.

Dayton ist eine der großen Fliegerstädte der Welt: Die Gebrüder Wright brachten hier das erste motorbetriebene Fluggerät der Welt für circa zehn Sekunden in die Luft. Heute sind im Daytoner Air Force Museum Luftfahrzeuge aus allen Epochen zu bewundern, bis hin zur modernen Raketen- und Raumfahrttechnik. Ganz Wagemutige können sich sogar mit dem Wright-Flyer B in die Lüfte schwingen – mit Fliegermütze und Fliegerbrille, aber ohne schützendes Cockpit.

Nach wie vor ist Dayton der Hauptverwaltungssitz der NCR (National Cash Register) – mit internationalen Schulungszentren und kleineren Fertigungshallen für Prototypen der EDV-Branche. Wolkenkratzer gibt es in Dayton keine, dafür jede Menge Sehenswürdigkeiten: das prächtige, im Kolonialstil erbaute Art Institut, das alte Victoria Theater, einen Court-Yard, der eher einem griechischen Tempel ähnelt, ein modernes Convention Center, Omnibusse mit Oberleitung, das mehr als 800 Jahre alte Indianerdorf Sun Watch …

Insgesamt betrachtet lässt sich's in Dayton gut leben, und daran dürfen andere gerne teilhaben. Wer sich als Augsburger bei den Daytonians anmeldet, findet schnell seine »host family« und hat auch keine Kontaktprobleme. Meistens fehlt es eher an der Zeit, um alle Party-Einladungen zu besuchen.

Amagasaki und Nagahama, Japan

Erstaunlicherweise entwickelte sich zu den am weitesten entfernt liegenden Partnerstädten am schnellsten ein reges Austauschprogramm. Man könnte fast sagen, dass die auf der Grundlage des Lizenz-Erwerbs für den Dieselmotor gestartete Initiative zur Förderung der Städtefreundschaft zwischen Augsburg, Amagasaki und Nagahama nie ins Stottern geriet. Stets gab es neue Initialzündungen für direkte Bürgerbegegnungen im Rahmen dieser Städtepartnerschaft, die bereits seit 1959 besteht.

Motive über Motive: In Japan packt auch den Augsburger die fernöstliche Lust am Foto.

In beiden japanischen Städten legt man besonderen Wert darauf, dass der Besucher das tägliche Leben Nippons möglichst hautnah kennen lernt. Nicht immer fand der Gast dabei die erhoffte Ruhe auf dem Futon – dem japanischen Bett aus einer Art Steppdecke mit einem Reisstrohkissen, das auf dem Boden ausgelegt wird. Gewöhnungsbedürftig sind auch die typisch japanischen Speisen: Sashimi (roher Fisch), Sushi (Reis mit Fisch- oder Gemüsefüllung in Seetang gerollt) oder das Bento-Kästchen, eine Art Picknick-Korb mit kalten Gerichten. Eher mundet dem Europäer dann schon Tempura (Fisch oder Gemüse in Teig fritiert) oder das besser bekannte Sukijaki, ein Gemüse-Fleischgericht, das am Tisch geschmort wird.

In keinem Fall darf der Besucher die Teilnahme an einer Teezeremonie versäumen – auch wenn das ganze Prozedere eine gehörige Portion Geduld voraussetzt. Lässt man sich aber in die Geheimnisse der Teezeremonie einweisen, macht sich bald eine wohltuende innere Ruhe breit, die einen den japanischen Alltagsstress fast vergessen lässt.

Doch trotz aller Hektik auf den vom Linksverkehr überfluteten Straßen und dem immer währenden Gedränge in den öffentlichen Verkehrsmitteln finden sich in den Städten stets auch Oasen der Ruhe: altehrwürdige Tempelanlagen, in denen man sich in der Zen-Meditation unterweisen lassen kann oder die wunderschönen japanischen Gärten.

In dieser exotischen Umgebung treffen die Besucher auf Menschen, die nicht nur anders aussehen, sondern auch anders sind: besonders aufmerksam, hilfsbereit und zuvorkommend. Der japanische Gastgeber wird seine ganze Kraft darauf verwenden, dass sich der europäische Gast bei ihm besonders wohl fühlt. Und natürlich werden die Begegnungen ausführlichst fotografiert. Kein Wunder also, dass diese Städtepartnerschaft über das reichhaltigste Dokumentationsmaterial verfügt. Typisch japanisch eben.

Exotische Begegnungen mit fremden Kulturen: der Reiz der Städtepartnerschaften.

Verständnis statt Vorurteil
Ausländerbeirat fördert Dialog der Kulturen

von Seyfeddin Kececi

Als mein Vater 1963 nach Augsburg kam, wollte er nach spätestens zwei Jahren in die Türkei zurückzukehren. Heute, nach genau 36 Jahren, ist er immer noch hier. Mittlerweile Rentner und deutscher Staatsbürger geworden, holt er jeden Tag seine Enkel vom Kindergarten ab. Dies ist kein Einzelfall. So wurden aus den Gastarbeitern erst ausländische Mitbürger oder »Inländer mit fremdem Pass«, dann Emigranten.

Ausländer aus 144 Nationen

Mittlerweile leben etwa 7,4 Millionen Ausländer in der Bundesrepublik, 43 570 allein in Augsburg. Sie stammen aus 144 verschiedenen Nationen – von A wie Ägypten bis Z wie Zypern. Der Zuzug der Gastarbeiter in den 60er Jahren brachte neben der kulturellen und religiösen Vielfalt auch eine ganze Reihe von Problemen. Und manche sind leider noch heute aktuell. Am gravierendsten sind nach wie vor die mangelnden Deutschkenntnisse. Denn ohne ausreichende Sprachfertigkeit sind die Möglichkeiten in Schule, Ausbildung und Beruf erheblich eingeschränkt.

Um den sozialen, kulturellen und religiösen Bedürfnissen der Gastarbeiter nachzukommen und ihnen ein Stück Heimat zu geben, wurden im Lauf der Zeit unterschiedliche Vereine und Organisationen gegründet – mehr als 80 sind es heute. Auch Bund, Länder und Kommunen sowie Wohlfahrtsverbände und Kirchen richteten verschiedenste Stellen ein, um die ausländischen Mitbürger zu betreuen und zu unterstützen.

25 Jahre Ausländerbeirat

Eine Institution dieser Art ist auch der Ausländerbeirat der Stadt Augsburg, der vor kurzem sein 25-jähriges Bestehen feierte. Er vertritt die Interessen der Ausländer und bemüht sich vor allem darum, zu einem guten Verhältnis der Ausländer untereinander und der Ausländer mit den Deutschen beizutragen.

Neben der ausländischen Bevölkerung sind in diesem Gremium auch Caritas, Diakonie, Arbeiterwohlfahrt, IHK, Deutscher Gewerkschaftsbund und das Forum Interkulturelles Leben und Lernen vertreten. Darüber hinaus kooperiert der Ausländerbeitrat seit Jahren mit den unterschiedlichsten Organisationen, Vereinen und Einrichtungen, so etwa mit der Universität Augsburg, der Volkshochschule, der Kreßlesmühle, dem Kulturbüro und anderen.

Die Aktionen des Ausländerbeirats in den 90er Jahren waren vielfältig – angefangen bei den Problemen ausländischer Kinder im Vorschulalter bis zum Thema »Älter werden in der Fremde«. Drei Beispiele der ehrenamtlichen Arbeit des Ausländerbeirats möchte ich besonders hervorheben.

Bei der Aktion »Lichter gegen Fremdenhass« zogen am 6. Dezember 1992 rund 10000 Menschen durch die Straßen Augsburgs, um ein Zeichen gegen Rassenhass und Ausländerfeindlichkeit zu setzen. Gerade mit dieser Kundgebung gewann der Ausländerbeirat auch an Bekanntheit in der Fuggerstadt.

Christlich-islamisch-jüdischer Trialog

Seit Jahrzehnten leben und arbeiten Christen und Muslime nun bereits zusammen, und doch weiß kaum einer Genaues über die andere Religion. Umso größer sind jedoch die Vorurteile. Besonders die islamischen Vereine waren streng in sich verschlossen.

Angefangen mit einem Tag der offenen Tür in den Augsburger Moscheen versuchten wir, diesem Defizit zu begegnen. Christliche und islamische Geistliche trafen sich, lernten voneinander und mussten feststellen, wie viele Gemeinsamkeiten sie doch haben. Sie besuchten sich gegenseitig in ihren Gebetsstätten, was noch kurz vorher undenkbar gewesen wäre.

Dieser Dialog wurde später zu einem Trialog auch mit den jüdischen Bürgern dieser Stadt ausgebaut. Für mich persönlich war es eine große Ehre, als erster Moslem in der Synagoge vor Juden, Christen und Moslems sprechen zu dürfen. Anlass war die Trauerfeier für den ermordeten israelischen Ministerpräsidenten Jitzhak Rabin.

Ein großer Erfolg war auch das Islam Podium Augsburg von September 1995 bis September 96. Die gut 30 Veranstaltungen, die von über 50 Vereinen, Organisationen und Einrichtungen mitgetragen wurden, erreichten mehr als 3500 Menschen – ein Mammut-Programm, das in dieser Größenordnung wohl einmalig in Deutschland ist.

Unter dem Motto »Aufeinander zugehen – sich besser verstehen« organisierte der Ausländerbeirat außerdem eine Fahrt in die Stuttgarter Wilhelma für Deutsche und Nichtdeutsche. Mehr als 420 Personen, oft ganze Familien verschiedenster Nationalität, verbrachten einen Tag miteinander, Freundschaften wurden geschlossen, die bis heute hielten.

Einsatz für kommunales Wahlrecht

Zu den künftigen Aufgaben des Ausländerbeirats gehört der Kampf für ein allgemeines Wahlrecht auf kommunaler Ebene auch für Nicht-EU-Bürger. Dieser Schritt würde die Integration der ausländischen Mitbürger aus unserer Sicht erheblich erleichtern.

Vor allem aber wird sich der Ausländerbeirat weiter dafür einsetzen, dass sich die Menschen in ihren religiösen und kulturellen Unterschieden respektieren und akzeptieren. Dieser Grundgedanke spiegelt sich auch in dem Zitat des ehemaligen Bundespräsidenten Herzog wider: »Der interkulturelle Dialog gehört zu den wichtigsten Aufgaben der Zukunft. Von ihm hängt zunächst einmal der Frieden zwischen den Nationen und Regionen der Erde ab. Wir merken aber zunehmend, dass auch der innere Frieden in unserem Land ohne einen solchen Dialog auf die Dauer gefährdet ist.«

Tag der offenen Tür in der Moschee am Milchberg: ein Weg, Vorurteilen zu begegnen.

»Kids for Sport« mit Stars
In Sachen Sport geht Augsburg neue Wege

von Willi Reisser

Spitzensport in voller Fahrt: an der einstigen Olympiastrecke trainieren auch heute die Stars.

Kein Zweifel: Augsburg ist eine sportliche Stadt – mehr als 80 000 Menschen sind Mitglied in einem Sportverein, darunter 21 000 Kinder. Die Spitzensportler der Fuggerstadt erzielen Jahr für Jahr Gold-, Silber- und Bronzemedaillen bei Welt-, Europa- und Deutschen Meisterschaften. Nach 1960 durch Heidi Schmid-Grundmann (Florett) in Rom gab es – endlich – 1992 und 1996 auch wieder olympisches Gold, und zwar für Elisabeth Micheler-Jones bei den Spielen in Barcelona und für Oliver Fix bei den Spielen von Atlanta jeweils im Kajak-Einer. Und die Augsburger Panther spielen Eishockey in der höchsten deutschen Klasse. Auf den ersten Blick könnte einer fragen: Was, Sportstadt Augsburg, willst du mehr?

Sportreviere für jeden Geschmack

Mit den über das gesamte Stadtgebiet verteilten Sportstätten, mit Bädern, Eisstadien, Fußball-Arenen, Leistungszentren für Kanu, Kegeln und Turnen, mit Sporthallen, Bezirks- und Vereinssportanlagen bietet diese Stadt gute Rahmenbedingungen für Lebensqualität und sinnvolle Freizeitgestaltung, für Breiten- und Leistungssport. Die Parks, Wälder und Flussauen sind ein ideales Revier für Jogger, Trendsportfans treffen sich zum Beach-Volleyball im Fribbe-Freibad oder zum Skaten und BMX-Fahren. Und die Universität Augsburg begleitet den Sport in Ausbildung und Forschung.

In den letzten Jahren hat die Stadt Augsburg Millionenbeträge in die Sanierung ihrer älteren Sportanlagen investiert – aber der Bedarf für 23 kommunale Sportanlagen und Bäder ist enorm. Dennoch konnten mit dem Ernst-Lehner-Stadion in der Sportanlage-Süd, dem sanierten Curt-Frenzel-Eisstadion und der Traglufthalle im Eisstadion Haunstetten auch bei schwieriger Haushaltslage wichtige Projekte realisiert werden. Auch die Sportförderung für die Augsburger Vereine kann sich sehen lassen – sei es nun die Höhe der Übungsleiter- oder Jugendzuschüsse oder die Förderung vereinseigener Sportanlagen in einer Höhe von etwa einer Million Mark pro Jahr.

Kampagne für Kinder

Trotzdem will die Sportstadt Augsburg mehr, schon allein für die Kinder. Akuter Bewegungsmangel ist eine der negativen

Begleiterscheinungen unserer technisierten Gesellschaft. Die Erkenntnis, dass Sport und Bewegung für die Kinder heute wichtiger sind denn je, hat sich Raum verschafft – jedoch umgesetzt wird sie immer noch zu wenig. Vorbeugen ist besser als heilen – diese »olle Kamelle« ist auch im Jahr 2000 aktuell.

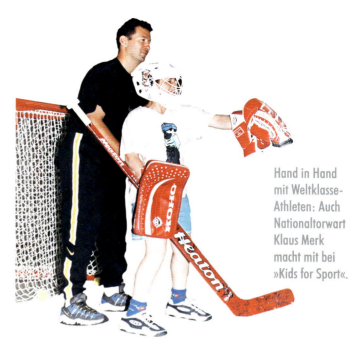

Hand in Hand mit Weltklasse-Athleten: Auch Nationaltorwart Klaus Merk macht mit bei »Kids for Sport«.

Gold für Augsburg: Neben Elisabeth Micheler-Jones siegte auch Oliver Fix bei Olympia.

Deshalb geht Augsburg neue Wege, um Kinder für Sport zu interessieren. Drei davon möchte ich näher beschreiben:
Im Rahmen der bei Kindern äußerst beliebten Aktion »Kids for Sport mit Lisa & Katja« werden jedes Jahr die sechsten Schulklassen von Spitzensportlern der Augsburger Vereine besucht. So lernen die Schüler Weltklasseathleten und deren sportliche und berufliche Karrieren hautnah kennen und werden zum gemeinsamen Training eingeladen.
Zum Renner entwickeln sich auch der Augsburger Volks- und Familientriathlon und der Kindertriathlon am Kuhsee. Dabei können die großen und kleinen Sportler diesen interessanten Sport in ihrer eigenen Stadt ausüben.

Vision Sportmeile
Der dritte Punkt ist eigentlich noch eine Vision. Es geht um den mit Sportstätten wahrhaft gut besetzten Bereich zwischen den Sportanlagen in Göggingen, dem Rosenaustadion und dem Wittelsbacher Park. 13 verschiedene kommunale und vereinseigene Sportstätten, umgeben von weiträumigen Grünarealen liegen in diesem Gebiet, für das ein Konzept »Sportmeile Augsburg« entwickelt wurde.
Dieser Bereich bietet zwar schon heute Sport- und Erholungsmöglichkeiten für Tausende von Menschen vor allem aus den Stadtteilen Innenstadt, Antons- und Thelottviertel sowie Pfersee und Göggingen. Wenn jedoch die Wege für Fußgänger, Jogger und Radler verbessert und durch neue Strecken ergänzt werden und wenn sich die vorhandene Infrastruktur wie die Parkplätze für mehrere Anlagen gemeinsam nutzen lassen, eröffnen sich völlig neue Entwicklungschancen. Im Kern geht es darum, die Anlagen zu vernetzen und dadurch aufzuwerten, Wohnbereiche vom Verkehr zu

Bundesliga-Spiele – ein Traum für Augsburg (Bayern gegen Dortmund im Rosenaustadion).

entlasten und die Umwelt zu schonen. Außerdem sind Spielplätze und Trendsportanlagen für Streetball, Street-Inline-Hockey und Beach-Volleyball geplant.

Um all diese Ziele zu erreichen, sollen die in der Gegend aktiven Vereine zu Verbesserungen bei ihren Sportanlagen animiert werden. Und natürlich wird auch die Stadt ihren Beitrag leisten.

So bieten sich jede Menge Chancen und Entwicklungsmöglichkeiten für den Sport in Augsburg. Mit neuem Denken und der bewährten Kooperation der Stadt mit den Vereinen, dem Bayerischen Landessportverband und den über 8000 ehrenamtlich tätigen Bürgern wird hier noch so mancher künftiger Medaillengewinner den Spaß am Sport entdecken.

Die Augsburger Panther: Multi-Kulti-Truppe in der obersten Eishockey-Liga.

Friedensstadt Augsburg
Symbol für Versöhnung der Konfessionen

von Ernst Öffner

Symbolhafte Nähe der Konfessionen: die beiden Ulrichskirchen.

Wie ein Lauffeuer verbreitete sich die Nachricht von Dorf zu Dorf, von Stadt zu Stadt: »Es ist Friede!« Die Menschen konnten es zunächst gar nicht glauben. »Wer ist der Fried?« fragten die Kinder in Nördlingen, »nimmt uns der Fried die Geiß weg und schlägt er uns den Vater blutig?« Zu groß waren die Gräuel der zurückliegenden Jahre. Etwa zwei Drittel der Bevölkerung Süddeutschlands starben im 30-jährigen Krieg an der Brutalität marodierender, brandschatzender Soldaten, an Seuchen, Pest und Hungersnot als Begleiterscheinungen des Krieges. In Augsburg waren von einst 45 000 Bürgerinnen und Bürgern noch 12 017 Protestanten und 4405 Katholiken übrig geblieben.

Der 30-jährige Krieg hatte seine Hauptursache in dem religiösen und machtpolitischen Gegensatz von Katholiken und Protestanten. Für die Protestanten in Augsburg brachte der Westfälische Frieden von 1648 ein Ende der Glaubensunterdrückung: 14 Jahre lang mussten sie ihre Gottesdienste unter freiem Himmel im Hof von St. Anna abhalten. Im ersten Hohen Friedensfest am 8. August 1650 feierten die Evangelischen die Rückgabe ihrer Kirchen und die neu gewährte Freiheit: mit Predigten, Dank- und Friedensgebeten, mit Pauken und Trompeten, mit Salutschüssen aus den Fenstern der Wohnhäuser während des ganzen Festtages.

Die Augsburger Parität

Eineinhalb Jahrhunderte währte der »Frieden aller Frieden«. Wie ist das möglich – nach 30 Jahren Religionshass und Morden aus »Glaubensgründen«? In Augsburg lebten Evangelische (die Mehrheit: etwa zwei Drittel der Bevölkerung) und Katholiken (die Minderheit: etwa ein Drittel) unter dem einzigartigen System der »Parität« zusammen: Alle städtischen Ämter sowie die Hospitäler und Stiftungen mussten »paritätisch« besetzt, also gleichheitlich unter den Konfessionen aufgeteilt werden. Die Parität schützte die

Augsburg international 207

Freiheit der religiösen Überzeugung. Sie schützte vor allem die jeweilige konfessionelle Minderheit. Unter dem Schutz der Parität konnte jener Geist der Toleranz wachsen, der Anfang des 18. Jahrhunderts in den Formulierungen der Menschenrechte Niederschlag gefunden hat.

Augsburg würdigt das herausragende Ereignis seiner Stadtgeschichte. Seit 1950 ist der 8. August ein staatlicher Feiertag. Seit 1985 wird das Hohe Friedensfest ökumenisch begangen. Confessio Augustana 1530, Augsburger Religionsfrieden 1555, Parität und Hohes Friedensfest 1650 – Augsburg ist Friedensstadt. Ein Symbol für die Versöhnung der Konfessionen und Religionen.

»Preis Augsburger Friedensfest«

An der Schwelle zum neuen Jahrtausend hat der von Augsburg ausgehende Versöhnungsgedanke weit über die Stadt hinaus Ausstrahlung entwickelt und Beachtung gefunden. Mit Beschluss vom 3. Dezember 1980 hat der Augsburger Stadtrat einen mit 25 000 Mark dotierten »Preis Augsburger Friedensfest« ins Leben gerufen. Alle drei Jahre wird der Preis einer herausragenden Persönlichkeit »für besondere Leistungen zur Förderung interkonfessioneller Gemeinsamkeiten zuerkannt«.

Erster Preisträger war im Jahr des 2000-jährigen Stadtjubiläums 1985 Bischof Hermann Kunst, von 1949 bis 1975 Bevollmächtigter der Evangelischen Kirche in Deutschland am Sitz der Bundesregierung in Bonn. Die Jury, bestehend aus Vertretern der evangelischen und der katholischen Kirche sowie der Stadt Augsburg, benannte Bischof Kunst wegen seines herausragenden ökumenischen Wirkens als Gründungsmitglied und Vorsitzender des Arbeitskreises Evangelischer und Katholischer Theologen. Bischof Kunst war einer der letzten Vertreter der »ökumenischen Pioniergeneration«, die die ökumenische Entwicklung nach dem Zweiten Weltkrieg maßgeblich prägte.

Bischof Hermann Kunst (1985)

1988 folgte Chiara Lubich, Gründerin und Präsidentin der Fokolar-Bewegung, der weltweit über eineinhalb Millionen Menschen in 140 Ländern angehören. Kennzeichnend für Chiara Lubich und die von ihr gegründete Bewegung ist eine im wieder entdeckten Evangelium vom gekreuzigten Christus (»Jesus der Verlassene«) gegründete Spiritualität der Liebe und eine Leidenschaft für die weltweite Einheit der Christen.

Fokolar-Gründerin Chiara Lubich (1988)

»In Anbetracht seiner Verdienste um Verständigung und Toleranz zwischen Juden und Christen sowie seiner Pionierdienste als Brückenbauer für Juden in allen Ländern Europas« erhielt dann 1991 Landesrabbiner Nathan Peter Levinson den »Preis Augsburger Friedensfest«. Als jüdischer Vorsitzender des Deutschen Koordinierungsrates der Gesellschaften für christlich-jüdische Zusammenarbeit hat Levinson unter anderem die jährlich veranstaltete »Woche der Brüderlichkeit« entscheidend mitgeprägt und profiliert.

Der in der Öffentlichkeit bekannteste Preisträger war Bundespräsident a. D. Richard von Weizsäcker. 1994 erhielt mit ihm erstmals ein Politiker den Preis, und zwar für seinen »jahrzehntelangen hohen Einsatz, sein Engagement sowie seine feinfühlige Hartnäckigkeit im ökumenischen Umgang«. Als Präsident des Deutschen Evangelischen Kirchentags hat von Weizsäcker 1968 zusammen mit Albrecht Beckel, dem Präsidenten des Deutschen Katholikentages »Vision und Modell eines gemeinsamen ökumenischen Kirchentages« entworfen und wurde damit zum Wegbereiter für das »Ökumenische Pfingsttreffen« 1971 in Augsburg.

Landesrabbiner Nathan Peter Levinson (1991)

Bundespräsident a. D. Richard von Weizsäcker (1994)

Bischof Alfons Nossol (1997)

Letzter Preisträger (1997) war Bischof Alfons Nossol aus Oppeln, Polen. Er erhielt den Preis für sein herausragendes Wirken als »Brückenbauer der Versöhnung« zwischen den Konfessionen (»Keine Kirche kann ohne die anderen Kirchen Kirche im Vollsinn sein«) sowie zwischen Polen und Deutschen im Herzen des zusammenwachsenden Europa.

Frieden braucht Einsatz

Der »Preis Augsburger Friedensfest« ist weltweit der erste von einem politischen Gemeinwesen gestiftete Preis für Verdienste im religiös-konfessionellen Bereich. Damit zeigt die Stadt Augsburg, gemäß ihrem geschichtlichen Erbe, ein hohes Maß an Gespür für die Bedeutung von Religion für einen ganzheitlich verstandenen umfassenden Frieden. Und Augsburg hält die Erinnerung und Mahnung wach, dass Frieden nicht einfach »zufällt«. Dass er der ständigen Bemühung um gegenseitige Annäherung und Versöhnung bedarf. Des Dialogs über Grenzen hinweg. Dass Frieden etwas »kostet«: den Einsatz der eigenen Existenz.

Einheit in versöhnter Verschiedenheit

Am 31. Oktober 1999, kurz vor Erscheinen dieses Buches, wird in Augsburg der Bestätigungstext zur »Gemeinsamen Erklärung zur Rechtfertigungslehre« feierlich unterzeichnet und damit ein »Konsens in Grundwahrheiten der Rechtfertigungslehre« zwischen römisch-katholischer und evangelisch-lutherischer Kirche festgestellt. Ein historischer Meilenstein auf dem Weg zu einer Aussöhnung der Konfessionen und zur Gemeinschaft der Kirchen als einer »Einheit in versöhnter Verschiedenheit«.

Dieser Prozess könnte Vorbild sein für gesellschaftliche Bemühungen, mit der Verschiedenheit von Lebensentwürfen, Kulturen und Religionen produktiv und friedlich umzugehen. Nicht Verschiedenheit und Vielfalt sind die Hauptgefahr für Kirche und Gesellschaft, sondern Ideologisierung, Absolutheitsanspruch und Abschottung.

Wir stehen an der magischen Schwelle der Jahrtausendwende. Ängste und Hoffnungen mischen sich. Eine Welle religiöser Sehnsucht geht durch Europa und Amerika. Fragen nach Sinn und Zukunft des Lebens verdichten sich. Die Kirchen haben für die Menschen am Übergang eine hilfreiche, wegweisende, sinn- und identitätsstiftende Botschaft. Aber, so fragte vor 15 Jahren der Ökumeniker Edmund Schlink, wie »kann die Botschaft von der Liebe Gottes zur Welt wahr sein, wenn die Christen nicht einmal einander lieben? Wie kann die Botschaft von der Versöhnungstat Gottes in Christus wahr sein, wenn sie von solchen verkündet wird, die unversöhnt nebeneinander herleben? (…) Wird die Welt in ihren Spannungen und Feindschaften nicht dadurch gerechtfertigt?«

Erkennbar und glaubwürdig müssen die Kirchen sein, wenn ihre Botschaft ankommen soll. Zu beidem bedarf es des Aufbruchs aus der eigenen konfessionellen Enge hin zu einer sichtbaren Form der Einheit. Mit Preisträger Bischof Nossol gesprochen: »Dies ist die Stunde der christlichen und der religiösen Ökumene für das neue Europa (…) oder die Kirchen werden zu Relikten einer überholten Vergangenheit werden.«

Nie war die Chance für eine »Einheit der Kirchen in versöhnter Verschiedenheit« so groß wie heute. Ergreifen wir diese Chance. Um der Menschen willen: in der Friedensstadt Augsburg, in unserem Land, in Europa, weltweit. Um unserer gemeinsamen Zukunft willen – in Frieden.

Autorenverzeichnis

Angela Bachmair, Kulturredakteurin der Augsburger Allgemeinen

Dr. Lothar Bakker, Leiter des Römischen Museums und der Stadtarchäologie der Stadt Augsburg

Dieter Baur, Leiter der Bayernredaktion der Süddeutschen Zeitung

Prof. Hans Benedikt, Präsident der Fachhochschule Augsburg

Anselm Berger, Geschäftsleiter des Krankenhauszweckverbands Augsburg

Dr. Peter Bergmair, Bürgermeisterbüro der Stadt Augsburg

Werner Bischler, Autor verschiedener Bücher zur Augsburger Stadtgeschichte

Prof. Dr. Reinhard Blum, ehem. Rektor der Universität Augsburg

Rainer Bonhorst, Chefredakteur der Augsburger Allgemeinen

Dr. Jürgen Bruggey, Umweltreferent der Stadt Augsburg

Wolfgang Bublies, stellvertretender Leiter der Lokalredaktion der Augsburger Allgemeinen

Dr. Karl Demharter, Baureferent der Stadt Augsburg

Dr. Maria Dobner, Leiterin des Amts für Grünordnung und Naturschutz der Stadt Augsburg

Dr. H. Linus Förster, Vorsitzender des Augsburger Stadtjugendrings

Kurt Forner, Geschäftsführer der GVZ-Entwicklungsmaßnahmen GmbH

Theo Gandenheimer, 3. Bürgermeister der Stadt Augsburg

Matthias Garte, Geschäftsführer des Stadtjugendrings Augsburg

Josef Gayer, Rektor der Pankratiusschule

Ekkehard Gesler, Kulturreferent der Stadt Augsburg

Peter Grab, Geschäftsführer der City Initiative Augsburg e.V.

Josef Grünwald, Weihbischof in Augsburg

Dr. Clemens Haindl, Sprecher der Geschäftsführung der Haindl Papier GmbH & Co. KG

Johannes Hintersberger, Wirtschaftsreferent der Stadt Augsburg

Helmut Hofmann, Geschäftsführer der Augsburger Verkehrsverbund GmbH AVV

Gernot Illner, Leiter des Stadtplanungsamts der Stadt Augsburg

Rainer Irlsperger, Referat Oberbürgermeister der Stadt Augsburg

Helmut Jung, DGB-Kreisvorsitzender, Region Augsburg

Seyfeddin Kececi, Vorsitzender des Ausländerbeirats der Stadt Augsburg

Heiko Könicke, Geschäftsführender Gesellschafter der AFAG Messen und Ausstellungen GmbH Nürnberg-Augsburg

Ute Legner, Leiterin des Kulturhauses »abraxas«

Hannelore Leimer, Präsidentin der Industrie- und Handelskammer für Augsburg und Schwaben

Edgar Mathe, Geschäftsführer der Wohnungsbaugesellschaft der Stadt Augsburg, WBG

Gunter Maurer, Ministerialrat bei der Obersten Baubehörde im Staatsministerium des Inneren, Referatsleiter für experimentellen Wohnungsbau

Gerd Merkle, Bauprojektmanagement im Baureferat der Stadt Augsburg

Dieter Mitulla, Redaktionsleiter des Landsberger Tagblatts

Ulrich Müllegger, Pressesprecher der Stadt Augsburg

Dr. Dieter Münker, Hauptgeschäftsführer der Industrie- und Handelskammer für Augsburg und Schwaben

Dr. Ernst Öffner, Oberkirchenrat, Regionalbischof für Augsburg und Schwaben

Elfriede Ohrnberger, Schul- und Jugendreferentin der Stadt Augsburg

Dr. Ulrich Peters, Intendant des Theaters Augsburg

Silke Pöllinger, Organisationssekretärin DGB-Kreis Region Augsburg

Konrad Rebholz, Kreishandwerksmeister

Willi Reisser, Ordnungsreferent der Stadt Augsburg

Dieter Riecken, PR-Berater/Redakteur

Margarete Rohrhirsch-Schmid, 2. Bürgermeisterin und Sozialreferentin der Stadt Augsburg

Manfred Rudel, Präsident der Handwerkskammer für Schwaben

Hans-Joachim Ruile, Künstlerischer Leiter von La Piazza

Dr. E.h. Rudolf Rupprecht, Vorstandsvorsitzender der MAN-AG

Dieter Saborowski, Referat Oberbürgermeister der Stadt Augsburg

Karin Sandeck, Baudirektorin, Bewilligungsstellenleiterin des sozialen Wohnungsbaus der Regierung von Oberbayern

Walter Kurt Schilffarth, Verleger und Chefredakteur des Augsburg Journals

Ludwig Schmid, Regierungspräsident von Schwaben

Ludwig Scholz, Oberbürgermeister der Stadt Nürnberg

Dr. Stefan Schrammel, Büro für Architektur Hans und Stefan Schrammel

Markus Schwer, Redakteur für Kommunalpolitik bei der Augsburger Allgemeinen

Gottfried Selmair, Vorstandsvorsitzender der Stadtsparkasse Augsburg

Dr. Georg Simnacher, Bezirkstagspräsident des Bezirks Schwaben

Gerhard Stadler, Leitender Sachbearbeiter im Referat Oberbürgermeister der Stadt Augsburg

Andrea Steichele, ehemalige Redakteurin der Augsburger Allgemeinen, inzwischen Reiseredakteurin bei der ADAC-Motorwelt

Melanie Thierbach, Leiterin des Diözesanmuseums

Reinhold Wenninger, Werkreferent der Stadt Augsburg

Heinz Wimmer, Stadtdirektor der Stadt Augsburg

Johann Wünschel, Direktor der Hessing Stiftung

Bildnachweis

AFAG-Messen und Ausstellungen GmbH: S. 104, S. 105.
Architekturbüro Hermann und Öttl / Gutachten zur Stadtverträglichkeit der Schleifenstraße: S. 58 oben.
Architekturbüro Schrammel: S. 39, S. 40, S. 41 rechts, S. 42.
Augsburg Airways: S. 72, S. 73.
Brückelmair, Andreas: S. 67.
Diekamp, Wolfgang: S. 77, S. 138 links, S. 187, S. 189, S. 205 links.
Diözesanmuseum, St. Afra: S. 148, S. 149.
Dittrich, Tom: S. 141 unten.
ECE-Projektmanagement: S. 103 (2).
Fachhochschule Augsburg: S. 170.
Hassel P. & Schmid W. / GbR: S. 48 links unten.
Hinrichs, Johann: S. 32.
Hosemann, Thomas: S. 22, S. 28, S. 36, S. 37 rechts, S. 41 links, S. 44, S. 45, S. 46, S. 54, S. 57, S. 62, S. 63, S. 64, S. 65, S. 68, S. 70, S. 82, S. 83, S. 86 oben, S. 100, S. 107, S. 109, S. 113 links, S. 114 unten, S. 115, S. 116 (2), S. 117, S. 122, S. 123, S. 127, S. 137, S. 139, S. 141 oben, S. 144, S. 145 links, S. 147 rechts, S. 157, S. 158 (2), S. 159, S. 160, S. 161, S. 162, S. 168, S. 171, S. 176, S. 177 (2), S. 178 links, S. 183, S. 184, S. 186, S. 203, S. 206 unten, S. 207.
Klaus Wohn- und Gewerbebau GmbH: S. 48 rechts.
Kopp, Karin / Grafik, Kirchner und Kuhn: S. 47.
Krankenhauszweckverband Augsburg: S. 173.
Müller, Bernd: S. 31 oben, S. 124, S. 142 links.
Prem, Klaus P.: S. 169.
Pressestelle MAN: S. 74.
Pressestelle Handwerkskammer für Schwaben: S. 93 (2).

Pressestelle Zeuna-Stärker: S. 110.
Radio RT.1: S. 84 oben.
Renz, Werner: S. 174.
Saitner, Gerard: S. 35, S. 37 links, S. 38, S. 43, S. 49 (2), S. 50 links, S. 53 links, S. 61, S. 154.
Schöllhorn, Fred: S. 16, S. 19, S. 20, S. 21 rechts, S. 53 rechts, S. 58 unten, S. 71, S. 85, S. 86 unten, S. 92, S. 95, S. 96, S. 128, S. 130, S. 131, S. 132 unten, S. 135, S. 138 rechts, S. 146, S. 180, S. 191, S. 208 (2), S. 209 (3).
Stadtarchiv Augsburg: S. 78, S. 103 links oben, S. 132 oben, S. 133 (2).
Stadt Augsburg, Amt für Grünordnung und Naturschutz: S. 114 oben.
Stadt Augsburg, Amt für Öffentlichkeitsarbeit: S. 21 links, S. 27, S. 29, S. 30 (2), S. 31 unten, S. 50 rechts, S. 52 (2), S. 87, S. 101, S. 102, S. 118, S. 119, S. 120, S. 121 (2), S. 129, S. 134, S. 145 rechts, S. 192, S. 204.
Stadt Augsburg, Baureferat: S. 48 links oben, S. 59, S. 60, S. 79, S. 80.
Stadt Augsburg, Kulturhaus »abraxas«: S. 142 rechts, S. 143 rechts.
Stadt Augsburg, Referat Oberbürgermeister: S. 9, S. 194, S. 197, S. 198 (2), S. 199, S. 201 (2).
Stadt Augsburg, Senioren- und Stiftungsamt: S. 178 rechts.
Stadt Augsburg, Städtische Kunstsammlungen: S. 147 links, S. 150, S. 151 (2), S. 152 (2), S. 153.
Stadtjugendring Augsburg: S. 23 (2), S. 24 (2), S. 25, S. 26 (2), S. 164, S. 165, S. 166.
Stadtsparkasse Augsburg: S. 97 (2), S. 99.
Vogel, Dr. Stefan: S. 113 rechts.
Wall, Anne: S. 84 unten.
Wittmann, Peter, Architekt: S. 51 rechts.
Wyszengrad, Silvio: S. 167, S. 205 rechts, S. 206 oben.